세계 경제의 그림자, 미국

UNITED STATES OF AMERICA
세계 경제의 그림자, 미국

디플레이션 시대의 미국과 한국에 대한 미래학

| 홍성국 지음 |

해냄

| 서문 |

미국의 세기

20세기가 미국의 시대였음을 부인할 사람은 아무도 없다. 두 차례에 걸친 세계 전쟁에서 독재와 전체주의를 붕괴시켰고, 1950년 이후에는 공산주의 진영과의 싸움에서 완벽한 자유민주주의의 승리를 이끌었다. 새로운 과학기술 혁명을 선도하면서 인류가 가난과 굶주림에서 벗어나는 데도 가장 큰 영향을 미쳤으며, 미국 문화는 이제 세계의 문화로 자리하고 있다.

미국의 신보수주의 이론가인 프랜시스 후쿠야마(Francis Fukuyama)는 미국을 인류 최초로 정치적 이상을 바탕으로 세워진 나라로 규정하고 있다. 미국 건국 이전에 실질적 의미의 국민 국가는 없었기 때문에 미국의 국민 국가적 정체성은 종교적, 문화적, 민족적이기 이전에 역사적이고 인류 모두에게 긍정적 영향을 준 것으로 그는 주장한다. 그의 주장대로 미국의 민주주의는 20세기에 전세계로 확산되면서 자유, 평등, 인권의 민주주의 개념을 거의 모든 나라가 수용토록 했다. 인류 역사에서 지속적인 수탈자였던 왕권, 독재자, 국가의 조직적 폭력으로부터 인류를 구원하는 메시아 역할을 미국이 담당했다. 경제적으로도 가장 먼저 산업 국가에 도달해서 축적된 '부(富)'를 민주주의와 함께 전세계에 확산시킨 결과 제2차 세계대전 직후에는 전세계 경제력의 거의 절반을 차지하기도 했다. 강한 군사력은 어떤 국가나 세력도 미국에 의해 유지되는 평화에 도전할 수 없게 만들었다. 또한 문화적으로 전세계 우수한 인재들은 거의 미국에서 교육받고, 미국 음식을 즐기며, 미국 문화를 추종하며 인생을 보내도록 만들었다.

20세기의 미국과 같이 한 국가가 정치, 철학, 경제, 군사력을 모두 독점하면서 인류 전체를 지배했던 경우는 없었다. 인류 대부분의 삶이 미국과 연결되어 미국의 품에서 태어나서 교육받고 보호받으며 경제생활을 영위해 왔다. 20세기의 세계는 미국 없이 존재할 수 없었다. 미국은 단순한 국가가 아니라 초국가이며, 역사상 한 번도 출현한 적이 없는 '국가 이상의 국가'이다.

미국의 문제가 세계의 문제

그러나 21세기에 들어서면서 미국은 조금씩 비난받아 오다가 이라크 침공을 계기로 '폭군'이나 '세계 경제의 부담'으로 그 인식과 역할이 급속히 돌변했다. 이런 변화를 신보수주의자(neo-conservative)인 부시 대통령 취임의 결과로 보는 것이 일반적이지만, 미국에 대한 인식의 변화는 1980년대의 레이건(Reagan) 대통령 시절부터 이미 시작되었다. 그리고 시니어 부시, 클린턴을 거쳐 현재의 부시 대통령 시기에 와서 공론화된 것이다.

미국이 천사에서 폭군으로 변한 것은 미국 경제가 1980년대부터 어려워지게 되었고, 냉전시대의 긴장감이 공산 진영의 몰락으로 점차 소멸되면서 미국 내부의 분열이 시작되었기 때문이다. 현재 미국은 국내 총생산의 5~6%의 경상수지 적자가 매년 발생하고 있다. 재정 적자 누적 규모도 4조 달러에 이른다. 그러나 세계 2~9위 국가 군사비의 합계보다 더 많은 군사비를 쓰면서 미국의 이해를 거부하는 국가를 수시로 공격하고 있다. 국제 기구나 다른 국가의 목소리는 듣지 않는다. 인류 전체의 공동선(共同善)보다는 미국의 이익만을 무력을 통해 추구하고 있다. 이런 미국의 태도 변화는 과거의 미국과 완전히 상반되게 한다. 오히려 지금은 세계의 '공공의 적'으로 인식이 변화하고 있기도 하다.

직접적으로 미국의 변화가 감지된 것은 불과 5~6년 전부터이다. 21세기 들어 경제적 어려움의 타개와 세계 헤게모니 장악 과정에서 미국은 200년간 지속된 미국의 정체성을 상실하고 있다. 미국이 세계에서 몰아냈던 폭력, 강압, 착취와 불공정을 미국 이외 국가에 강요하고 있기 때문이다. 미국은 현재 역사의 반동(反動)이 되면서 모든 비난을 집중적으로 받고 있다. 이런 미국의 변화는 미국이 그만큼 어렵다는 증거이다. 그리고 심각한 어려움을 국내적으로 해결할 수 없기 때문에 미국 이외 국가에 대한 폭력과 착취를 통해 해소하려 하고 있다. 이러한 변화는 20세기를 규정했던 미국의 정치, 철학, 문화, 경제가 일순간에 무너지는 충격으로 다가온다. 그리고 그 후폭풍은 지구촌 전체에 영향을 주면서 21세기를 '카오스'적 무정부 상태로 이끌고 있다.

2004년 총선 이후 한국의 국회의원들에게 미국과 중국 중 어느 나라가 중요하냐는 설문조사가 있었다. 한참 중국이 부상하던 시기였기 때문에 압도적으로 중국이 중요하다는 결과가 나왔다. 한국과의 밀접한 경제 관계, 역사와 지리적 근접성, 그리고 북한 문제에서 영향을 줄 수 있다는 판단 때문에 그런 대답이 나왔을 것이다. 그리고 일정 부분 미국의 변화에 따른 반미 감정도 작용했을 것으로 추측된다. 한국의 미래를 중국이 쥐고 있다는 것은 국회의원뿐 아니라 현재 대부분의 사회 인식이다. 그러나 현 세계의 기본 체계를 실질적으로 경영하는 미국이 약화된다면 현재를 구성하는 모든 가정은 무너져버린다. 한국인들이 가장 중요하다고 생각하는 중국마저도 자국의 미래를 미국에 저당잡힌 상태다. 궁극적으로 미국의 문제는 세계의 문제이면서 동시에 인류 개개인의 문제이기도 하다.

독점 시스템 속에 존재하는 세계

미국의 변화는 독점 시스템으로 요약할 수 있다. 독점 시스템은 미국이 경제적 어려움 등 자체 모순을 해결하기 위해 전세계를 대상으로 구사하는 포괄적인 세계적 차원의 전략을 함축한 용어이다. 독점 시스템은 강력한 군사력을 효율적으로 사용하면서 대항 세력을 무력화시킨다. 또한 세계의 금융 자본과 자원을 독점해서 세계 경제의 혈맥을 장악한다. 민주주의와 소프트파워를 전략 무기화해서 정경유착과 자발적 지지를 획득한다. 세계화와 신자유주의를 통해 인류의 모든 생활 속에 미국의 이해를 심고 있다. 즉, 독점 시스템은 미국이 전세계의 부와 권력을 독점적으로 향유하는 전략을 함축적으로 표현한 용어다. 일부에서는 민주당 정부가 들어서면 미국의 태도는 다시 과거의 자비로운 자본주의나 민주주의의 상징으로 회귀할 것으로 보기도 한다. 그러나 미국은 인권과 민주주의를 논할 만큼 한가하지 않다. 경제의 전 분야가 점점 취약해지고 있으며 미국은 세계의 공적(公敵)이 되고 있다. 따라서 독점 시스템은 특정 정권의 한시적인 정책이 아니라 미국의 생존을 담보하는 보편적인 장기 생존 전략이 되고 있다.

독점 시스템은 현재 미국이 매우 어렵지만, 국내적으로 해결 방법을 찾을 수 없기 때문에 미국 이외 국가들에 대한 착취와 억압을 전제로 한다. 필리프 뷔셰(Philipe Buchez)는 이런 미국에 대해 "미국은 사회적으로 조직화된 이기주의적인 자동화된 악(惡)이다."라고 비난한다. 그러나 경제 영역에서 국가간 상호의존성이 증대되면서 대부분의 나라들은 독점 시스템을 자발적으로 받아들이고 있다. 이기적인 미국인들이 경제력에 비해 초과 소비하는 것이 당장의 세계 경제에는 큰 도움이 되기 때문이다. 따라서 학자들이나 반미주의자들의 비난에도 불구하고 독점 시스템은 외부의 지지와 뚜렷한 대안이 없다는 한계 때문에 향후 상당 기간 동안 수명을 유지할 것으로 보인다. 궁극적으로 불평등한 독점 시스템은 붕괴될 수밖에 없지만, 세계 경제의 상호의존성 증대와 대체 권력의 부재로 독점 시스템 해체는 세계적 차원에서 큰 재앙이 될 수 있다. 따라서 21세기 최대의 과제는 미국의 연착륙(소프트랜딩) 여부이다.

디플레이션 관점에서의 포괄적 접근

너무나 중요하고 강력한 미국이기에 미국의 변화를 예상하고 준비하는 것이 필요하다. 그러나 우리 사회의 미국에 대한 논란들은 단편적이다. 세계 석학들의 글에서도 자신의 분야에서만 미국을 걱정할 뿐 포괄적인 차원에서 현재의 미국과 미래의 변화를 규명한 글은 없다. 특히 미국의 약화가 세계적 차원에서 볼 때 희망이 아니라 '공황(디플레이션)'을 유발할 수 있고, 미국 경제의 어려움을 디플레이션에서 찾는 글도 없다.

본 글은 미국의 현재와 미래에 대한 글이다. 그리고 이러한 미국의 변화가 세계와 한국을 어떻게 바꿀 것인가에 대한 고찰이다.

이 책은 총 제4부로 구성되었다. 제1부 독점 시스템은 미국 중심의 현재 국제 질서를 '독점 시스템'이라는 용어로 분석했다. 독점 시스템은 총 10가지의 전략으로 구성되어 있다. 10가지의 전략은 촘촘히 엮여 있는 그물망 구조로 완성되어 세계를 감싸고 있다. 그리고 미국에 비판적 시각을 지닌 이상주의자나 반미주의자들의 현실 인식 증대를 위해 네오콘의 입장에서 작성했다. 완벽한 세계 통치 전략, 독점 시스템에 대한 설명으로 미국의 파워에 대한 현실적 이해를 높이는 것을 목적으로 했다.

제2부는 미국의 문제를 주로 대외 관계를 통해 규명하고자 하는 의도로 구성되었다. 미국에 대한 많은 비판의 글이 있지만 대부분 철학적 당위성에 대한 것이다. 이런 주장을 보완하기 위해 현재 미국을 붕괴시키고 있는 원인들을 다양한 통계, 언론 보도 및 여러 학자들의 견해를 묶어 보았다. 특히 경제 문제와 세계화 등을 통해 미국 이외 국가들이 독점 시스템에서 빠져나올 수 없는 이유를 현실적 측면에서 분석했다. 또한 대외적인 측면에서 독점 시스템이 약화되고 있는 것도 주요 이슈다.

제3부는 미국 내부의 문제를 정리했다. 국가주의, 애국주의의 약화 가능성과 문화적인 분열상을 통계와 사례를 통해 제시했다. 소프트파워를 통해 정신적으로 세계를 지배했던 미국에게 자체적인 문화적 위기가 다가오고 있다는 것이 주된 내용이다. 미국 내부의 균열을 미국을 약화시키는 결정적 요인으로 제시했다.

제4부에서는 미국이 붕괴할 경우 세계에는 어떤 영향을 주는가? 그리고 가상의 시나리오 제시와 함께 한국이 어떻게 준비해야 하는지에 대해서 정리했다. 제1부의 관점이 미국에 비판적인 시각을 가진 반미주의자들에게 미국의 현실적 파워를 알려주는 내용인 데 반해, 제2부와 제3부에서는 맹목적인 숭미(崇美)주의자를 위한 내용이다. 미국의 허점, 부도덕성 등 숭미주의자들이 찬양하는 미국의 현실을 냉정히 보여주려 노력했다.

결론 부분인 제4부에는 미국이 연착륙해야 하는 이유와 한국의 대응을 중도적 시각으로 예상해 보았다. 필자는 이 책에서 강경 우파인 네오콘과 극단적인 진보주의 사이에서 중도적 입장을 취했다. 필자의 사상적 견해에 대해 일부에서는 정체성의 문제를 제기할 수 있다. 그러나 중도적 시각에서 미국을 분석한 이유는, 역사는 실험과 가설을 적용할 수 없는 현실적 영역이기 때문이다. 미국에 대한 무비판적 맹신, 음모론, 극단적인 이상적 시각으로 현실을 개척할 수는 없다. 오직 현실에 대한 이해를 바탕으로 미래의 변화를 준비하는 것만이 중요하다. 따라서 이 책은 현실주의에 기반한 중도적 시각으로 미국을 정리하려는 최초의 시도라는 점에서 의미를 부여하고 싶다.

본 글이 좁게는 개인적 차원에서 세계 경제를 바라보는 시각이나 미국을 새롭게 인식하고, 한미 관계나 동북아시아 세력 관계, 국제적 이슈들을 분석하는 데 도움이 되었으면 한다. 그리고 다가올 미래를 예측하는 데도 도움이 됐으면 한다. 필자는 디플레이션과 미래를 주제로 글을 써 오고 있다. 2004년에는 『디플레이션 속으로』(이콘, 2004)란 책을 출판했다. 세계가 디플레이션에 빠지고 있는 원인과 대응에 대해 정리한 책이었다. 이번에 발간한 『미국의 몰락』의 기본 시각도 디플레이션이다. 디플레이션 때문에 세계 경제가 어려워지면서 미국도 디플레이션의 탈출 방법으로 독점 시스템을 구사하고 있다는 가정 아래에서 씌어졌다. 필자는 향후에도 디플레이션의 시각에서 미래를 준비하는 다양한 주제로 책을 쓸 계획이다. 이 책의 집필 과정에서 많은 아이디어를 제공해 준 대우증권 모든 직원들과 손복조 사장님, 그리고 참고문헌에서 소개된 세계의 석학들에 감사한다. 참고문헌이 없었다면 이 책은 세상에 빛을 볼 수 없었다.

2005년 12월
홍성국

| 주요 개념 정리 |

독점 시스템(monopoly-system)
　독점 시스템은 미국의 세계 지배를 상징화해서 필자가 만든 용어이다. 군사력 등 국내외 10가지 영역에서 미국이 구사하는 세계 전략으로 10가지 전략이 그물망 구조를 형성하면서 세계를 지배하고 있다는 견해이다. 독점 시스템을 통해 미국은 자국만의 독점적 이익을 취하고 세계를 경영하고 있다. 그러나 독점 시스템이 약화되면서 미국과 세계가 위기에 처하고 있다는 것이 이 책의 주요 내용이다.

신보수주의(Neo-conservatism)
　신보수주의는 현재 미국이 세계를 지배하는 정치적 이념이다. 1970년대 이후 미국의 전통적 가치가 상실되자 도덕의 부활과 강력한 미국 재건을 목표로 설정되었다. 야만인들로부터 민주주의를 지키는 것은 자연의 권리이자 책임이라고 주장한 레오 스트라우스(Leo Strauss)를 사상의 기원으로 삼는다. 신보수주의에 대해서는 여러 견해가 있으나 대체적인 이념은 자유지상주의(libertarianism), 미국 제일주의, 평등화의 거부, 기독교 강화로 요약된다.
　자유지상주의는 정부의 비능률을 이유로 개인과 재산 등 사적 영역에 대한 정부의 간섭을 최대한 배제하려 한다. 그러나 개인의 영역이 도덕적으로 침해받을 경우에는 정부가 강력하게 권력을 행사해서 질서를 바로 잡는다. 미국 제일주의는 미국은 군사력 등 모든 분야에서 언제나 '최고'여야 한다는 것이다. 미국과 동맹국의 국익을 위해서는 세계 어느 곳도 간섭할 태세가 갖추어져 있어야 하며, 필요하다면 핵무기에 의한 선제 공격도 추구한다. 평등화의 거부는 무한정의 자유주의가 전통적 가치의 혼란, 범죄의 증가 등 역효과를 보임에 따라 모든 복지 정책은 평등보다는 미국의 사회적 안정과 경제 체제를 강화하는 수단이 되어야 하는 것으로 한다고 주장한다. 기독교의 부활을 통해서 자기 통제 능력을 상실한 세계에 전통 기독교적 가치와 규율을 부활시키려고 한다.
　신보수주의자의 줄임말인 네오콘(Neo-con)은 미국 공화당의 신보수주의자들 또는 그러한 세력을 통틀어 일컫는 용어이다. 체니(Dick Cheney) 부통령, 럼스펠드(Donald Rumsfeld) 국방부 장관, 울포위츠(Paul Wolfowitz) 국방부 부장관, 리비(Louis Libby) 부통령 비서실뿐 아니라 정계 및 언론계, 각종 싱크탱크 등에서 큰 영향력을 행사하고 있다. 이들 가운데는 특히 유대인이 많다. 신보수주의의 패권적 성향과 비인도적 처사 때문에 미국으로 세계의 모든 비난이 집중되고 있다.

신자유주의(Neo-liberalism)

1970년대 1차 오일 쇼크를 전후해서 서구 사회는 극심한 경기 침체에 시달렸다. 또한 경기 침체의 원인을 과도한 국가 개입에서 찾으면서 경제에 대한 모든 규제를 풀어야 세계 경제가 해결될 수 있음을 주장하는 이념이다. 신자유주의는 미국을 중심으로 앵글로색슨 계열 국가에서 시작되었다. 영국에서는 1979년 대처 내각, 미국에서는 1981년 레이건 행정부가 등장하면서 신자유주의는 국가 정책으로 추진된다.

신자유주의 원칙은 자유 시장 경제 원리를 구현하는 것이다. 이에 따라 기업에 최대의 자율성을 부여하면서 경제 원리는 사유 재산권, 경쟁, 법치, 자기 책임에 의해 시장에 맡겨야 한다는 논리다. 좁은 의미로는 정부의 규제나 노동 운동으로부터의 기업 활동이 자유로워야 한다는 의미로도 사용된다. 신자유주의는 자본주의 원칙에 충실한 원리다. 그러나 세계화와 결합된 신자유주의는 지나친 시장 편향으로 국가간이나 국가 내부에서 빈부 격차의 확대를 유발한다. 최근에는 복지와 평등의 부족과 미국의 경제적 침략의 도구로 인식되면서 좌파의 집중적 공격을 받고 있다. 한국에서도 성장론자들은 대부분 신자유주의를 주장하고, 분배론자들은 비판적이다.

디플레이션(Deflation)

인플레이션의 반대말로 수요보다 공급이 많은 구조적 상황을 의미한다. 경제가 디플레이션에 빠지게 되면 물가 하락, 투자 감소, 저금리 등이 정착되어 높은 실업률과 저성장 구조에 빠진다.

필자는 『디플레이션 속으로』(이콘, 2004)란 책을 통해 디플레이션의 원인을 과학기술의 발달, 이데올로기 시대의 종말, 세계화, 자원 부족, 고령화 등 5가지로 제시했다. 또한 전세계가 이제 디플레이션에 빠져 더욱 살기 힘든 상태가 되기 때문에 미래의 준비는 곧 디플레이션에 대한 준비라는 견해를 밝혔다. 이 책에도 미국과 세계가 독점 시스템을 유지할 수밖에 없는 이유로 디플레이션을 제시한다.

Contents

제1부 미국의 독점 시스템

1. 미국만의 독점 시스템 __ 19
2. 독점 시스템의 10가지 구조 __ 25
   - 강력한 군사력과 신보수주의 • 경제와 지정학의 융합 • 세계화와 신자유주의의 확산
   - 금융 자본의 완벽한 통제 • 자원의 독점 • 민주주의의 전략 무기화 • 뛰어난 과학기술
   - 소프트파워 • 정경유착 • 미국 내부의 지지
3. 자발적 굴복 __ 62

제2부 흔들리는 거인

1. 약화되는 미국 경제 __ 75
2. 군사력의 한계 __ 114
3. 대항 세력의 등장 __ 125
4. 세계화와 신자유주의의 부작용 __ 153
5. 독점적 금융 자본의 해체 가능성 __ 165
6. 자원 전쟁 __ 183
7. 제3의 민주주의 __ 206
8. 소프트파워와 미국 문화의 균열 __ 221

UNITED STATES OF
AMERICA
세계 경제의 그림자, **미국**

제3부 **저항과 배신**

1. 독점 시스템은 저항을 유발한다 __ 241
2. 분열과 배신의 연쇄 작용 __ 247

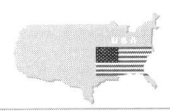

제4부 미국의 **미래와 한국**

1. 미국의 미래 __ 295
2. 한국의 준비 __ 314

참고문헌 __ 324

제1부 미국의 독점 시스템

- 미국만의 독점 시스템
- 독점 시스템의 10가지 구조
- 자발적 굴복

독점 시스템은 미국만이 행사하는 세계 지배 시스템을 일컫는 말이다. 이 시스템을 인지하건 하지 않건 간에 빠져나올 수 없고 거부할 수도 없다. 독점 시스템은 다른 용어로 '제국주의', '일방주의', 그리고 '패권주의'와 유사한 개념이다. 그러나 미국의 독점 시스템은 제국주의와 같이 과거의 강력했던 체제와는 차원을 달리하는 거대하고, 강압적이며 정교한 체제이다. 그리고 어휘에 녹아 있듯이 미국만이 행사할 수 있고 유지할 수 있다. 따라서 역사상 이렇게 강력한 국제 정치 시스템은 없었으며, 만일 미국이 붕괴할 경우 앞으로도 출현 가능성이 거의 없는 역사상 유일무이한 국제 질서이자 문화 체계이며 경제 구조다. 현재 세계는 미국이 구사하는 독점 시스템을 통해 경영되는 거대한 조직체로 변화해 있다.

독점 시스템에 의해 구축된 전체주의적이고 독점적인 특권은 전통 자유주의와 극단적으로 대립되지만, 미국은 독점 시스템을 미국뿐 아니라 세계 전체를 운영하는 기본 골격으로 사용하고 있다. 미국은 국가나 개인의 자유에 앞서 독점 시스템 유지가 유일한 목표가 되고 있다. 독점 시스템은 다국적 기업과 같이 세계를 대상으로 자유롭게 이익을 쟁취한다. 그러나 차이점은 강력한 무력으로 시스템 참여를 강제할 수 있고, 이익은 기업의 주주가 아니라 미국 전체의 것이라는 점이다. 독점 시스템은 미국이 세계를 규정하는 기본 구조이다.

1
미국만의 독점 시스템

현재 미국이 구사하는 독점 시스템은 미국만을 위한 시스템이다. 이데올로기적 성격도 없고, 가난한 나라에 대한 배려도 없는 정글적 시스템이다. 공생이나 평화보다는 미국의 이익만이 모든 것을 규정한다.

독점 시스템의 구조

독점 시스템은 미국 경제가 서서히 어려워지기 시작하면서 사회의 불안정성이 증가했던 1970년대 초반에 탄생했다. 그러나 큰 진전 없이 진행되다가 레이건 행정부 시절 공산주의 진영과의 마지막 결전에서 자유민주주의 진영의 승리가 가시화된 1980년대 중반부터 구체화되었다. 이후 1990년대에 세계 경기 활황으로 독점 시스템은 일시적으로 완화되기도 했지만, 2000년 이후 세계적 차원에서 IT 버블이 붕괴되자 독점 시스템은 가속 페달을 밟는다. 일부에서는 2001년 9·11 테러 이후 독점 시스템이 출현한 것으로 판단하는 경우도 있지만, 이미 독점 시스템의 역사는 30여 년 전부터 시작된 것으로 보인다.

표면적으로 독점 시스템은 단순한 체제이다. 한마디로 표현하면 미국이 자신들의 경제력에 비해 더 많이 소비하는 동시에 국제 질서 속에서 우월적 지위를 유지하기 위한 시스템이라 할 수 있다. 지난 30년 전부터 미국은 제조업이 몰락하고, 서비스 중심의 경제 구조로 변했다. 이 결과 미국은 달러 가치가 하락하면 수출이 느는 것이 아니라 수입이 더 증가하는 이상한 나라가 되었다. 미국의 인구는 전세계 인구의 5퍼센트에 불과하지만 에너지는 20퍼센트 이상 소비하고 있다. 그렇지만 미래를 위한 투자가 불가능하게 국내 저축률은 '제로(0)'에 가깝다. 따라서 이러한 미국의 모순된 이기심을 충족시키기 위해서는 해외로부터 대규모 자본을 끊임없이 유입시켜야 한다. 저항하는 국가나 단체가 있어서는 안 된다. 그리고 이 시스템을 영원히 지속해야 하며, 전세계의 모든 부(富)는 미국을 위해 사용되어야 하는 체제가 바로 미국의 독점 시스템이다.

미국은 자국 내에서 소비를 충족시킬 만한 제조업 생산이나 원자재가 부족하다. 또한 부가가치가 낮고, 힘들며, 때로는 노사 문제에 시달릴 수 있는 제조업 분야는 이미 1970년대에 일본과 독일에 넘겨주었다. 이 결과 미국의 제조업에 고용된 인원은 전체 노동자의 10퍼센트에 불과한 실정이다. 제조업과 원자재는 생존의 필수 요소이다. 따라서 미국은 제조업 생산 비중이 작기 때문에 외부에서 수입할 수밖에 없다. 이렇게 제품과 원자재를 수입하면서 미국은 달러를 지불하는 기초 자본 순환이 발생한다. 그런데 문제는 미국이 소비를 줄이지 않는 한 수입이

[그림 1-1] 독점 시스템의 자금 흐름 구조

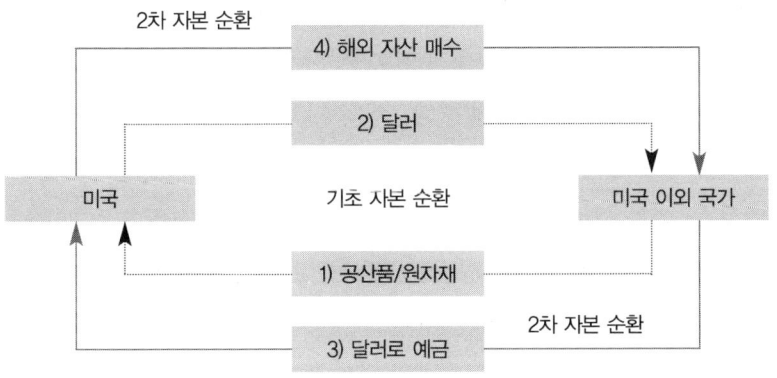

수출을 지속적으로 초과하면서 경상수지 적자가 한없이 불어날 수 있다는 점이다. 그리고 미국은 이를 해소할 능력과 의지가 없어 보이는데, 정치인, 관료, 개인 할 것 없이 미국 전체는 무한한 소비를 유지시켜 주는 독점 시스템 유지에만 관심이 있다.

공포의 균형

독점 시스템 유지의 가장 큰 관건은 미국의 화폐인 달러의 안정 여부에 있다. 달러를 무한정 발행해서 소비재나 원자재를 수입할 경우 달러 가치는 당연히 약세를 보여야 한다. IMF 위기를 몰고 왔던 1997년, 한국의 경상수지 적자가 국내총생산(GDP)의 6퍼센트 수준에 도달하자 원화 가치가 달러당 800원대에서 1,800원까지 절반 이상 하락했던 경험이 있다. 한국과 마찬가지로 달러 가치는 당연히 하락해야 하고, 미국은 내부적으로 뼈를 깎는 구조조정이 불가피하다. 그러나 미국에서는 아무 일도 일어나지 않고 있다. 지금 미국의 경상수지 적자는

GDP의 6퍼센트대이지만 해외에서 이보다 더 많은 자금이 유입되고 있다. 즉, 미국에 원자재와 공산품을 수출한 국가의 무역 흑자 금액은 그대로 해당 국가의 중앙은행을 통해 다시 미국으로 보내진다. 그리고 이 자금은 미국 국채를 비롯해 주식, 회사채, 부동산 등을 마구 사들이면서 2차 자금 순환이 발생한다. 실증적으로 1990년대 초반 미국에 대해 경상수지 흑자를 기록한 국가의 자본 중 20퍼센트가 미국으로 재유입되었다. 그러나 1990년대 후반에는 70퍼센트로 증가했고, 약 6조 5,000억 달러에 이르는 금융상의 권리를 가지게 되었다. 만일 이런 상황이 영원히 지속된다면 미국과 달러 가치는 장기적으로 안정될 수 있겠지만 어떻게 이런 현상을 경제학으로 설명할 수 있는가? 그래서 미국의 경상수지 적자와 이를 상쇄하는 해외 자본의 미국 유입을 '공포의 균형'이라 부르기도 한다.

신비로운 길?

또한 미국으로 자본이 무차별적으로 유입되는 경로를 사회학자들은 '신비로운 길'이라 하면서 국제 금융 시장의 새로운 트렌드로 정의하고 있다. 대통령이 되기 이전인 1980년 아버지 부시는 이런 현상을 '주술 경제학(voodoo economics)'이라고 불렀다. 그런데 이 신비로운 길이 한국에는 없고, 아시아 다른 국가나 심지어 미국과 가장 가까운 영국에도 1980년대 외환 위기 당시에 없었다. 왜 이 신비로운 길이 미국에만 있는 것일까? 이에 대한 해답은 바로 기축통화 효과에 있다.

프랑스어로 일명 세뇨리지(seigniorage) 효과라 하는 기축통화 효과는 공통의 화폐를 만들어 사용하면서 발생하는 화폐 제조자의 이익이다. 화폐의 교환가치에서 발행 비용을 차감하면 그만큼 발행자의 이익이 되는데, 발행 비용이 거의 없기 때문에 결국 발행 금액만큼 이익이 된다. 과거에는 이러한 기축통화 이익을 왕이 독식했고 요즘은 중앙은행(정부)이 차지한다. 제2차 세계대전 이전에는 영국이, 그리고 한때는 일본과 독일이 나눠 갖기도 했지만, 1990년대 이후에는 기축통화의 발행자인 미국만이 세뇨리지 효과를 얻고 있다.

세뇨리지 효과는 기본 성격상 나누어 가질 수 없다. 오직 기축통화를 가진 국가만이 독점할 수 있는 것이다. 따라서 미국의 모든 대외 정책과 경제 정책은 세뇨리지 효과를 유지하는 데 집중할 수밖에 없다. 1990년대까지만 해도 냉전 종식에 따른 미국의 확고한 군사적 능력과 신경제 효과로 기축통화로서의 달러화는 미국 이외 국가의 입장에서는 자발적으로 받아들여졌다. 그러나 미국이 태동시킨 IT산업 등 신경제 효과는 미국보다 한국 등 동아시아가 더 큰 혜택을 받게 되고, 중국의 부상과 EU 출범, 그리고 유로화의 통용으로 달러가 위기 국면으로 치닫게 되자 미국은 어쩔 수 없이(?) 독점 시스템을 구축하게 된다. 즉 미국 중심의 기축통화 시스템에 대한 도전을 원천적으로 봉쇄하기 위해 국방비를 급속히 증액시키면서, 이른바 예방 전쟁이라는 명분으로 미국에 도전하는 국가를 위협하거나 이라크와 같이 군사적으로 공격하게 되었다. 그리고 이를 바라보는 미국 이외 국가 정부나 국민들은 미국의 위세에 눌려 자발적으로 미국의 독점 시스템에 길들여지고 있다. 리처드 던컨(Richard Duncan)은 『달러의 위기』에서 2003년이나 2004년에 미국의 부동산 거품이 꺼지면서 미국의 소비 감소와 경상수지 조정으로 달러의 위기가 현실화될 것으로 전망했다. 그의 분석은 탁월했지만 예상이 빗나갔다. 왜냐하면 미국을 경제적 측면에서만 고찰했기 때문이다. 또한 미국의 관점에서만 분석했기 때문에 미국 이외 국가의 대응을 무시한 결과다. 현재 미국은 신보수주의와 신자유주의를 결합시킨 종합적인 경제 정책을 세계를 대상으로 펼치면서 달러를 기축통화로 유지하고 있다. 또한 던컨은 올바른 형태의 공동 정부의 간섭만이 세계적 차원의 경제 위기를 막을 수 있다고 주장했다. 그러나 너무나 강력한 미국은 지금 세계의 공동 정부다.

쌍둥이 적자로 표현되는 미국이 직면한 경제적 어려움은 과도한 소비를 줄이면 당연히 해소될 수 있지만 미국은 이를 거부하고 있다. 오히려 이 시스템을 유지하기 위해 군사력을 증강하고 때로는 반대파를 처단하기 위한 비용을 지불하는 과정에서 재정 적자는 더욱 늘어나고 있다. 결국 쌍둥이 적자는 미국이 경제력을 초과하는 소비를 유지하기 위한 이기심이 원인이다. 또한 향후에도 초과 소비와 독점적 이익을 유지하기 위한 비용이며, 자신들만은 다르다는 선민(選民) 의식을 가진 미국의 불가피한 선택으로 판단된다.

2
독점 시스템의 10가지 구조

국제 질서 속에서 독점적 이익 추구는 당연히 체제 참가국들로부터의 착취를 전제로 한다. 따라서 독점 시스템은 정교하게 짜이고 모든 체제 구성원들이 참여해야 하며, 시스템으로부터의 이탈을 막아야 독점적 이익을 극대화할 수 있다. 만일 단 한 국가라도 이탈하게 되면 나머지 국가들은 도미노식으로 미국으로부터의 독립을 추구할 것이다. 이럴 경우 기존의 국제 질서는 단번에 붕괴될 수 있다. 어쩌면 로버트 카플란(Robert D. Kaplan)이 위협하고 있듯이 무정부 시대가 나타날 수도 있다. 따라서 미국은 독점 시스템의 유지를 위해 다양한 보조 장치를 만들거나 세계인이 자발적으로 독점 시스템에 참여하도록 유도한다. 독점 시스템의 존립에 필요한 사항은 다음의 10가지를 꼽는다.

여기서 규정한 미국의 10가지 독점 시스템 전략은 현재 완벽에 가까울 정도로 잘 운용되고 있다. 그러나 어떤 이유에서든지 10가지 전략

중 어느 한 가지라도 약화된다면 독점 시스템은 바로 붕괴될 위기에 처한다. 왜냐하면 각각의 10가지 항목은 서로 영향을 주고받으면서 상호의존적 구조로 이루어져 있기 때문이다. 따라서 미국은 10가지 전략을 모두, 그리고 동시에 유지해야 하는 어려움에 처해 있다. 이런 미국의 고민을 영국의 신문 《파이낸셜타임스》는 '잠들지 않는 파수꾼'이라 표현하기도 했다. 단 한 가지를 유지하기도 어려운데 미국은 10가지를 완벽하게 그리고 항상 가동시켜야 한다. 마치 10가지 상이한 성격의 실로 짠 촘촘한 그물망을 미국이 관리하고 있다는 표현이 적절할 것 같은데, 바로 이 10가지가 미국을 유지시키는 기반이 되는 동시에 세계는 이 그물망 속에 존재하고 있는 것이 현실이다.

[그림 1-2] 10가지 독점 시스템 전략

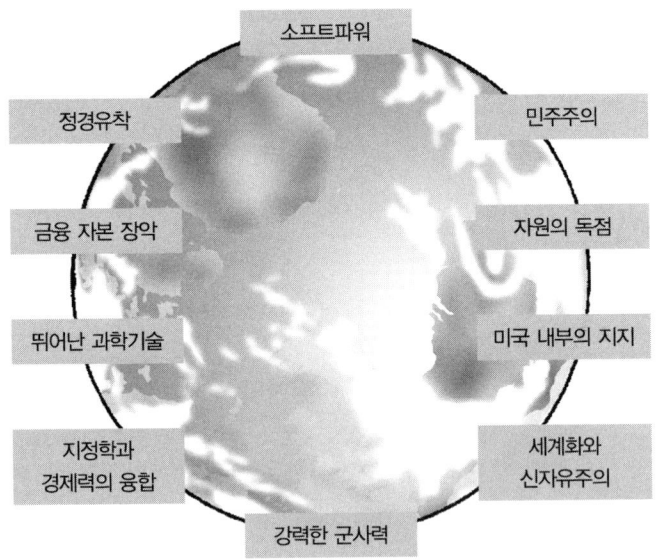

1_ 강력한 군사력과 신보수주의

독점 시스템의 존립 이유는 미국 이외 국가들이 독점 시스템에 참여해서 자국 내 잉여 달러를 미국으로 보내야 하는 것이다. 그러나 미국이 추구하는 독점 시스템은 미국만을 위한 비합리적 시스템이기 때문에 자발적인 참여는 불가능하다. 따라서 수동적인 미국 이외 국가들의 독점 시스템 참여를 위해서는 강력한 '무력'을 행사하거나 보여줘야 한다. 과거 냉전시대에는 국가안보가 가장 중요한 가치였다. 그리고 인류 역사에서 이처럼 치열한 이데올로기 논쟁과 무력 대립이 심했던 경우가 없었기 때문에 국가들은 이데올로기를 통한 이합집산(離合集散)을 통해 안보 문제는 미국이나 NATO 등 군사 협력 기구에 의존하는 경향이 강했다. 따라서 공산 진영이나 자유민주 진영 구분할 것 없이 안보 문제는 동맹이라는 틀 안에서 국가간 합의가 지금보다 쉽게 이루어졌다.

그러나 냉전 종식 이후 대규모 전쟁의 가능성이 줄어들면서 과거 자유민주 진영 국가들은 군사비를 크게 줄였고, 현실적으로도 군사비를 부담할 경제적 능력이 부족하다. 미국과 유사한 경제력을 보유한 EU가 아직도 미국에 제 목소리를 내지 못하는 가장 큰 이유는 바로 EU의 안보를 미국에 의존하고 있기 때문이다. 일본의 경우도 중국, 러시아와 대치한 상황에서 미국의 안보 우산은 필적이다. 또한 외환 보유고가 많은 대만, 한국 등 아시아 국가들은 안보의 상당 부분을 미국에 의존하고 있기 때문에 미국의 독점 시스템에 참여해야만 안보를 유지할 수 있는 것이 현실이다. 미국의 존재가 없었으면 대만은 벌써 중국에 흡수되었을지도 모른다.

바로 이런 상황을 미국은 헤집고 들어갔다. 어느 나라나 국방비를 높이는 것보다는 국내 경기 부양이나 실업 문제 해결, 사회보장에 국가 재정을 쓰고 싶어한다. 따라서 안보 문제가 가장 중요하지만 이 안보 문제를 미국에 의지함으로써 해당 국가의 정치인들은 한정된 국가 재정을 자신의 정략에 맞게 사용할 수 있었다. 미국이 냉전시대보다 더욱 강한 군사력을 유지하게 되자 국제 안보 분야에서 미국의 영향력은 오히려 증가하고 있다. 전세계 많은 나라들은 이제 안보 문제에서 미국에 빚지고 있는 것이 사실이다.

현재 미국의 군사비는 전세계 군사비 지출 상위 10개국 중 미국 이외 9개 나라의 군사비를 모두 합한 것보다 많다. 다른 나라들은 냉전시대 종식 후 군사비를 줄였지만 미국은 반대로 더 많이 늘렸다. 그리고 엄청난 군사비에 뛰어난 과학기술을 접목시켜 군사력은 비교의 대상이 없을 정도로 강력해졌다. 만일 미국이 구상하는 미사일 방어 체계(MD, Missile Defense)가 완성되면 세계 어떤 나라도 미국을 공격할 수 없는 반면, 미국은 모든 나라를 핵공격할 수 있는 시스템을 갖추게 된다. 러시아와 중국의 미사일이 거의 무용지물이 된다면 미국의 파워는 거의 절대적 경지에 이를 수 있다. 이라크 전쟁시 불과 1개월 만에 16만 명의 지상군과 이에 따르는 무기 체계를 이동시키는 능력은 지구상 어느 나라도 수행할 수 없는 미국만의 힘이다.

또한 전세계를 정밀하게 감시하는 첩보위성망은 미국이 전세계 거의 모든 군사 정보를 독점하고 있음을 시사하는데 시간이 지날수록 러시아나 중국과의 격차가 더 벌어지고 있다. 이제 미국은 지구의 모든 국가를 감시하고 있고, 지구를 넘어 우주까지도 미국의 영토가 되고 있다.

두려움의 제국

어느 집단이나 강한 물리적 힘은 자발적인 충성과 복종을 유발시킨다. 그리고 무력을 독점한 세력에 대한 인식도 초기에는 폭력의 사용에 대한 '두려움'으로 인식되지만, 시간이 지날수록 안정감, 풍요로움으로 재해석된다. 여기에 미국은 연성 권력(soft power)을 통해서도 독점적 권력을 강화시킨다. 소프트파워는 전세계 파워엘리트의 정신 세계를 지배하고 있다. 이들은 미국에서 교육받고, 미국의 문화만을 유일한 가치로 판단하는 집단이다. 또한 20세기를 통해 전세계 민주주의 발전에 기여한 미국의 과거를 맹신한 나머지 미국의 정책을 항상 민주적이고 효율적인 것으로 간주한다. 따라서 이들은 미국의 군사력 강화를 당연한 것으로 받아들이면서 본국 정권을 자발적으로 미국에 맹종토록 유도한다. 또한 이들은 세계 경찰국이나 제국으로서의 미국을 바라면서 미국이 강한 군사력을 유지하도록 만드는 간접적 지원 세력 역할을 한다.

자국의 안보를 미국이 담당하고 있는 상황에서 자국보다 안전한 투자처나 피난처는 결국 미국밖에 없다. 이런 이유 때문에 미국에 자금을 맡기는 것이 당연한 순리로 여겨질 것이다. 결국 미국의 강한 군사력은 모든 국가나 정권의 첫 번째 존재 이유인 안보 문제를 해결해 줌으로써 자발적인 충성과 미국으로의 자금 유입을 촉발한다.

독점 시스템에 대한 저항

항상 그러하지만 문제는 어떤 시스템이든지 저항하는 세력이 있다는 점이다. 특정 국가나 정권의 이해와 미국의 세계 경찰 역할이 일치하지 않을 경우 해당 국가는 독점 시스템에 저항하려는 시도를 벌일 수 있다. 특히 독점 시스템의 혜택이 미국에만 국한된다는 점과 본격적으로 가동한 지 거의 15년이 지나면서 이 시스템의 부작용과 폐단이 가시화되고 있기 때문에 자연스럽게 독점 시스템에 대한 저항과 이탈 시도는 늘어갈 전망이다. 따라서 향후 미국의 선택은 두 가지로 압축된다. 첫 번째 선택은 독점 시스템을 미국 스스로 붕괴시키는 것이고, 다른 선택은 체제 이탈 국가나 정권을 과감하게 처단해서 이탈과 저항을 사전에 예방할지를 결정하는 것이다. 그러나 독점 시스템의 붕괴는 필연적으로 미국의 종말을 초래하기 때문에 이탈자를 강하게 응징하는 것밖에 달리 대안이 없다. 따라서 '본보기'를 보이는 것이 중요하다. 소규모 국가의 응징 비용은 독점 시스템 포기 비용에 비해 볼 때 아주 소소하다. 그리고 해당 국가의 원자재 등 각종 자원과 지정학적 위치도 점유할 수 있는 등 부가적 수입도 있기 때문에 '예방 전쟁'이라는 이름으로 독점 시스템의 도전자를 응징하고 있다.

미국은 도전에 대한 응징밖에는 선택할 수 없기 때문에 신보수주의는 미국 내부에서 명분을 얻는다. 독점 시스템 유지를 위해 이라크 공격과 같이 명분 없는 전쟁도 서슴지 않고 벌이게 되면서 신속한 개입을 위해 세계의 중요한 지역에 미군을 대규모로 파병해서 유지하고 있다. 그러나 미국이 이런 비인도적 행위를 감추려 하지 않으면서 점차 독점 시스템 이탈자들은 점차 늘어가는 추세이다. 빈 라덴과 알카에다는 이런 의미로 보면 미국의 독점 시스템에 저항하는 비국가 단체로 규정할 수 있고, 이라크의 후세인이나 베네수엘라의 차베스도 독점 시스템 저항 세력이다. 또한 더 넓은 맥락에서 보면 프랑스를 비롯한 유럽 대륙 국가나 최근의 중앙아시아 국가, 세계 사회 포럼 등 비정부 단체(NGO)들도 독점 시스템의 저항 세력으로 볼 수 있다.

적대적 공범 관계

최근 3~4년 동안 이렇게 하나 둘씩 저항 세력이 등장하면서 미국은 미국의 군사력을 과시하기 위해 다소 만만한 '적(敵)'이 필요했다. 여기서 '적'은 미국의 존재 가치를 부각시키는 역할을 한다. '적'이 없으면 미국의 군사력과 힘을 대외적으로 과시할 수 없다. 미국의 군사력을 보여주지 못한다면 이탈자들이 출현할 것이다. 따라서 미국은 지속적으로 적이 필요하고, 그 적과의 분쟁 해결 과정을 TV로 중계하고 싶어한다. 미국이 코소보 개입과 같이 EU가 해결 못하는 군사 분쟁에서 미국이 강한 군사력을 보여주자 동유럽 전체가 미국에 자발적으로 순종하게 된 것은 가장 최근의 사례이다.

또한 '적'이 존재한다는 사실은 미국 내부적으로 국민들을 결집시키는 역할을 한다. 외부로부터 본토가 공격받았다는 9·11 테러의 충격과, 미국인은 미국 이외 국가와 '다르다'는 선민 의식을 테러가 교묘히 파고들면서 미국의 국가주의를 강화시킨다. 이런 상황을 한양대 임지현 교수는 "미국은 이제 두려움의 제국이 되었고 자발적이며 적극적인 동의와 지지를 통해 이 무서운 시스템은 유지되고 있다."고 하면서 결국 부시와 빈 라덴의 관계를 '적대적 공범 관계'로 규정하고 있다. 즉, 적이 존재해야만 존재할 수 있는 관계 이것이 바로 '적대적 공범 관계'다. 적이 있어야만 미국 내부의 단결과 대외적인 군사 개입의 명분을 얻을 수 있다. 최근 빈 라덴의 생사 여부가 불투명한 가운데 이라크 전쟁이 소강 상태를 보이자, 북한·이란·베네수엘라 등으로 미국의 화살이 계속 이동하는 것은 '적'이 존재해야만 미국이 존재할 수 있다는 한계를 반영한다. 반면에 20세기 말 미국 자본에 반기를 들었던 말레이시아나 브라질의 룰라 대통령은 각각 성향은 다르지만 미국의 독점 시스템을 어쩔 수 없는 고정 변수로 받아들이는 모습이다. 그리고 독점 시스템이 제공하는 평화가 독점 시스템 붕괴가 유발하는 무정부 상태의 최악보다는 낫다는 차악(次惡)으로 받아들이는 모습이다.

한편 엠마뉘엘 토드(Emmanuel Todd)는 『제국의 몰락』에서 미국이 패권적 일방주의를 유지하기 위해서 다음과 같이 5가지 원칙을 견지하고 있다고 했다. 1) 유일한 초강대국의 무한정한 군사 활동을 정당화하기 위해서 어떤 문제를 결정적으로 풀어버리는 일을 피해야 한다. 2) 경제적으로 종속적인 미국은 자신들의 정치·군사적인 존재를 정당화해 줄 일정한 수준의 무질서를 필요로 하고, 3) 이라크·쿠바·북한 등 소국들과 상대하면서 수시로 무력을 과시하며, 4) 주변 강국들이 그 사실을 의식하지 못하든가 혹은 가급적 늦게 의식하도록 하기 위해 소국들과 대치시킨다. 5) 그리고 무기 경쟁에서 미국이 훨씬 앞서 나가는 것을 전략으로 삼고 있다고 밝히고 있다. 최근 북핵 문제 처리와 관련한 미국의 태도는 빠른 해결을 원치 않고 있는 모습인데 이는 엠마뉘엘 토드의 지적과 부합되는 측면이 많아 보인다.

이렇게 미국은 강한 군사력으로 그들만의 독점 시스템을 유지시키고 있다. 그러나 역사가 말해 주는 교훈은 물리력을 통한 독점적 이익 추구는 그리 오래가지 못한다는 사실이다.

도전 세력은 없다?

독재자는 2인자를 용납하지 않는다. 특히 독재자의 권력 쟁취와 유지 과정이 비합리적일 때 2인자의 존재는 독재자에게 부담스럽다. 이런 현상이 국제 질서에서는 더 심하다. 자국의 이익만을 추구하는 이전투구의 국제 질서에서 독점 권력의 유지는 2인자의 존재 여부에 달려 있다.

도전 세력이 있을 경우 권력은 '합법적 폭력'이라는 정당성을 가져야 한다. 즉, 2인자가 도전할 명분을 주지 않기 위해서 체제 자체를 합법적으로 운영해야 한다. 그러나 현재 미국은 합법적이고 이성적으로 세계를 경영할 만큼 여유가 없다. 따라서 2인자가 부상할 경우 미국은 민주주의 확산과 전세계 평화 유지라는 명분을 반드시 실현해야만 독점 시스템을 유지할 수 있다. 왜냐하면 미국은 독점 시스템을 통해 자국만의 이익을 추구하고 있기 때문에 2인자를 제거하기 위해서는 그만큼 명분이 필요하다. 만일 미국이 제어하기 어려운 도전 세력이 출현한다면 이를 저지하는 비용은 현재의 미국 경제력으로 감당할 수 없다.

한편, 강력한 군사력과 경제력을 보유한 대항 세력이 등장하면 국제 정치 질서는 세력 균형 체제(Balance of Power)로 진입할 가능성이 높다. 즉 미국과 미국의 대항 세력 사이에서 독점 시스템 속에 있는 국가들은 당연히 안보 문제에서 '보험'이 필요해질 수 있다. 불안정한 세력 관계 속에서 확정되지 않은 권력에 자국의 운명을 전적으로 의존할 수 없기 때문이다. 따라서 양측의 대결 과정이 벌어질 경우 많은 국가들은 교묘히 세력 균형 체제를 유지하면서 자국의 이익을 챙길 것이 자명하다. 냉전체제시 스칸디나비아 3국이나 스위스, 이집트 등과 같이 특정 진영의 색채가 약했던 중립국들이 높은 경제 성장을 보이면서 국제 정치 질서에서도 독자적인 목소리를 냈던 것은 바로 이런 이유 때문이다. 따라서 미국의 대항 세력이 출현한다면 많은 국가들이 독점 시스템에서 탈출해서 스위스와 같은 정치적 색깔을 추구할 수 있다.

만일 이런 사태가 발생한다면 미국은 붕괴된다. 강한 군사력에 근거했던 달러화는 기축통화 역할을 상실하게 되면서 국제 경제 질서는 정치적 재편에 앞서 더 빨리 붕괴될 가능성이 높다. 찰스 쿱찬(Charles A.

Kupchan)과 같은 많은 진보적 성향의 사회학자나 국제 정치학자는 미국의 붕괴를 예측하면서 EU, 일본, 중국, 러시아 등 다극 체제를 예상한다. 그러나 다극 체제는 존재할 수 없다. 다극 체제는 미국의 붕괴를 전제로 하기 때문에 다극 체제가 발생한다는 것은 새로운 무질서와 토머스 홉스(Thomas Hobbes)가 얘기한 '만인 대 만인의 투쟁' 시대로 진입할 가능성이 오히려 높다. 왜냐하면 다극 체제 참여자들도 전세계적인 디플레이션 때문에 미국이 추구했던 독점 시스템과 유사한 정책을 구사할 것이기 때문이다. 현재는 미국이라는 한 국가만이 독점 시스템을 추구하지만, 다극 체제에서는 어떤 나라도 현재의 미국과 같이 완벽한 독점 시스템을 구축할 수 없기 때문이다. 따라서 패권 야망을 가진 강대국 몇몇을 제외할 경우 다극 체제의 무질서보다 현재의 불공평한 독점 시스템을 받아들이면서 독점 시스템은 정당성 여부를 떠나 유지되고 있다.

[그림 1-3] 냉전 종식 이후 미국의 군사 개입 현황

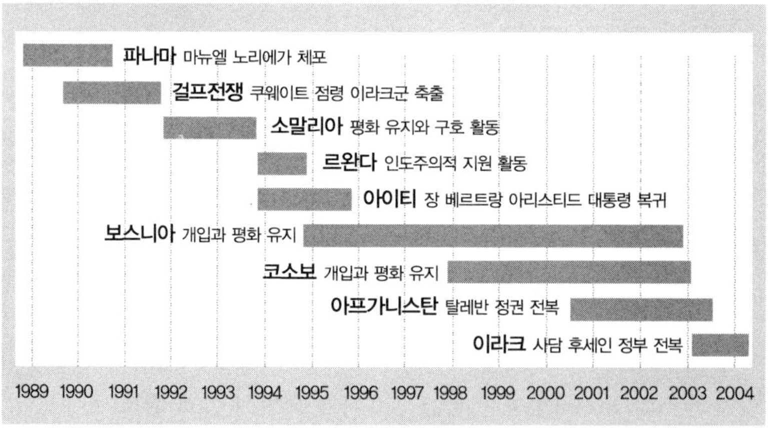

- 파나마 마뉴엘 노리에가 체포
- 걸프전쟁 쿠웨이트 점령 이라크군 축출
- 소말리아 평화 유지와 구호 활동
- 르완다 인도주의적 지원 활동
- 아이티 장 베르트랑 아리스티드 대통령 복귀
- 보스니아 개입과 평화 유지
- 코소보 개입과 평화 유지
- 아프가니스탄 탈레반 정권 전복
- 이라크 사담 후세인 정부 전복

1989 1990 1991 1992 1993 1994 1995 1996 1997 1998 1999 2000 2001 2002 2003 2004

자료: 《워싱턴포스트》

대항은 종말을 의미

미국의 파워가 점점 축소되면서 대항 세력은 21세기 초반 조금씩 표면화되고 있었다. 2003년 이라크 전쟁 당시 유럽, 중국, 러시아는 처음으로 한 목소리로 미국의 이라크 전쟁에 반대했었다. 1991년 1차 걸프전 때와는 달리 전쟁 비용 부담을 거부했고, 참전도 미국의 영향력이 강한 일부 국가에만 한정되었다. 그러나 지상전이 조기에 종료되면서 이들의 목소리는 다시 수그러들었다. 오히려 미국의 독점 시스템 유지를 위한 강한 의지에 기세가 눌려 대항 의지가 급속히 약화되고 있는 것이 현실이다. 미국과 적대적 관계를 유지하고 잇는 미얀마는 2005년 11월 기존의 수도 양곤에서 320km 떨어진 산악 지역으로 수도를 옮기기 시작했다. 그 원인은 정확히 밝혀지지 않았지만, 대체적인 관측은 미국에 의해 '폭정의 전초기지'로 인식되고 있는 미얀마 정부가 미국의 침공을 우려해서 서둘러 깊은 요새 지역으로 수도를 옮기는 극단적인 선택을 한 것으로 보고 있다.

EU 통합군 창설도 지리멸렬해지고 있고, EU 통합 헌법도 부결되면서 잠재적인 미국의 대항 세력이었던 EU의 통합이 지연되고 있다. 또한 EU에 영국이 참여하지 않고 있는 상황에서 동유럽 지역의 참가국이 늘게 되자 유럽 내부에서는 오히려 통합의 부작용에 대해 우려하는 목소리가 커지고 있다. 이 결과 EU 통합 헌법이 프랑스와 네덜란드에서 부결되어 EU 통합은 지연될 전망이다. 특히 미국은 EU가 반미 성향으로 돌아서는 것을 방지하기 위해 유럽 대륙의 미군을 독일에서 폴란드로 이동시키고 있다. 독일과 폴란드의 뿌리 깊은 분쟁의 역사를 감안할 때 미국은 EU 내의 결속력 약화를 시도하고 있는 모습이다. 또한 EU의 화폐인 EURO화의 약화를 꾀하고 있음도 굳이 숨기려 하지 않고 있다.

프랑스에서 EU 헌법이 부결된 이후 달러화가 급속히 강해졌다는 사실은 EU가 미국의 대항 세력이 될 수 없음을 국제 투기 자본이 정확히 인지하고 있음을 보여주는 증거이다.

한편, 미국이 자원의 보고인 중앙아시아를 점령하면서 중국과 러시아는 서로 입을 다물고 있다. 그루지아에서 시작된 시민혁명이 중앙아시아로 급속히 번지면서 권위주의 정부인 러시아나 중국은 민주주의의 자국 내 전염 가능성 때문에 입을 다물고 행동을 조심하고 있다. 미국은 중앙아시아의 시민혁명을 자신들이 직접 지원하고 있음을 다양한 차원에서 밝히고 있는데, 이 말은 미국에 대항할 때 미국은 군사력뿐 아니라 민주주의로도 푸틴이나 후진타오를 공격할 수 있음을 암시한다. 또한 미국이 개정을 추진 중인 '합동 핵작전 독트린' 초안에 따르면 야전 사령관들이 미국이나 다국적군, 연합군은 물론 민간인을 표적으로 한 적성국 및 테러 집단의 대량 살상 무기(WMD) 사용에 대해 핵무기의 선제 공격을 대통령에게 요청할 수 있도록 했다. 새 초안에는 1) 위험성이 큰 재래식 무기에 대한 대응, 2) 조속한 전쟁 종식, 3) 적의 WMD 사용 저지, 4) 적이나 그 대리인에 의해 공급된 WMD 사용 차단 등을 핵무기 사용 조건으로 제시하고 있다. 결국 미국에 대한 군사적 대응은 해당 국가의 종말을 의미할 정도로 미국은 대항 세력 제거라는 목표를 위해 가장 비인도적인 핵무기 사용을 포함한 어떠한 수단도 배제하지 않고 있다. 공교롭게도 미국이 이 초안을 언론에 흘린 이후 북한이 핵 문제와 관련해 태도가 전향적으로 변한 것은 미국의 위협과 선제 공격 의지에 북한 정권이 굴복한 것으로도 볼 수 있다.

2 _ 경제와 지정학의 융합

중국은 2006년이면 세계 최대의 외환 보유국으로 등장할 전망이다. 2005년 상반기 현재 7,110억 달러의 외환 보유고를 자랑하고 있는데, 일본에 비해서는 약 1,300억 달러가 적다. 그러나 지속적인 무역흑자와 외국인의 직접투자가 급증하면서 2006년 말이면 일본을 제치고 중국이 미국의 최대 채권국으로 등장할 전망이다.

지정학적으로 봉쇄된 중국

그러나 미국은 자신들의 최대 채권국인 중국을 완벽히 포위하고 꼼짝 못하는 그물망 속에 가두어버렸다. 서쪽으로는 9·11 테러 이후 아프가니스탄 침공시 파키스탄을 점령했으며, 중앙아시아 대부분의 국가에 이미 군사력을 배치해서 중국의 서진(西進)을 봉쇄하고 있다. 북쪽의 러시아는 중국과 최근 우호를 다지고 있지만, 국경을 맞댄 전략적 경쟁자란 점에서 대미 공조 체제는 한계를 가지고 있다. 동쪽은 중국이 바다로 유일하게 외부로 탈출할 수 있는 통로가 된다. 그러나 태평양에는 세계 최강의 미국 태평양 함대가 수비하는 가운데, 미국은 대만에 최신 무기를 판매하면서 대만 독립 세력을 지원하고 있고, 일본도 미국 강경파와 손잡으면서 중국 포위의 한 축을 떠맡는 상황이어서 동쪽 출구 또한 그리 안전해 보이지는 않는다.

마지막 남쪽으로는 전통적으로 베트남과 적대적 관계를 유지하고 있는 가운데, 인도마저도 친미적 성향으로 돌아서게 했다. 특히 인도의 핵무기 보유 용인으로 인도와는 밀월관계로 돌입하는 모습이다. NPT(핵확산금지조약) 체제에서 인도가 예외적 대우를 받도록(2005년 7월 18일)

미국이 승인하면서 양국은 급속히 밀착하고 있다. 이런 상황을 반영해서인지 미국과 중국은 바로 다음날(7월 20일) 수교 후 첫 정례 고위급 대화를 8월 초에 시작할 것이라고 발표하면서 '전세계적 차원의 전략적 대화'를 중국과 미국간에 시작되었다고 밝혔다. 그리고 7월 21일에는 위안화를 2퍼센트 절상했다. 현재 중국은 지정학적으로 완전히 포위되어 있다.

미국에 종속된 러시아와 중국

러시아 입장도 큰 차이는 없다. 미국이 만들어준 고유가 덕에 러시아 경제는 7퍼센트대의 고성장 속에서 체제 전환의 혼란을 극복하고 있다. 러시아의 성장 동력은 원유 등 에너지와 천연자원의 수출(70퍼센트 이상)이 크게 증가한 결과다. 따라서 세계 경기 침체로 원자재 가격이 급락하거나 미국 경제 침체시 러시아는 미국과 동반해서 흔들릴 수밖에 없는 미국 의존적 경제 구조로 이루어져 있다. 이런 점은 중국도 마찬가지다. 중국의 많은 달러 자산은 미국의 달러 가치가 하락할 경우 가치가 하락한다. 중국 기업들은 미국 자본이나 미국의 영향력 아래에 있는 일본, 한국, 대만 기업들의 자본과 기술에 의존하고 있다. 또한 심한 지역간 빈부 격차, 높은 농촌 실업률, 낮은 수준의 민주화로 사회 기반이 취약한 상태이며, 중국 내부적으로 디플레이션이 우려될 정도로 과잉 투자가 나타나고 있다. 미국이라는 수출 시장이 없을 경우 중국 경제는 침몰하고, 정치적 혼란은 불가피해 보인다. 결국 지정학적 봉쇄와 더불어 미국에 대해 경제적 의존성이 강한 러시아와 중국은 미국이 지난 200년 간 만들어놓은 사회 구조의 합리성과 자생력을 확보하기 이전에는 쉽게 미국에 대항할 수 없다. 미국에 대항한다는 것은 자국 경제의 침몰과 정권 불안을 야기하기 때문이다.

신3각 동맹

이런 국제 질서의 변화에 따라 영국과 일본은 미국의 권유와 자국의 이해를 위해 자발적으로 독점 시스템에 참여하고 있다. 영국의 경우에는 EU 가입을 보류하면서 철저히 미국과 공조 관계를 유지하고 있는데, 이는 미국의 독점 시스템에 대한 신뢰를 기반으로 한다. 물론 양국의 역사적 동질성과 이념적 토대가 같다는 것이 중요한 원인이 되겠지만, 영국은 아직까지 미국을 추종하는 것이 자국에 유리하다고 판단하는 듯하다. 과거 유럽 대륙과의 수차례에 걸친 전쟁과 세력 균형적 대응의 역사로 볼 때 영국은 독점 시스템을 추종할 수밖에 없는 상황이다. 일본의 경우에는 중국을 견제하기 위해 미국과 결탁하고 있다. 미국의 안보 우산이 없을 경우 일본은 중국에 대한 저항보다 흡수될 가능성이 높은 지정학적 위치와 경제 구조를 가지고 있다. 또한 경제적으로도 미국의 영향력이 절대적인 상황이며 경기침체를 극복하고 재도약하기 위해서는 미국의 신보수주의자와의 연대가 필요하다. 일본의 미국 편향 정책은 미국이 결정적으로 약화되거나 중국이 미국을 대치할 만한 능력을 보유할 때까지 지속될 전망이다. 미국은 오른쪽으로 영국을, 왼쪽으로 일본과 강한 동맹 체제를 구축하면서 군사력과 경제력을 배가시키고 있다. 즉, 고전적인 지정학적 관계에 경제적 상호 의존성을 결합시켜서 대항 세력들의 준동을 사전에 예방하고 있다.

미국의 잠재적 대항 세력인 중국은 스스로 대항 의지를 포기해야만 할 정도로 미국의 손바닥 위에 놓여 있는 상황이다. 이렇게 미국은 대항 세력 분쇄를 위해서는 어떤 일도 마다하지 않는다. 북한, 이란과는 달리 인도의 핵 보유를 미국이 묵인하는 것은 차별적으로 핵 문제에 대응하고 있음을 보여주고 있다. 미국이 그렇게 강조하던 핵 확산 금지 원칙을 미국 스스로 파기했다. 이와 같이 미국은 독점 시스템 유지를 위해서는 이중 잣대를 사용하기도 하고, 지정학적 포위로 상대의 저항 의지를 무산시키거나 때로는 직접 침략으로 대항 세력을 제압하고 있다. 미국이 독점 시스템 유지를 위해 모든 수단을 정당화하면서 전세계는 공포 속에 빠져들고 있지만, 독점 시스템은 오히려 견고해지고 있다.

이런 상황을 고려대 임혁백 교수는 미국을 원형감옥(panopticon)의 간수로 표현하고 있다. 가운데 위치한 간수는 단 한 사람이 감옥(미국 이외 국가) 전체를 감시할 수 있다. 음식물을 통제함으로써 죄수들은 간수의 동의 여부를 떠나 무조건 지시에 따라야 한다. 그러나 미국은 간수와는 달리 컴퓨터와 달러로 감옥을 관리하고 있다. 교도소(세계)는 거대한 네트워크로 구성되어 빈틈 없이 관리되고 있다. 미국은 원형감옥의 간수가 되어 일사불란한 전체주의 체제로 세계를 지배하고 있다.

3 _ 세계화와 신자유주의의 확산

1990년대에 만개한 IT 혁명은 인터넷을 통해 전세계를 하나로 묶어 놓았다. 시간과 거리를 소멸시켜 모든 재화가 동시간에 이동하게 되면서 견고했던 국가간의 벽도 허물어 버렸다. 세계화(Globalization)는 국가에 의한 정보의 독점과 심지어 독점 권력마저도 붕괴시켰다. 국가간, 개인간 상호 의존성은 강화되었고, 국가의 역할도 축소되었다. 이런 혼란기에 미국 자본과 권력은 재빠르게 과거 국민 국가가 수행하던 역할을 떠맡는 기회를 얻게 되었다. 인터넷을 미국이 지배하게 되면서 미국은 그동안 개별 국가가 누렸던 독점적 영역을 허물어 버리는 동시에 빠르게 전세계인의 사고 체계에 침투했다. 이런 상황이 장기간 지속된 결과 대부분의 국가는 국가와 국민이 정권과 분리되어 전세계 어떤 정권도 자신들만의 이해 추구를 위한 정책 추진이 불가능하게 되었다. 중앙아시아의 시민혁명이 인터넷으로 대표되는 세계화 없이 가능할 수 있었겠는가?

한편, 미국은 세계화를 통한 정보 지배와 더불어 미국의 독점적 이익을 지키기 위해 신자유주의(Neo-liberalism)를 전파하고 있다. 국가의 규제, 노동 운동, 자본 이동의 규제로부터의 자유를 의미하는 신자유주의는 표면적으로는 국가가 경제에 개입하는 것을 막는 이념이다. 그러나 미국은 신자유주의를 미국 자본이 전세계 경제력을 장악하는 수단으로 변형시켰다. 거대한 미국 기업들이 아무런 규제 없이 어떤 나라에든 진출해서 자신들의 이익만을 위해 경영하다가 충분한 이익을 얻게 되면 바로 철수하는 고삐 풀린 자본주의를 신자유주의를 통해 추구하고 있다. 누구도 막을 수 없는 냉정한 자본주의 '보이지 않는 손'을 미국의 의지로 움직이면서 세계 경제를 요리하고 있다. 세계화와 신자유주의로 미국 기업들은 제국주의 시대의 영국 동인도회사나 일본 동양척식회사와 같이 기기묘묘한 모든 방법을 동원해서 다른 국가의 부(富)를 미국 기업으로 이전시킨다. 이런 상태에서 국민 국가의 경제적 주권은 거의 없다. 어떻게 미국에 대항하고 독점 시스템을 거부할 수 있는가?

물론 세계화와 신자유주의를 통해 세계 전체의 경제적 효율성과 생산성은 높아졌다. 그러나 증가한 부가가치의 상당 부분이 미국으로 회귀하고 있는 상황에서 전세계 모든 국가는 미국의 눈치를 볼 수밖에 없다. 오히려 자국 기업의 소유권이나 배당금 송금 등 미국이 거둬들이는 소득에 대해 거부감보다는 미국 자본을 유치, 고용을 창출하거나 법인세를 더 거두는 것이 유리하다고 판단하는 것이 현실이다. 왜냐하면 지금 전세계는 고용이 줄고 생산력이 과잉 상태인 디플레이션에 빠져 있기 때문이다. 이미 미국 내에서는 제조업을 포기했지만 미국은 신자유주의에 기반한 '해외 아웃소싱'이라는 이름으로 전세계의 생산력을 지배하고 있다. 단지 미국은 자본과 기술만을 제공하고, 경영과 노동은 후발국이 담당하는 국제적 분업이 자연스럽게 형성되고 있다. 그리고 이 분업 구도가 깨지거나 보다 인건비가 싼 지역으로 생산지를 변경할 경우 미국 자본보다는 미국계 기업의 고용에 전적으로 의존했던 자본 유치국의 피해가 더 클 것은 자명하다. 이미 중국에서 외자계 기업이 55~60퍼센트 정도의 수출입 비중을 차지한다는 것은 세계화나 신자유주의를 통해 미국 자본이 경쟁자로 떠오르는 중국을 실질적으로 통제할 수 있음을 의미한다. 이 결과 중국에 진출한 미국의 대기업들은 대미 무역흑자가 매우 큰 중국의 위안화 평가절상을 반대하기까지 했다. 한국의 경우에도 유사한 상황이 발생하고 있다. 외국인 지분율이 높은 기업들과 해외 자본들은 국내 자본에 비해 우대받고 있으며, 지방자치단체들은 해외 자본 유치를 위해 혈안이 되어 있다. 그럼으로써 빚어진 부작용이 바로 행담도 비리 사건이고, 국민은행장 교체를 둘러싸고 한국 정부와 미국으로 대표되는 해외 자본과의 갈등이다.

미국의 해외 투자 자금은 군사력과 마찬가지로 미국이 세계를 지배하는 수단이 된다. 미국은 무려 5조 달러나 되는 빚이 있지만 이 빚을 갚는 대신 추가로 자금을 차입해서 세계 경제를 지배하고 있다. 그 결

| 교도소와 신자유주의 | **범산(犯産) 복합체**

미국 연방정부가 테러 방지를 위해 감금하는 외국인들이 늘어나고 내국 범죄인들까지 증가하면서 사설 교도소 업체들이 호황을 누리고 있다. 교도소와 출감자의 사회 복귀 시설 등 미국 사설 업체 교도소에 수용된 연방정부 위탁 수감자들은 2000년 이후 60% 이상 늘어났다.

연방정부 위탁 수감자의 14% 정도를 수용하고 있는 사설 교도소들에는 아직 유죄 판결을 받지 않은 수감자만도 수천 명에 이르고 있다. 이에 대해 수감자 인권 단체들이나 교도소 공무원 노조 등 비판론자들은 사설 교도소 업체들에 대해 연방정부가 특혜를 주고 있다고 주장하고 있다. 그러나 사설 교도소 업체들과 연방정부는 사설 교도소를 활용하는 것은 경제 논리에 맞는 유연한 정책이라고 반박하고 있다. 교정 당국이 자체 시설을 건립하려면 적어도 8년 전에 미리 계획을 세우고 많은 자금을 투자해야 한다. 따라서 민간 기업이 교도소를 지어 정부가 위탁 사용한다면 신자유주의적 경제 논리에도 부합된다. 미국의 사설 교도소 업체는 1990년대에 급팽창했으나 비용 절감에 대한 회의감과 함께 탈주범이 생기고 교도소 내 폭력이 발생하면서 열기가 급격히 식었다. 이 결과 사설 교도소 업체들은 시설 공실률이 높아지면서 부도 직전의 위기에 몰렸으나 연방정부가 수감자들을 대거 공급하면서 또다시 호황을 맞이하고 있다. 연방정부 위탁 수감자 수는 현재 18만 5,000명에서 오는 2010년까지 22만 6,000명으로 증가할 것으로 보여 미국의 사설 교도소업은 유망한 성장 산업으로 떠오르고 있다.

미국만큼 모든 것이 민영화된 나라는 지구상 어디에도 없다. 공기업도 거의 없고 공익단체가 운영하는 사회 안전망도 미국은 대부분 민간 기업이 시행한다. 정부를 악(惡)으로 규정하고 시장만이 해결할 수 있다고 믿는 신자유주의 원칙에서 인간의 존엄성이 유지될 수 있을까? 선악의 판단을 신자유주의라는 상업적 잣대로 판단하는 나라가 미국이다.

과 그린스펀의 금리 정책과 미국 행정부의 경제 정책은 전세계 자금 흐름과 경기 변동을 조절하고 있다. 세계 어떤 나라의 중앙은행이나 경제 부처 보다 미국의 재정 금융 정책이 그 나라의 경제와 자산 가격에 미치는 영향이 커졌다. 이제 세계화와 신자유주의에 기반한 독점 시스템은 인류의 생존을 좌우하면서 모든 영역에서 지구 전체에 영향을 주고 있다.

4 _ 금융 자본의 완벽한 통제

미국은 '신비로운 길'을 통해 원활하게 해외 자본이 유입되어야 생존할 수 있다. 따라서 국가간의 물리적인 장벽뿐 아니라 가장 중요한 자금 이동의 장벽이 제거되어야 한다. 세계화와 신자유주의의 확산으로 자금 이동에 국경은 이미 존재하지 않는다. 그러나 자본의 국적이 미국이거나 흐름을 조절하는 금융 기관이 미국의 금융 기관일 때 전세계 투자 자본은 보다 안정적으로 미국의 이해를 위해 사용될 수 있다.

자본주의의 발전 경로를 자세히 살펴보면 산업 자본주의 시대가 진전될수록 자본가의 투하 자본이 한계를 보이면서 투자 자금을 금융 기관을 통해 조달한다. 거대 자본을 금융 기관에서 차입하면서 자본가(대주주)의 지위는 축소되는 대신 점차 금융 기관들이 경영의 주도권을 행사하게 된다. 이런 현상을 금융 자본주의라 하는데 금융 기관이 산업 자본을 지배하는 현상은 경제가 발전할수록 심해진다. 1990년대 초 버블 붕괴 이전의 일본은 금융 자본주의 형태가 가장 발달한 나라였다. 일본의 금융 자본주의는 자국의 산업 자본에만 영향을 끼쳤다. 따라서 버블이 붕괴되면서 산업 자본과 금융 자본이 동시에 몰락하는 결과를 낳았다. 그러나 미국은 1960년대 이래 제조업, 즉 산업 자본이 쇠퇴하면서 국내 경제는 서비스업 중심으로 재편되었다. 산업 자본의 축소로 기업의 자금 수요가 줄어들자 대규모로 축적되었던 금융 자본은 자금을 운용할 시장을 상실하게 되었다. 제조업을 포기한 미국에서 대출이나 주식 투자에 소요되는 자금보다 금융 자본의 절대 규모가 훨씬 컸기 때문이다. 이 결과 자연스럽게 미국의 금융 자본은 해외로 진출했다. 이후 거의 모든 나라에서 미국의 금융 자본은 채권 매입, 직접 대출, 그리고 주식 투자 등을 통해 해당 국가 금융 시장의 절대 강자로 자리잡게 된다. 그리고 동반 진출한 미국의 산업 자본과 보조를 맞추면서 초과 이익을 발생시키고 있다.

대규모 자금이 국경 없이 이동하면서 미국은 신자유주의를 더욱 강조하는 동시에 미국 이외 국가의 금융 기관도 매입한다. 미처 해당 국가가 금융 기관의 중요성을 인지하지 못하는 사이 이미 미국 자본은 해당 국가의 금융 기관을 거의 장악한다. 전세계 어떤 나라도 미국의 금융 자본으로부터 자유로울 수는 없다. 이미 한국의 은행들은 미국 자본이 장악한 상태이고(외국인 지분율 71퍼센트), 일본이 최근 잃어버린 16년에서 탈출 조짐을 보이는 것은 일본 금융 기관들의 구조조정 과정에서 미국계 자본이 상당 부분 투입된 것도 중요한 원인이 된다. 최근에는 중국의 금융 기관들도 하나 둘씩 미국 자본에 매각되고 있다. 결론적으로 미국이 전세계 금융 기관을 장악한다는 것은 세계 경제의 혈맥을 미국이 쥐고 있다는 것을 의미한다.

여기에 약 2조 달러로 추정되는 발 빠른 헤지펀드도 거의 월가의 영향권에 있다. 2조 달러의 2~3배를 차입해서 24시간 투자처를 찾는

5~6조의 헤지펀드 자금을 이겨낼 국가는 영국도 버텨내지 못한 것처럼 지구상에 없다. 이를 잘 이해하고 있는 전세계 모든 국가는 미국 자본에 자발적 충성을 바치고 있다. 오일 머니, 화교 자본, 그리고 일본 자금들이 미국 금융 기관에 의탁해서 미국 방식대로 운용할 때 안전하고 높은 수익을 얻을 수 있다는 신화가 지속될 때 미국의 독점 시스템은 완성된다.

국제 금융 기구의 지배

미국은 자신이 영향력을 행사할 수 있는 국제 기구만을 신뢰한다. 현재 미국이 신뢰하는 국제 기구는 IMF(국제통화기금), IBRD(세계은행)와 WTO(세계무역기구)이다. WTO는 미국이 신자유주의 체제를 유지하는 기초 기구이다. 국가간 무역 장벽을 완전히 제거하는 것을 목표로 삼고 있지만 실제로는 미국의 이해를 위해 신축적으로 운용된다. 그리고 IMF와 IBRD는 개도국의 개발과 통화 위기에 관여하면서 국제 금융 흐름을 안정적으로 유지하는 것을 목표로 삼고 있지만, 본질은 미국과 미국 금융 기관들의 이해에 직접적으로 관여하면서 미국의 전세계 금융지배를 정당화하는 보조 기구 역할을 하고 있다.

따라서 전세계의 금융 기관의 소유권뿐 아니라 국제 금융 질서를 관할하는 국제 기구마저 미국의 통제 아래에 있다. 이는 미국이 세계 경제의 혈맥을 장악한 것에서 한 걸음 더 나아가 혈압을 조절하는 심장과 신경계통마저도 통제하고 있음을 의미한다. 이런 상황에서 어떤 나라가 미국에 대항할 수 있는가?

5 _ 자원의 독점

　천연자원은 유한하다. 유한하기 때문에 시간이 지날수록 천연자원은 고갈 위험에 처하게 한다. 따라서 천연자원의 가치는 시간과 비례해서 높아질 수밖에 없다. 이렇게 귀중한 천연자원도 거의 미국의 수중에 있다. 가장 중요한 석유의 경우 미국의 통제권은 경제력이나 군사력이 급속히 쇠퇴하지 않는 한 당분간 유지될 전망이다. 식량뿐 아니라 에너지 자원이 미국의 관할권에 속해 있다는 것은 자원 소비국으로부터의 자발적 복종을 유발시키고 있다.

　아프가니스탄과 이라크 전쟁이 석유 전쟁이라는 사실은 공공연한 사실이다. 아마도 9 · 11 테러가 없었더라도 미국은 이 지역에 강한 군사력을 확보하려는 다른 형태의 노력을 기울였을 것임은 너무나 분명하다. 왜냐하면 미국의 주요 석유 업체들의 가채 매장량이 거의 10년치 정도밖에 남지 않은 상황에서 원유의 대량 소비국인 중국의 등장 때문에 원유 가격의 추가 상승이 예상되었기 때문이다. 또한 영국과 노르웨이가 채굴 중인 북해 유전의 수명도 얼마 남지 않았다. 그리고 남미 유전은 아메리카 대륙이라는 점에서 미국의 영향권에 있다고 간주한다면 결국 러시아, 중동, 그리고 중앙아시아 원유에 관심이 집중되는 것은 당연하다. 현재 러시아는 경제난과 비민주적 정권의 요인이 혼재된 상황에서 내부 혼란에 휩싸여 있다. 따라서 러시아는 석유나 천연가스 등 에너지 판매 수입이 없다면 더 큰 혼란에 빠질 수밖에 없다. 이러한 국내적 한계 때문에 러시아는 원유를 전략적으로 사용할 능력이 없다. 가격과 무관하게 생산을 늘려야 하는 상황임을 시사한다. 러시아가 사회주의에서 시장 경제 체제로의 전환 이후 정상적인 민주주의 국가로 정착되기까지 석유는 러시아의 생명줄이나 다름없다. 따라서 러시아는 최대한 생산을 늘려야 하고 고유가도 지속되어야 한다.

　이런 상황을 감안하면 가장 중요한 것은 결국 중동의 원유이다. 주요 국제 석유 업체에 의해 개발된 중동의 원유 확보에 있어서 대규모 생산국가인 이란과 이라크가 반미 성향으로 돌아섬에 따라 미국의 입지가 크게 좁아졌다. 그러나 9·11 테러 이후 아프간 전쟁과 이라크 침공으로 생산 원가가 싸고 매장량도 세계 2위인 이라크 유전을 현재 절반쯤 접수했다. 또한 중동 지역에서 반미 감정이 커지고 있지만, 석유 생산의 이익을 왕족 일가가 독차지하고 있는 상황이어서 제2의 빈 라덴이 출현해 사우디 왕족을 공격할 여지는 항상 열려 있다. 따라서 이라크 전쟁을 통해 중동에서 미국이 강력한 군사력을 유지하게 되자 최대 산유국인 사우디의 왕족은 자신들의 비민주적이고 권위주의적인 정권 유지를 위해 이슬람 근본주의로 회귀하는 것보다는 미국에 의탁하는 것이 유리하다고 판단할 수 있다. 현재 미국이 이라크 전쟁에서 질곡에 빠져 있는 것처럼 보이지만, 중기적으로는 이라크 점령으로 미국의 중동 원유에 대한 영향력은 20세기 후반보다 늘어난 것은 사실이다.

　한편, 중앙아시아는 미국의 아프가니스탄 공격을 계기로 급속히 미국의 자금과 군사력의 증강이 이루어지고 있다. 아프간 전쟁 당시 미국에 제공했던 중앙아시아 국가들의 군사 기지들은 점점 영구 기지화되고 있다. 아직 중앙아시아는 매장량을 제대로 추정하지 못할 만큼 엄청난 규모의 원유나 천연가스(LNG)를 보유하고 있는 것으로 알려져 있다. 따라서 이 지역을 미군이 실질적으로 점령하게 되면서 향후 개발이 집중될 중앙아시아의 에너지 자원도 미국의 통제권으로 들어오고 있다. 또한 강경파인 이란을 피해 카스피해 원유를 터키로 수송하는 BTC

송유관 설치도 완성되었으며, 아프가니스탄과 파키스탄을 통해서 인도양으로 원유나 천연가스를 보내는 송유관도 계획 중에 있다. 이러한 송유관 설치로 송유관 보호를 위한 미군의 중앙아시아 주둔은 근거를 갖게 된다. 동시에 다소 껄끄러운 러시아, 이란, 중국 등을 우회할 수 있는 기반이 마련되었기 때문에 미국의 전세계 에너지에 대한 독점성은 과거보다 훨씬 높아지고 있다.

계획대로 중동에 이어 중앙아시아의 에너지 자원을 미국이 독점하게 된다면 에너지 과다 소비국인 동아시아의 미국에 대한 의존도는 더욱 높아질 수밖에 없다. 특히 중국은 일반적 예상대로 21세기에 최강국이 되려면 미국으로부터의 에너지 독립이 선결 과제이다. 중국 내부 유전이 메말라가고 있는 상태에서 중앙아시아로부터의 송유관 공사가 한창 진행 중인데, 그 공급 밸브를 미국이 쥐고 있는 형세가 지금이다. 2005년 현재 중국의 원유 비축량은 20일 분에 불과하다.

6 _ 민주주의의 전략 무기화

미국은 민주주의를 인류 역사상 처음으로 구현한 나라다. 그리고 200년 넘게 변함 없이 민주주의를 유지하는 동시에 민주주의 이념을 전세계에 전파시켜 오고 있다. 3권 분립, 참정권 확대, 법률에 의한 통치 및 인권 존중 등 미국이 지난 200년 동안 민주주의의 발전에 기여한 업적은 역사상 그 어느 국가와도 비교할 수 없다. 또한 미국은 자신들만의 민주주의가 아니라 세계적 차원에서 민주주의의 확산을 위해 노력한 유일한 국가이면서 이런 정책을 가장 오래 시행한 국가이다. 미국보다 민주주의 역사가 긴 영국 등 유럽 국가나 일본과 같은 신흥 민주주의 국가들은 오로지 국내 문제에만 관심을 두고 있다. 그러나 미국만은 유일하게 전세계적 차원의 민주주의의 확산을 위해 노력해 왔고 민주주의라는 이념적 잣대를 통해 국내외 정책을 수행해 왔다.

또한 민주주의와 더불어 청교도 국가라는 미국 탄생의 특수성 때문에 기독교 전파에도 많은 노력을 기울이고 있다. 다양한 기독교 분파가 존재하는 가운데 미국 이외 지역으로 선교 활동을 확산하면서 기독교와 민주주의를 자연스럽게 세계에 전파했다. 그 결과 미국의 외교 정책은 선교사적 특성을 가져왔다. 민주주의와 기독교에 경제 지원과 군사력이라는 현실주의가 가미된 미국의 대외 정책은 다른 어떤 외교 정책보다 높은 파괴력을 가져와 세계적 차원에서 민주주의의 확산을 유도했다.

이런 역사 때문에 도덕적으로 미국과 비교될 만한 나라는 없다. 미국이 항상 강조하는 민주주의와 기독교 교리 때문에 미국의 적의 입장에서는 미국에 대항하기 위한 명분이 부족하다. 미국이 민주주의와 박애 정신이라는 기독교로 무장할수록 독재적 성향이 강한 미국의 경쟁자들은 명분이 약화된다. 최근 중앙아시아의 시민혁명에 미국이 깊숙이 개입해도 비민주적인 러시아나 중국의 입장에서는 미국의 개입을 반대할 명분이 없다. 또한 중동의 이슬람 국가의 통치자들은 그들이 국민들을 착취하고 있기 때문에 미국이 민주주의를 적극적으로 전파해서 민주주의 혁명이 발생할 경우 체제 붕괴 위험에 빠지는 것을 우려해서 반발하기 어렵다.

독재 국가에게 미국의 핵폭탄보다 더 무서운 것은 민주주의이다. 그리고 이어서 보급되는 기독교와 소프트파워에 의한 미국 문화도 위협적인 요소이다. 아직까지 미국의 대항 세력이 될 만한 국가가 없는 것은 미국과 전략적인 경쟁 관계를 가진 국가 대부분이 민주주의 수준이 낮기 때문이다.

7_ 뛰어난 과학기술

2005년 7월 4일 미국 우주 탐사선 딥 임팩트호에서 발사된 '임팩터(충돌체)'가 템펠1 혜성과 충돌하는 실험이 전세계에 중계되었다. 영화 〈아마겟돈〉이나 〈딥임팩트〉에서 보여준 것과 같이 우주로부터의 혜성이 지구와 충돌할 때 인류를 구하기 위한 방법과 태초 우주 생성의 원리를 파악하기 위한 실험이었다. 이에 앞서 1969년 7월 20일에는 아폴로 11호를 통해 역사상 처음으로 인류가 달에 발을 디딘 것도 미국의 뛰어난 과학기술 때문이다. 이렇게 미국은 과학기술을 통해 인류가 신의 영역에 도전할 수 있는 기술과 투자를 실행하는 국가다. 반면에 러시아나 중국의 우주 계획은 거의 군사적 목적(유도탄, 첩보위성)이나 제한적인 자 원답사에 국한되어 미국과 구별된다.

물론 에디슨 시대 이전부터 미국은 전세계 과학기술을 주도해 왔다. 그리고 이 기술을 위해 미국은 끊임없이 많은 자금을 투자하고 있다. 미래의 성장 산업인 나노 기술(NT)이나 생명공학 기술(BT)에서도 미국은 여타 나라와 비교가 되지 않을 정도로 앞서 있다. 결론적으로 지금의 산업 사회는 19세기 미국에서 출범한 후 전세계로 전파되어 인류의 생활방식을 바꿔놓았기 때문에 미국의 과학기술이 20세기의 문명을 만들었다는 표현이 어울린다. 그리고 이런 경험이 연장되어 지금도 또 다른 혁신적 기술을 상용화하고 있다. 미국에서 전통 제조업은 몰락하고 있지만 새로운 성장산업만은 독점적으로 투자하고 관리한다. 또한 미국은 신기술 개발에 따른 특허권마저 독점하고 있다. 따라서 새로운 성장 산업일수록 미국의 경쟁력은 높다. 이미 한국의 뛰어난 IT제품에는 미국의 많은 특허권이 포함되어 있는데, 이런 현상은 향후에도 심하면 심했지 더 줄지는 않을 것으로 전망된다.

전세계 대부분의 새로운 의약품은 거의 미국이 개발 중이고, 특허권도 미국이 가지고 있다. 따라서 미국 이외 국가들은 미국의 혁신적 제품의 제조 공장을 유치하기 위해 모든 노력을 기울이고 있으며 궁극적으로는 이 제품들의 소비 시장으로 전락하고 있다. 이미 불치병 치료제는 미국이 특허권을 거의 가지고 있다. 제약 업체인 화이자(Pfizer)는 발기부전 치료제인 '비아그라' 단 한 제품에서만 거의 20억 달러의 수입을 얻고 있다.

디플레이션을 극복할 신기술의 독점

이렇게 미국이 신기술에 중점 투자할 수 있는 것은 벤처캐피털의 존재와 관련된다. 이민자의 나라인 미국은 도전 정신이 그 어느 나라보다 강하다. 이 결과 금융 시장에서도 모험 정신이 반영되어 세계에서 가장 역동적이다. 대규모 자본이 안정성은 낮지만, 성공시에는 엄청난 이익이 보장되는 벤처캐피털로 이전하면서 19세기에는 전기 혁명, 20세기 초에는 자동차 등을 거쳐, 1980년대에는 IT 산업으로 이동했다가, 지금은 생명공학이나 나노 기술, 항공우주 산업 등에 막대한 개발비용과 투자자금을 공급해 주고 있다. 사회 분위기가 도전 정신에 익숙하고 이를 지원하는 벤처캐피털 시장이 공존하는 나라는 미국밖에 없다. 따라서 지금까지 인류는 미국의 기술에 의존해서 삶의 질을 향상시킨 것으로 판단해도 큰 오류는 아니다. 미국이 과학기술 발전에 기여한 공로를 감안하면 인류는 미국에 큰 빚을 지고 있다.

공급 과잉의 디플레이션 경제 구조에서 새로운 수요를 창출할 수 있는 유일한 분야는 혁신적인 산업을 태동시키는 것이다. 포화 상태인 과거 기술에 의존한 산업 구조로는 더 이상 성장할 수 없다. 이미 세계적 차원에서 구경제 산업의 설비 투자는 현격히 줄어들면서 저금리 현상이 구조화되고 있다. 따라서 대부분의 나라에서는 수요 증대 즉, 소비 부양을 위해 다양한 노력을 기울이고 있지만 여의치 않은 상황이다. 반면 최근의 휴대폰이나 LCD와 같은 신기술 산업은 과거에 존재하지 않았던 상품을 생산한다. 이 제품들이 개발 완료되어 보급이 폭발적으로 증가하면서 세계 경제의 기관차 역할을 하고 있다는 점은 누구나 수긍하는 현상이다. 최근 블루오션 전략이 세계적인 인기를 끌고 있지만 블루오션 전략의 핵심은 신기술을 남보다 빨리 개발해서 특허를 취득하고 독점적으로 판매하는 것으로 요약할 수 있다. 이런 점에서 미국은 지금 과학기술을 통해 블루오션 전략을 수행할 수 있는 유일한 나라다. 결국 과학기술에서 미국의 강력한 경쟁력은 독점 시스템을 장기간 유지시켜 주는 기반이 되고 있다.

8 _ 소프트파워

미국은 제조업을 포기한 대신 금융 산업과 소프트파워라 하는 연성 권력을 쟁취했다. 소프트파워는 조지프 나이(Joseph S. Nye)가 창조한 용어인데, 자국이 바라는 것을 다른 나라들이 스스로 원하게끔 만드는 힘을 의미하는 말이다. 외교관 출신의 국제 정치학자인 즈비그뉴 브레진스키(Zbigniew Brezinski)는 『제국의 선택』에서 미국의 소프트파워를 5가지로 규정하고 있다. 1) 영화·음악 등 대중문화 지배, 2) 영어의 공용어화, 3) 맥도날드와 같은 미국적 인스턴트 음식 문화의 보편화, 4) 미국의 우월한 교육 시스템 유지, 5) 미국의 브랜드 파워 강화 등을 그는 소프트파워의 본질로 제시한다. 세계 어느 곳에 있건 인류는 미국의 인스턴트 음식이나 농산물을 먹고, 미국 브랜드의 공산품을 사용하며, 영어로 다른 나라 사람과 대화하고 인터넷으로 접속한다. 휴식 시간에는 미국의 영화나 시트콤을 보는 그 나라의 권력자는 미국에서 교육받은 자들이다. 이렇게 보이지 않는 소프트파워는 무의식중에 미국에 대한 자발적 추종을 이끌어내고 있다. 이 결과 인류의 삶은 미국의 소프트파워의 영향 아래서 성장하고 있고, 가치 판단의 기준도 미국 문화에 근거하게 만들고 있다.

매년 미국으로는 50만 명의 유학생이 유입되고 있다. 그리고 상급 학교로 갈수록 외국 학생들의 비율이 높아져서, 전체 박사학위 취득자의 1/3이 외국 학생이고, MIT의 경우에는 무려 40퍼센트가 외국의 유학생들이다. 일각에서는 미국에 유학한 후 현재 미국 기업에 취업 중인 중국 등 많은 아시아계 이민자들이 미국이 어려워지거나 본국의 부름이 있을 경우 대거 귀환할 수 있다는 우려를 제기하기도 한다. 그러나 미국의 소프트파워에 철저히 중독되어 있으면서 개인주의 성향이 강해진 이들이 과연 본국으로 귀국해서 미국의 대항 세력이 될 수 있을지는 의문이다. 수십 년 동안 미국에서 육성된 아프리카계 고급 인재들이 거의 귀국하지 않고 미국에 머물고 있는 현상을 볼 때 아시아계만 예외가 될 수 있을까?

미국의 소프트파워에 지배당한 세계

세계 금융 시장의 싱크탱크로 알려진 마크 파버(Marc Faber)는 미국과 로마를 비교하면서 "로마가 생산한 것은 지식, 지도자, 군사기술, 법질서, 잘 가동되는 금융 시장, 행정 체계 등이었다. 필요한 물건들은 거의 모두 제국의 다른 지역이나 인접 국가들로부터 수입됐다."고 주장한다. 즉 로마도 소프트파워에 의존해서 세계를 지배했음을 암시한다. 다만 미국은 로마식 소프트파워를 더 강화하기 위해 신자유주의와 세계화를 접목한 것으로 볼 수 있다. 이런 현상 때문에 본국으로 귀국한 인재들의 경우 대부분은 해당 국가의 중요한 파워엘리트로 성장한다. 그러나 미국에서 교육받는 과정에서 주입된 소프트파워에 무의식적으로 지배당하면서 이들은 자국의 이해보다 미국의 기준으로 자국의 정책을 수행하는 것이 자주 목격된다. 따라서 미국의 소프트파워는 전세계인의 뇌를 지배하는 모태가 되고 있다. 미국 유학생 출신의 인재들이 본국의 지도자 그룹으로 성장한 이후에도 미국의 소프트파워는 너무 강렬해서 빠져나갈 수 없는 것이 현실이다. 이런 현상을 문화비평가인 스탠포드 대학의 르네 지라르(Rene Girard) 교수는 미국을 모방하려는 욕구로 파악한다. 미국에 대한 모방 박테리아가 되어 미국을 모방하려는 경쟁을 강화시키고 있다고 판단한다. 그리고 시간이 지나면 다시 모방에서 탈락한 자를 배제하는 시스템으로 바뀌면서 미국의 소프트파워는 자기 강화 시스템을 구축한 것으로 판단하고 있다.

이들은 미국의 경상수지 적자가 아무리 많아도 달러를 위험한 통화로 인식하지 않는다. 미국의 석학들이 미국 경제의 불균형 문제를 제기해도 이들은 전혀 반응하지 않고 부정 축재한 자금을 미국으로 보내고, 자국이 어려울 경우에는 가족들을 미국으로 피신시킨다. 또한 자국 언어보다 영어를 사용하는 것이 세련된 것으로 인식될 정도로 그들은 철저히 자국 문화를 소프트파워로 대체하고 있다. 미국이 비민주적 행위를 반복해도 문제는 피해를 당한 국가가 보편성이 검증된 미국의 제도와 문화를 받아들이지 않은 데서 그들은 이유를 찾는다.

미국의 소프트파워에 영혼이 길들여진 인물들이 세계 대부분의 나라에서 주도 세력화되고 있다. 결국 이런 형태는 미국에 의한 대리 통치로도 볼 수 있다. 그렇다면 이런 상황에서 어느 나라가 미국의 독점 시스템에 저항할 것인가? 그들은 미국의 독점 시스템을 자연스럽고 당연한 것으로 여긴다. 그리고 이런 문화 속에서 독점 시스템은 정당화된다.

9_ 정경유착

한 나라가 일방주의적인 대외 정책을 실시하려면 당연히 일방주의의 대상이 되는 국가에 대해 입체적이고 효율적인 정책을 수행해야 한다. 미국은 다민족국가라는 한계에도 불구하고 기독교라는 종교적 동질성, 앵글로색슨계가 주류라는 파워엘리트의 유사성, 정경유착을 통한 경제 발전 경험, 그리고 국가에 의한 체계적인 해외 시장 공략이라는 특성 때문에 포스트모던 시대임에도 불구하고 '국가주의'가 그 어느 나라보다 강하다. 즉 탈근대와 후기 산업 사회로 규정되는 포스트모던의 시대는 가장 먼저 산업 사회에 도달한 미국에 의해 태동되었다. 그러나 이러한 사상 기조는 미국보다는 미국의 경쟁 지역인 유럽에서 보다 강하게 나타나고 있다. 오히려 미국은 17세기 이후의 계몽주의적인 국가주의가 새롭게 부활하고 있다. 국가를 중심으로 생각하는 사고방식은 사회의 모든 분야에 영향을 주고 있는데, 특히 경제 분야의 국가주의는 미국과 다른 나라를 차별화하는 중요한 요인이 된다. 경제와 국가주의의 결합으로 탄생하는 정경유착은 한국 등 아시아보다 사실 미국이 더 강하다. 물론 이런 점이 너무 지나쳐서 '엔론' 사태와 같이 후진국에서 발생할 수 있는 상납과 특혜의 불건전한 정경유착이 발생하기도 했지만, 전반적으로 미국의 연방정부와 기업, 그리고 금융 기관들은 전세계 어느 나라보다 유기적이고 상호 의존적인 관계를 유지한 결과 기업에 의한 정치 즉 정경유착(Corporatocracy)이란 용어까지 등장하고 있다.

공황과 시장 개입의 역사

이런 정경유착의 기원은 미국의 건국 후 20세기 중반까지 산업 국가 시절에 주기적인 공황에 시달리면서 태동되었다. 공황에 따른 기업의 파산과 회생 과정에 금융 기관과 정부의 개입이 상시적으로 나타나면서 정경유착은 관례화되었다. 특히 금융 기관은 정부를 대신해서 산업 자본에 큰 영향을 주면서 기업과 금융 기관의 결속력이 강화되었다. 한편 잦은 전쟁으로 대기업의 장기 생존이 어려웠던 유럽에 비해 미국 기업들은 오랜 역사를 유지할 수 있었다. 그러나 기업의 역사가 길수록 대규모 자본을 조달하는 과정에서 대주주의 자본력 한계로 대주주 지분율은 지속적으로 하락했다. 반면 대주주 지분을 금융 기관이나 유사 기업들이 인수하면서 확실한 소유 경영자가 없는 애매한 지배 구조를 갖추게 된다. 그리고 이런 현상은 기업뿐 아니라 금융 기관도 마찬가지였다. 따라서 형식적으로 주주 총회나 CEO 후보 추천 기구를 통해 임명된 전문 경영자는 대주주가 부재한 상태이기 때문에 과거보다 리더십의 근거가 낮아졌다. 따라서 기업이나 금융 기관의 전문 경영자는 주주뿐 아니라 정부와 여론의 눈치를 볼 수밖에 없는 상황에 노출되었다. 이런 한계 때문에 미국의 전문 경영자들은 정부나 금융 기관과 결속력을 높일 수밖에 없었고, 여론도 고려하는 정치적 성향이 높아졌다.

또한 제1, 2차 세계대전 이후 마셜 플랜과 같은 대규모 물자 조달 과정에서 정부와의 유착 관계는 높아질 수밖에 없었다. 미국이 대외원조를 달러로 하면 다시 그 자금은 미국 기업의 상품을 구입하는 구조가 정례화될 때 과연 어떤 기업이 정부의 입김에서 자유로울 수 있겠는가? 로저 올컬리(Roger Alcaly)는 역사적으로 마셜 플랜 자금의 70퍼센트가 미국 제품 구매에 사용되었고, 이는 일본의 재건 과정이나 한국 등 제3세계 국가의 원조 물자가 대부분 미국 제품을 구매하는 데 사용되면서 미국 기업들이 자연스럽게 정경유착 관계를 형성해 나갔다고 분석하고 있다. 그러나 이러한 과거 때문에 미국 기업들은 어려운 기술 혁신보다는 미국 정부 조달 시장에서 편하게 매출을 올리는 안일함이 습관화되었다. 동시에 정치인들은 선거 자금 조달과 기업의 지지를 위해서 이런 현상을 방치한 결과, 세계가 미국의 부채에 의존하는 '부채 경제' 구조를 형성된 것으로 볼 수도 있다.

거대 자본과 정치권의 결합

미국 경제의 상당 부분은 유대계 자본인 로스차일드(Rothschild) 그룹과 앵글로색슨계인 록펠러(Rockfeller) 그룹으로 나뉜다. 이 두 그룹들은 상호 경쟁하면서 미국보다는 미국 이외 지역에서 더 많은 수익을 창출하기 때문에 정부의 보호가 필요하다. 또한 대부분 세계적 독점 기업인 관계로 역시 정부의 규제로부터 자유로울 수 없다. 결국 이들 기업과 미국 정부간의 상호 의존성은 증대될 수밖에 없으며, 한 팀을 이

뤄 해외 시장에서 미국의 국가 이익과 해당 기업의 이익을 동일화시키고 있다. 미국 기업이 특정 국가에서 불이익을 당하면 미국 대사관이나 국무성은 즉각 반응한다. 기업들은 미국의 정치권에 대해 선거 자금을 대주거나 종업원들의 특정 정치 세력의 지지를 유도하기도 한다. 현실적으로 미국의 정경유착은 한국에 필적할 정도로 심하다. 다만 국내뿐 아니라 해외에서 보다 강력한 힘을 발휘하고 있다는 특성이 한국과 다른 점이다. 세계 최대의 건설 플랜트 업체인 벡텔이 주식 시장에 상장하지 않는 것은 미국의 세계 전략 수행을 위한 것이다. 장부가 공개되면 곤란하다. 벡텔은 제3세계 진출 과정에서 미국 정부의 이해를 대변하는 동시에 해당 국가의 권력자들에게 뇌물을 제공하는 것이 관례이기 때문이다. 헤지펀드 운용자인 조지 소로스가 우크라이나 시민혁명의 자금을 댈 정도로 미국 기업은 이제 국제 정치에도 깊숙이 개입하고 있다.

    정경유착은 도덕적으로 민주주의 원칙에 맞지 않는다. 그리고 미국이 타국에 강요하는 신자유주의 원칙에도 맞지 않는다. 그러나 자국의 이익만을 추구하는 중상주의적 디플레이션 현실에서는 반대로 효율적인 구조가 된다. 마치 한국이 1960~1980대 말까지 겪었던 개발 독재 시대가 민주주의 원칙에는 어긋났지만, 경제 개발에는 매우 훌륭한 사례였음을 감안할 때 미국의 파워는 정경유착 시스템을 통해 대외적으로 시너지 효과를 발생시키고 있다는 것은 부인할 수 없다. 보다 중요한 현실은 정경유착을 미국만의 현상이기 때문에 미국은 실력 이상의 영향력을 행사할 수 있고 독점 시스템을 지속시킬 수 있다는 점이다.

10 _ 미국 내부의 지지

미국의 세계 전략은 거의 완벽에 가깝다. 그러나 미국 내부의 지지가 없으면 유지되기 어렵다. 독점 시스템 유지를 위해 미국은 모든 수단을 정당화하는 동시에 미국 이외 국가의 희생, 때로는 착취를 수반하는 정책을 펴고 있다. 따라서 민주주의 원칙에 충실한 미국인들의 독점 시스템에 대한 지지는 필수적이다. 여론조사 결과에 따르면 미국인의 72퍼센트는 조국이 매우 자랑스럽다고 말한다. 미국 청소년 가운데 무려 98퍼센트가 자신의 국적에 대해 자부심을 갖고 있는 것으로 조사되었다(영국 58퍼센트, 독일 65퍼센트). 미국이 외부에서 보면 모순덩어리의 국가지만 내부적으로는 그들이 인류 역사에 끼친 엄청난 영향에 대해 높은 자부심을 가지고 있다. 또한 영국으로부터의 독립 이후 지속된 외국과의 전쟁에서(스페인, 멕시코, 제1·2차 세계대전, 베트남전 등) 한 번도 지지 않았다는 승리의 경험으로 선진국 중 '국가주의'적 성향이 가장 강하다. 이 결과 미국은 다인종, 다민족 국가이면서도 일종의 '민족주의' 국가로 규정하는 것이 최근 사회학계가 파악하는 미국의 모습이다.

독점 시스템에 대한 미국 내부의 전폭적인 지지 결과 미국은 더 효과적이고 과감하게 그들의 독점 시스템을 구축할 수 있었고 지금도 유지하고 있다. 녹색당이 없을 정도로 미국은 정치적 편향이 심하다. 또한 장기간 지속된 양당 체제가 시사하듯이 미국에는 다른 어떤 체제나 이념이 태동하지 못할 정도로 내부적 결속과 이념적 신념이 강한 나라다. 미국의 지나친 국가주의 때문에 때로는 민주·공화 양당과 행정부의 결속, 때로는 기업과의 무리한 유착으로 세계 여론의 질타를 받기도 한다. 그러나 미국 내부에서는 미국의 안전과 번영을 위해 독점 시스템을 불가피한 상황으로 용납하고 있는 모습이다.

국민의 안전을 최우선으로 생각하는 정부, 국가와 공동체를 위한 희생자에 대한 철저한 논공행상(論功行賞) 그리고 국가와 미국민의 이익을 위해서는 어떤 일도 일관되게 추진하는 정부의 신뢰가 쌓여 미국은 더욱 강한 나라가 되었다. 9·11 테러 이후 넘쳐나는 자원봉사자, 필요량을 초과한 헌혈 때문에 일부 혈액이 폐기되는 나라, 이런 나라가 앞서 언급한 9가지 정책과 결합해서 세계를 독점 시스템에 가두고 있다.

독점 시스템은 미국이 추진하는 새로운 세계다. 미국을 제외한 모든 국가의 장벽을 허물고, 미국 자본으로 세계의 기업을 경영하면서 이에 저항하는 세력은 과감히 응징하는 체계다. 미국은 경제력 이상의 소비와 정치적 위상을 높이기 위해 독점 시스템을 유지하고 있다. 경상수지 적자가 우려되지만 달러의 기축통화 역할만 유지된다면 큰 문제는 없다. 미국만이 금융 자본과 자원을 독점하고 강한 군사력을 유지한다면 세계는 곧 미국 자체가 된다. 이러한 독점 시스템은 역사상 한 번도 출현하지 않은 정치 경제적인 모든 분야를 망라하는 종합 시스템이다.

3
자발적 굴복

국가가 존재하는 최우선 이유는 외부 침략으로부터 국민과 사회체계를 보호하는 것이다. 그리고 민족주의는 타민족과의 경쟁을 통해서 형성된다. 공급 과잉의 디플레이션 시대와 세계화가 동시에 나타나는 지금 자급자족적인 경제 구조는 유지될 수 없다. 독점 시스템을 통해서 국가·민족·개인 등 사회 주체의 이해 관계는 미국에 의해 규정되고 있다. 미국의 정책을 충실히 따를 경우 해당 국가는 대외적으로 안전을 보장받을 수 있다. 다른 국가와 경쟁하기 위해서는 경제력이 가장 중요한 열쇠다. 미국 자본을 유치해서 공장을 지을 경우 해당 국가는 신용 등급이 올라가고 고용이 확대되면서 수출도 늘어난다. 이렇게 미국은 정치와 경제 등 다양한 분야에서 국민 국가의 거의 모든 기반에 영향을 주고 있다. 또한 공급 과잉과 수요 부진의 디플레이션 상황 때문에 미국이 제공하는 초과 소비로 전세계는 부족한 수요를 채워가고 있다. 따라서 대부분의 국가들은 자발적으로 독점 시스템의 우산 속으로 들어오고 있고, 그 우산 속에서 행복해하고 있다.

미국의 안전 보장

역사가 가르쳐주는 경험은 절대 강자가 있을 경우 그 강자 편에 속한 세력은 항상 안전과 경제적 번영을 누려왔다는 것이다. 그리스의 도시국가들은 절대 강자가 없었기 때문에 스스로 연합하여 절대 강자로 군림했고, 로마 제국 시절에도 서유럽은 대규모 전쟁 없이 그런 대로 편안한 상태를 누렸다. 그리고 2000년간 동아시아를 지배한 중국 주변의 나라들은 중국과 우호관계를 유지하면서 평화와 안전을 보장받아 왔다. 물론 절대 강국에 의한 다소의 착취는 안전 보장이나 경제 성장과 상쇄되어 불가피한 것으로 인식되었다. 국제 질서 속에서 절대 강자가 있다는 것은 정의의 문제를 떠나 통일된 규칙이 있다는 것을 의미한다. 따라서 미국의 이해를 위한 것이지만 미국이 제시하는 국제 질서의 규칙이 굳어지면서 저항할 능력이 없는 국가들은 자발적으로 미국의 규칙을 받아들이고 보호국으로서의 역할을 인정하는 것이 현실적으로 해당 국가의 안전과 경제에 유리하다.

또한 해당 국가 정치인의 입장에서도 수단과 방법을 떠나 안보를 유지하는 것은 정치인으로서 국민에 대해 가장 중요한 책무를 다하는 것이다. 따라서 대부분의 국가는 정치인의 정통성을 미국과의 관계에서 찾고 있다. 이런 현상은 한국의 경우 특히 심하게 나타나는데 한국전쟁의 경험과 역사상 중국, 일본의 침략을 수없이 받았다는 심리적 위축감 때문에 어떤 정치인이든지 미국과의 관계를 원만히 유지하지 못할 경우 정치적 입지도 그만큼 줄어든다. 이런 현상은 정도의 차이는 있지만 영국 등 유럽 국가나 일본과 같은 아시아권, 심지어 러시아·중국 등 체제 전환 국가에서도 유사한 현상이 나타나고 있다. 전세계 어느 나라든지 '미국통'이라는 것은 강한 정치적 기반이 되며, 해당 국가의 국민들도 '미국통'이 정권을 잡아야 자신들의 안전이 보장된다고 믿는 것이 현실이다.

현재 미국과 적대적 관계를 유지하는 국가는 이란 등 이슬람 근본주의 국가와 중남미 민족주의 계열의 몇몇 나라에 국한된다. 좌파적 성향의 브라질 룰라 대통령이 취임 후 바로 독점 시스템에 편입될 것임을 천명하고 미국을 방문했다. 6자 회담에 임하는 북한, 미국과 전쟁을 치렀던 베트남의 정치적 변화도 정도와 과정의 차이는 있지만 독점 시스템의 현실적 영향력을 인정하고 있다는 점에서 공통점을 찾을 수 있다.

이는 세계가 그만큼 미국이 제공하는 물리적 안전에 스스로 길들여지고 있다는 증거가 되는데, 그렇다고 미국을 대체할 다른 대안도 없는 것이 현실이다. 진보주의 계열의 학자들이 미국의 안전 보장에 대해 이의를 제기하면서 EU 체제나 다극 체제를 대안으로 제시하기도 한다. 그러나 이들의 제안은 다분히 이상주의적일 뿐이다. 현실적으로 국가와 민족은 이기적이기 때문에 절대 강자가 사라질 경우 그 사회는 약육강식의 사회가 되었음을 역사는 수없이 확인시켜 주고 있다. 따라서 세계 어느 나라든지 미국의 안전 보장 우산을 자발적으로 받아들이면서 2차적으로 미국의 독점 시스템에 별다른 저항 없이 흡수되고 있다. 이러한 추세는 미국을 대체할 강력한 군사력과 경제력을 보유한 국가가 나타나기 이전에는 유지될 가능성이 높다.

반면 과거 로마, 중국, 영국, 스페인의 제국적 통치는 정복된 국가의 자발적 동의가 없었다. 이들 국가들은 정복 과정에서 엄청난 저항과 인명 손실을 초래했고, 저항도 장기간 지속되어 인류 역사상 가장 추악한 비인도적 기록을 남겼다. 이런 면에서 안토니오 네그리(Antonio Negri)는 과거의 로마·중국·영국 등이 자국의 이익만을 추구한 불완전했던 제국주의적 국가로 규정한다. 반면에 미국은 피정복 대상국의 자발적 동의를 기반으로 했고 이것이 전 지구적 차원에서 유지되기 때문에 역사상 최초로 나타난 '제국'으로 인정한다. 물론 네그리의 제국론은 세계화가 만든 미국의 착취 구조를 의미한다. 그러나 그가 언급하지는 않았지만 네그리의 제국론에 사회 문화적 요인과 경제적 요인을 추가하면 독점 시스템이 된다. 이렇게 안보를 미국에 자발적으로 의탁하는 현상 즉 미국의 안보 우산은 비가 그치지 않는 한 지구를 떠받치고 있을 전망이다. 그런데 지금 국제 질서라는 곳에는 디플레이션이라는 폭우가 내리고 강풍이 불고 있다.

디플레이션 해결사 미국

디플레이션은 과학기술의 진보에 따른 필연적인 결과이다. 산업혁명 이후 생산기술이 비약적으로 발전할 때마다 디플레이션은 주기적으로 나타났다. 그리고 그 디플레이션 탈출에는 오직 두 가지 해법만이 존재한다. 가장 보편적인 방법은 신규 수요를 자극하는 신기술의 탄생이나 미개척지인 식민지 개발을 통해 수요를 증대시키면서 디플레이션에서 탈출했다. 그러나 지금은 과학기술의 발전 속도가 너무 빨라서 수요가 공급 능력 증대를 따라갈 수 없는 상황이다. 따라서 각국 정부는 시장에 개입해서 신규 수요를 창출시키든지 아니면 공급을 축소시키는 구조조정이 일반적인 디플레이션 탈출의 방법이 되고 있다. 그러나 이러한 대책은 근본적인 처방이 되지 못한다. 왜냐하면 공급 능력은 기하급

수적으로 증가하지만 수요는 산술적으로 증가한다는 엥겔스(Friedrich Engels)의 예상이 적중하고 있기 때문이다.

또 하나의 디플레이션 탈출 방법은 전쟁이었다. 전쟁은 생산력을 파괴시키고 전쟁 비용 지불에 따라 수요를 창출시킨다. 20세기 두 차례 있었던 세계대전은 디플레이션이 가장 중요한 원인이었다. 그러나 이념대결 종식과 전세계적인 민주주의 확산으로 민주주의 국가간의 전쟁 가능성은 점점 낮아지고 있다. 그리고 과학기술 발달에 따라 전쟁의 파괴로부터 재건하는 기간이 점점 짧아지고 있기 때문에 전쟁도 근본적인 해결책이 될 수 없다. 따라서 자발적인 생산력 감축을 전세계 어떤 국가도 받아들일 수 없기 때문에 세계적 차원에서 디플레이션의 탈출 수단은 없다. 필자는 2004년에 출간한 『디플레이션 속으로』에서 과학기술의 발달에 따른 생산성 향상, 이데올로기 시대의 종말에 따라 증가한 공급 능력, 세계화, 자원의 고갈과 환경오염, 고령화 현상 등 5가지를 우리가 극복할 수 없는 디플레이션의 원인으로 규정했다. 이 결과 국가간이나 기업간의 관계는 제로섬 관계로 변화하고 있으며 이에 대한 근본적인 해법은 없다고 밝혔다.

따라서 어떤 식으로든지 생산력의 감축이나 수요 증대가 있어야만 세계는 안정적 성장을 이룰 수 있다. 이런 한계 상황에서 미국의 독점 시스템은 전세계 경제에 새로운 수요로 등장한다. 미국은 자신들의 경제력 이상으로 소비한다. 2004년 미국의 경상수지 적자 6,600억 달러는 미국에게는 부채 증가이다. 그러나 미국 이외의 국가 입장에서는 미국이 초과 소비(경상수지 적자 금액)한 만큼 세계적 차원에서는 수요가 증가하는 효과가 있다. 만일 미국의 경상수지가 균형을 이루면 전세계는 수요 부진의 디플레이션 현상이 더 심화될 수 있다. 특히 미국과의 무역수지 흑자가 경제력의 본질인 중국·한국·일본 등 동아시아 국가는 견뎌낼 재간이 없다. 그리고 이런 상황이 전개된다면 동아시아 국가들은 서로 적대적 관계로 변해서 지금보다 훨씬 강한 경쟁 국면에 진입할 수 있고, 국제 정치적 불안정도 불가피해진다. 중국의 후진타오, 일본의 고이즈미, 한국의 노 대통령뿐 아니라 북한의 김정일 위원장이 과연 이런 상황을 받아들일 수 있을까?

동아시아의 높은 독점 시스템 의존도

미국의 소비가 1퍼센트 감소하면 미국 의존도가 높은 동아시아 국가의 수출은 급격히 감소한다. 특히 2년 후에는 모든 국가들이 3퍼센트 이상 수출이 감소하고 각국의 성장률도 함께 급락한다. 또한 미국의 소비 침체로 수출이 줄어들면 동아시아 국가의 경제 성장률은 당연히 하락한다. 반면 동아시아 국가들의 국내 경제가 악화되어도 미국 경제에 미치는 영향은 극히 미미하다. 따라서 동아시아 국가는 미국의 독점 시스템 때문에 오히려 수혜를 보고 있다.

동아시아 국가는 무역수지 흑자 금액 이상으로 달러를 매입해서 환율을 방어하고 있다. 그래야만 미국에 대한 수출을 늘릴 수 있기 때문이다. 만일 미국이 흔들려서 달러 가치가 지금보다 하락하면 동아시아 경제는 바로 침몰하는 것이나 다름없다. 외환 보유고야 일시적으로 다양화시킬 수 있겠지만 이 과정에서 달러 가치가 하락할 경우 미국은 수입 물가 상승으로 소비가 감소한다. 따라서 외환 보유고의 다양화는 결과적으로 동아시아 국가들의 경제를 옥죄는 자충수가 될 수 있다. 이러한 모순적 상황은 국가별로 정도의 차이는 있지만 산업 국가일수록 유사한 위기에 노출되어 있다. 이런 이유로 경제 수준이 높고 수출로 경

[그림 1-4] 미국의 소비 1퍼센트 둔화가 동아시아 국가의 수출에 미치는 영향

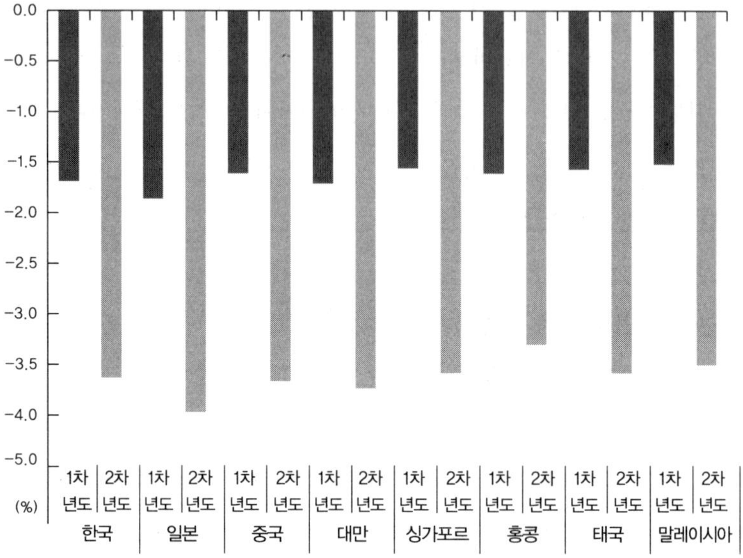

자료: 일본은행(Policy Coordination in East Asia and across the Pacific, 2005. 3)

제를 부양하는 국가일수록 자발적으로 미국의 독점 시스템에 합류한다. 이런 문제를 과거의 경제학으로는 해석이 불가능하다. 디플레이션이 만들어낸 세계적 차원의 역설이다.

대항을 포기한 세계

독점 시스템에 대한 자발적인 맹종이 상식으로 굳어지면서 이제 대부분의 나라에서 미국에 대응하는 것을 반사회적인 것으로 간주하는 상황까지 발생하고 있다. 현재 유럽 대륙의 독일·프랑스 등 몇몇 나라와 이슬람권을 제외한 대부분의 나라들은 독점 시스템을 미국보다 더 추종하고 있는 것이 사실이다. 수출 중심의 동아시아는 어쩔 수 없는

상황이라 해도 영국·일본 등 3각 동맹 국가, 그리고 최근에는 브라질과 중앙아시아 및 동구권 국가들도 미국의 독점 시스템에 스스로 녹아 들어 가고 있다.

이들 나라에서 미국과 독점 시스템에 대한 문제 제기는 비도덕적인 것이고, 경제를 전혀 모르는 무뢰한이나 사회주의자로 보는 경향이 일반화되고 있다. 따라서 독점 시스템에 대한 비판이 미국에 전달되기도 전에 국내적 저항에 먼저 맞부딪힐 수밖에 없다. 이런 상황이 21세기 들어 기본 환경으로 내재화되면서 대부분의 국가들은 무비판적으로 독점 시스템을 받아들이고 있다.

일본의 경우에는 도가 지나쳐서 미국의 독점 시스템에 편승한 후 자국의 국제적 위치를 확대시키려는 시도와 민족주의를 결합하는 전략을 추진 중이다. 그리고 궁극적으로 제2의 미국으로 변신을 시도하고 있다. 일본의 다양한 군국주의 정책과 우경화 정책들은 일본에서 권력을 확보한 우익 세력이 미국의 네오콘들과의 높은 결속력을 통해 나타나고 있는데, 네오콘들도 독점 시스템의 공고화를 위해서 일본의 변화를 반기는 눈치이다. 조어도(釣魚島) 문제를 제기하면서 중국과 영토 분쟁 중이고 한국과는 독도 문제, 그리고 군국주의 헌법으로의 복귀를 추진하고 있다. 그러나 일본 국내는 매우 조용하다. 아무런 저항 없이 이것이 당연한 것처럼 받아들여지고 있다. 일본은 장기간의 디플레이션 경제 구조 속에서 생존을 위해 독점 시스템에 편입하여 약간의 지분을 확보하고, 미국의 묵시적 동의 아래 일본 내부를 결속하면서 장래 미국 쇠퇴시를 대비한 장기 전략을 추진하고 있다. 이러한 일본의 전략은 미국의 힘이 약해지고 있다는 반증이기도 하지만, 적어도 미국이 확실히 약해지기 전까지는 일본은 자발적으로 독점 시스템을 강화시키는 용병

(傭兵) 역할을 할 전망이다. 일본과 정도의 차이만 있을 뿐 대부분의 국가들은 자발적으로 미국의 독점 시스템에 길들여져 가고 있다. 독점 시스템에 대한 대항도 국내적으로 자체 해결하면서 독점 시스템은 더욱 공고화되고 있는데 물론 한국도 예외는 아니다.

스스로 인질이 된 미국

진보주의 학자들은 독점 시스템에 대한 자발적 참여를 간과하고 있다. 이 점은 지금의 미국과 과거 제국주의 국가가 차별화되는 가장 중요한 관점이다. 물론 경제 정의란 측면에서 보면 비합리적이며 미국의 이해를 위해 전세계가 굴복하는 체계이다. 제러미 리프킨(Jeremy Rifkin)과 같이 정의와 철학을 강조하는 많은 반미주의 계열의 학자들은 EU나 중국을 미국 시대 이후 대체 세력이 될 것으로 예측하고 있다. 그러나 EU 통합은 지지부진하고 중국도 미국이 구축한 10가지 독점 시스템을 모두 구축할 능력은 보유하지 못했다. 따라서 미국 이외 어떤 국가도 현재의 미국을 대체할 수 없어 보인다. 짧게는 지난 20여 년, 길게는 200년 이상의 기간을 통해 완성된 미국의 독점 시스템을 대체할 국가나 새로운 국제 질서 체계가 과연 언제 어떤 방식으로 탄생할 수 있는가?

☆   ☆   ☆

언론의 예측대로 만일 중국이 대체할 수 있다면 미국과 중국의 권력 이행기는(적어도 20년 이상 소요될 것으로 추정) 인류가 과거에 경험하지 못한 대재앙으로 다가올 수 있다. 이런 현실 때문에 미국은 경제학이나 정치학, 철학, 역사학으로 해석할 수 없는 국가가 되었다. 그리고 이제는 국가라는 울타리를 치우고, 보이지는 않지만 미국의 의지대로 전세계를 조종하는 무한의 독점적 그물망에 세계를 가둬 놓았다. 결국 현 시점에서 미국이 빠르게 붕괴한다는 것은 세계 전체로 봐서는 재앙이다. 따라서 미국의 강압적인 일방주의의 본질은 이라크의 자살 테러범과 마찬가지로 세계를 상대로 위협하는 형국이다. 만일 미국의 요구(독점 시스템에 대한 자발적 굴복)를 받아들이지 않는다면 세계는 미국의 자체 폭발(붕괴)로 재앙을 겪을 수밖에 없는 이상한 질곡에 빠져 있다. 그런데 시간과 현실은 미국이 자살을 선택하는 방향으로 흐르고 있다.

제2부 흔들리는 거인

- 약화되는 미국 경제
- 군사력의 한계
- 대항 세력의 등장
- 세계화와 신자유주의의 부작용
- 독점적 금융 자본의 해체 가능성
- 자원 전쟁
- 제3의 민주주의
- 소프트파워와 미국 문화의 균열

미국의 세계 지배 수단인 독점 시스템은 거의 완벽한 상태를 유지하고 있다. 그러나 오직 신(神)만이 간직한 완벽성에 미국이라는 속세의 국가가 도전하고 있다는 철학적 한계와 이에 따른 시스템의 구조적 모순으로 조금씩 균열 조짐이 나타나고 있다. 독점 시스템을 신과 같은 초월적 존재가 운영한다면 절대 불변의 진리가 된다. 그러나 유한하고 이기적인 인간이 보편성보다는 미국이라는 특정 국가를 위해 독점 시스템을 유지한다는 것은 궁극적으로 모순을 전제로 한다.

독점 시스템의 한계는 결국 미국의 한계다. 미국이 한계 상황에 도달함에 따라 독점 시스템은 서서히 균열의 위기를 맞고 있다. 20세기가 미국의 시대였다면 아마 21세기는 미국과 독점 시스템의 붕괴, 그리고 새로운 질서를 만들어가는 과도기가 될 전망이다.

# 1
약화되는 미국 경제

　국가간 국력을 비교하는 잣대는 군사력, 경제력, 문화적 수준, 교육 수준, 민주주의 실행 정도, 국민 통합의 정도이다. 그러나 현실적으로는 군사력과 이것을 밑받침하는 경제력이 가장 중요하다. 특히 다른 모든 부분이 우수해도 경제력이 쇠퇴할 경우 그 국가는 조만간 도태될 수밖에 없다. 경제가 지리적으로 갇혀 있던 산업 경제 시대에서 세계화와 정보화가 결합된 포스트모던의 국제 질서로 변함에 따라 경제는 특정 지역이나 국가에 소속된 것이 아니므로 이동할 수 있다. 즉, 특정 국가에 대한 투자 매력이 사라지고, 해당 국가 통화에 대한 신뢰가 상실될 때 그 나라 경제는 한순간에 붕괴될 수 있다. 미국도 이런 위험에서 예외는 아니다. 다만 미국만이 이런 위험에서 회피하고자 독점 시스템을 구축하고 유지시켜 나가고 있다. 그러나 독점 시스템의 근간이 되는 미국 경제는 점점 외부 수혈에 의존할 수밖에 없는 식물인간으로 바뀌고 있다.

1_ 미국 경제의 모순

미국 경제가 독자적인 생존력을 상실해 가고 있다는 것은 독점 시스템의 위기이자 세계 경제의 위기이다. 그러나 미국 경제의 붕괴가 예상만큼 빠르게 진행되지는 않을 것이다. 왜냐하면 전세계 모든 국가들이 미국 경제가 어렵기는 하지만 여전히 생존을 바라고 있기 때문이다. 물이 낮은 곳으로 흐르듯 돈도 수익률과 리스크에 따라 흐른다. 따라서 미국 경제의 붕괴 시점을 정확히 예측하기는 어렵지만 미국 경제의 붕괴로 독점 시스템이 위협받는 상황은 언제든지 발생할 수 있다. 21세기 최대 이슈는 미국 경제의 붕괴 혹은 회생 여부다.

1) 모순 속의 고성장

장기적으로 월남전 종전과 1차 오일 쇼크를 고비로 미국 경제는 쇠락의 길을 걸어오고 있다. 그리고 1980년대 10년간 마치 한국이 1990년대 후반기에 겪었던 IMF 위기와 같이 힘든 구조 조정 과정을 거쳤다. 이후 1990년 IT 호황을 기반으로 미국은 재도약했지만 IT 호황이 거품을 유발하면서 추가적인 성장 동력을 상실했다. 21세기 들어 미국 경제는 참담할 정도로 악화되었다. 특히 국제 수지와 같은 거시 경제 지표는 도저히 국가로서 유지하기가 불가능할 정도로 악화되었다. 그러나 미국은 독점 시스템을 강력하게 추진하면서 이런 모순 속의 고성장을 유지하고 있다. 미국 경제의 모순은 알려진 대로 공산권 몰락이 예상되던 1980년 레이건 대통령 취임 이후 구조화되었다. 레이거노믹스로 일컬어지는 공급주의 경제학은 신자유주의의 기초가 된 이념이다. 세율과 금리를 낮춰서 현재 소득을 증가시키면 소비가 늘게 되고, 이는 다시 경제 성장률을 높여서 세수도 확대되고 경제를 선순환 구조로 만든다는 것이다. 미국은 이러한 신자유주의적인 경제 정책을 이미 20여 전부터 사용해 오고 있다. 물론 현재의 부시 대통령의 경제 정책도 마찬가지다.

여기서 미국의 근본적인 모순은 저축률이 '0'에 가까운 상황이라서 세금을 깎아주든지 금리를 낮춰야만 민간 부문의 소비가 증가한다는 점과 연방정부가 세금을 깎아줄 능력이 없는데도 재정 적자를 감수하면서 감세 정책을 시행하고 있는 점이다. 세금을 내는 개인이나 세금을 거둬 재정을 집행하는 연방정부 모두 미래보다는 현재의 소비와 경기에만 집중하고 있다. 투자를 늘려 수출이나 고용을 늘리려는 정책은 전혀 쓸 수가 없다. 따라서 독점 시스템의 미국적 표현은 현재의 높은 소비 수준을 유지하기 위한 시스템으로도 해석 가능하다. 감세 정책 때문에 연방정부의 재정수지는 악화를 면치 못하고 있다. 1990년 말 일시적으로 재정수지가 흑자를 보이기도 했지만, 이후에는 계속 적자 폭이 커지고 있다. 특히 9·11 테러 이후 많은 전쟁 비용이 필요함에도 불구하고 미국은 세금을 깎아주고, 금리를 낮추면서 경기 부양에 안간힘을 썼다. 이를 신자유주의 경제학으로 설명하면 깎아준 세금만큼 소비가 증가해서 경제가 좋아질 때 세금은 깎아준 금액보다 더 걷히게 된다. 그러나 연간 800억 달러 이상으로 추산되는 이라크 전쟁 비용과 미국이 추가로 부담해야 할 안보 비용 등을 감안하면 과연 1,000억 달러 이상 세금이 더 걷힐 수 있을지 전세계 경제학자들은 주목하고 있다. 아직까지는 감세 규모보다 세금이 늘기는커녕 재정 적자만 더 커지고 있는 실정이다.

소비의 나라

결과적으로 모순 속의 독점 시스템 덕분에 미국은 짧은 불황과 긴 호황이 지속되고 있다. 여기서 미국 경제 구조가 근본적으로 구제불능이며 독점 시스템이 없다면 존재할 수 없다는 점은 경제 정책 수단이 오직 개인의 '소비'에만 의존하기 때문이다. 전세계 많은 기업이 미국에 공장을 건설하고 있지만 그 이유는 미국 내 소비를 위해서이다. 미국에서 제품을 만들어 다른 국가로 수출하기 위해 공장을 짓는 기업은 없다. 최근 한국의 현대자동차가 미국 앨리배마에 자동차 공장을 지은 것도 미국 내 소비 때문이지, 미국에서 제품을 만들어 수출하기 위한 것은 아니다.

〔그림 2-1〕에서 보듯이 미국의 경제 성장률은 소비와 동일하게 움직인다. 9·11 테러를 당해도, 유가가 60달러를 넘어도 미국인은 소비한다. 물론 이런 소비 때문에 동아시아 등 다른 나라들이 미국으로의 수

[그림 2-1] 미국의 경제 성장률과 소비 증가율

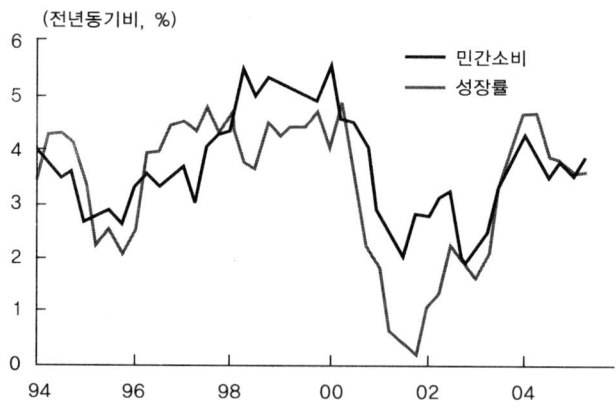

자료: Thomson Datastream

출로 생존하고 있지만 이러한 경제 구조는 분명 모순이다. 미국이 높은 소비 속에서 고성장하고 있는 사이에 EU나 일본, 한국 등 동아시아 국가는 외환 위기를 겪기도 했고, 1980년대 이후 이어진 고성장의 신화가 붕괴되었다. 따라서 짧게 보면 1990년대까지 고성장을 유지하던 미국 이외 국가의 부(富)가 미국으로 이전되었다고 볼 수도 있다.

이렇게 독점 시스템에 길들여진 미국 정부와 미국인들은 눈앞의 소비만을 위해 정책을 펴고, 개인들은 저축 대신 소비에만 매달리면서 자신들의 소득 이상을 소비하고 있다. 현재 미국 연방정부의 재정 적자는 누계로 4조 달러이다. 이는 미국 GDP의 4퍼센트에 달하는 금액이다. 그리고 더 우려되는 것은 재정 적자가 해마다 증가하고 있다는 점이다. 2005년 상반기에만 1,317억 달러의 재정 적자가 예상된다. 이런 상황에서도 미국은 전세계 모든 분쟁에 개입하고 중앙아시아의 민주화에 자금을 지원하기도 하며 수십 개 국가에 군대를 파견하는 동시에 경기 회복이라는 미명하에 상속세마저 포기하려고 한다.

미국의 재정 적자가 보다 우려되는 것은 시간이 지날수록 미국도 고령화 사회에 돌입한다는 사실이다. 많은 사회 보장 제도를 현재도 유지하기가 버거운데, 베이비 부머의 은퇴 이후에는 현재 수준의 사회 보장 제도나 의료 체계를 유지할 수 없다. 지금의 부시 대통령 시기에는 괜찮겠지만 2015년경 미국이 고령화 사회로 접어들 때 미국의 사회 안전망은 붕괴될 수 있다. 불과 10년 후까지 위기가 다가오고 있는데 재정 수준이 이렇게 취약하다면 미국의 미래는 중세 시대보다 더욱 암울해 보인다.

일부의 시각이지만 미국 정부를 장악한 네오콘들은 자신들의 정치적 이념인 신보수주의를 독점 시스템을 통해 구현하기 위해 의도적으로 재정 적자를 발생시키고 있다는 시각도 있다. 미국 경제가 위기에 처해야만 강력한 신보수주의를 추구할 수 있는 명분이 생기게 되기 때문이다. 만일 이런 분석이 맞다면 공화당 정권이 민주당 정권으로 교체되면 지금보다 개선의 여지는 있다. 그러나 이제 미국인들 스스로가 독점 시스템에 길들여진 결과 먼 미래를 준비하는 저축보다는 당장의 편안함을 위한 소비에만 집착하고 있다. 이런 현상을 반영해서 미국의 저축률과 독점 시스템의 강도는 밀접한 상관관계를 갖는다. 독점 시스템이 강화되면서 미국의 저축률은 급속히 하락하고 있다. 특히 독점 시스템이 수면 위로 등장한 2000년 이후 연평균 저축률은 거의 '0'에 가깝다. 이는 미국의 신보수주의 정권뿐 아니라 미국인들도 독점 시스템에 중독되어 앞으로도 무한히 이러한 체제가 유지될 수 있다는 희망적 인식이 굳어지고 있다고 추론할 수 있다. 미국의 막강한 힘이 그들의 과소비를

[그림 2-2] 미국의 GDP 대비 저축률과 경상수지 적자

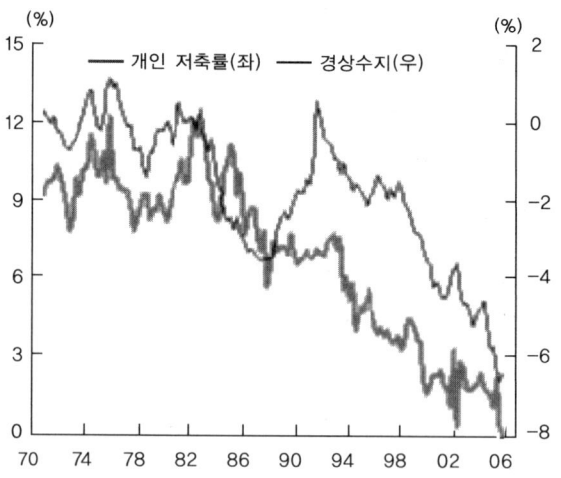

자료: 미국 상무부, FRB

유지시켜 줄 수 있다는 믿음을 미국인들은 깨고 싶지 않은 것이다. 이 결과 개인은 마구 빚을 내서 소비에 열중하고, 정치인들은 독점 시스템 유지를 위해 비용을 아끼지 않는 것이 현재의 국면이다. 이런 상황에서 재정과 경상수지 균형을 추구할 정권은 없다.

2) 부채로 지배되는 세계

경상수지 적자가 GDP 대비 6퍼센트라는 것은 미국이 자신들의 경제

[그림 2-3] 전세계 경상수지 추이

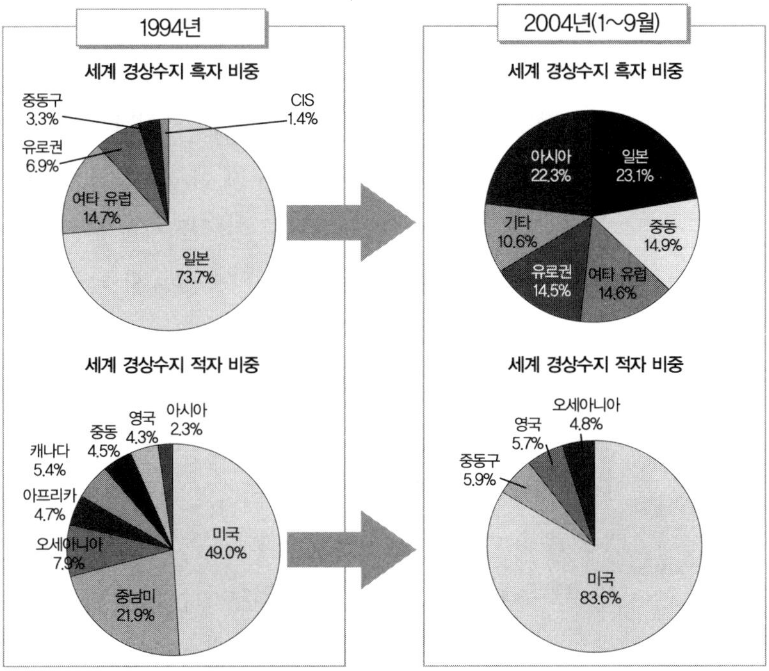

1994년

세계 경상수지 흑자 비중
- 중동구 3.3%
- CIS 1.4%
- 유로권 6.9%
- 여타 유럽 14.7%
- 일본 73.7%

세계 경상수지 적자 비중
- 아시아 2.3%
- 영국 4.3%
- 중동 4.5%
- 캐나다 5.4%
- 아프리카 4.7%
- 오세아니아 7.9%
- 중남미 21.9%
- 미국 49.0%

2004년(1~9월)

세계 경상수지 흑자 비중
- 아시아 22.3%
- 일본 23.1%
- 기타 10.6%
- 중동 14.9%
- 유로권 14.5%
- 여타 유럽 14.6%

세계 경상수지 적자 비중
- 오세아니아 4.8%
- 영국 5.7%
- 중동구 5.9%
- 미국 83.6%

자료: IMF

력보다 6퍼센트만큼 추가로 소비하고 있다는 의미가 되며, 저축률이 '0'에 가깝다는 것은 빌린 돈을 갚지 않겠다는 의지의 표명으로도 볼 수 있다. 채무자가 소비를 줄이지 않고 저축도 하지 않는다면 채무자의 부도는 당연하고 달러는 위조 지폐가 된다. [그림 2-3]에서 보듯이 전세계 경상수지 적자 중 미국의 비중이 1994년에는 49퍼센트였지만, 2004년에는 무려 84퍼센트로 증가하여, 미국의 과소비와 이에 따른 경상수지 문제는 미국의 문제가 아니라 세계의 문제가 되고 있음을 보여주고 있다.

흔들리는 달러

그러나 여전히 달러는 안정 통화이다. 독점 시스템이 영원히 지속될 것이라고 믿는 국가와 투자가들이 아직도 많기 때문이다. 현재 달러의 흐름은 소비재 구입으로 외부 유출된 후 '신비로운 길'이라는 경로를 통해 미국으로 되돌아오고 있다. 미국의 경상수지 적자로 대규모 달러를 보유한 국가들은 자국 화폐를 인위적으로 평가 절하시켜 수출을 늘리기 위해 달러를 사들이고 있다. 동시에 금리마저 낮춰서 달러 표시 투기 자본의 유입을 억제하고 있다. 이런 외환 정책은 짧게 보면 미국으로 수출이 증가하고 국내 성장률은 안정적으로 유지된다. 어느 나라 어느 정권이 이런 달콤한 정책을 마다하겠는가? 따라서 독점 시스템의 기저에는 선거로 정권을 뽑는 민주주의의 근본적 한계를 미국이 이용하고 있다고도 볼 수 있다. 이러한 모순적 상황을 감안하면 독점 시스템에 대한 지지 여부를 떠나 세계 각국 정권들과 미국의 신보수주의자들이 전략적 제휴 관계를 유지하고 있다고도 판단할 수 있다.

미국은 2000년 이후 전세계 연간 총생산 대비 1.5퍼센트 정도의 경상수지 적자를 매년 발생시키고 있다. 이 결과 미국의 달러는 미국 이외 국가로 보내지고 있다. 그리고 이런 현상이 누적된 결과 미국의 누적 채무는 2004년 국민총생산의 무려 40퍼센트를 넘고 있는데, 쉽게 설명하면 미국의 소비를 위해서 미국 이외의 전세계인이 전체 소득의 1.5퍼센트를 매년 미국에 헌납하고 있다고 해석할 수 있다. 이런 과정이 반복적으로 나타나면서 실질적으로 달러는 미국 이외 국가의 중앙은행이 가장 많이 보유하고 있다고 봐도 과언이 아니다. 현재 세계 외환 보유고 중 미국 이외 국가가 보유한 달러는 일본, 중국 및 아시아 국가가 전체의 66퍼센트나 보유하고 있는데 아시아 국가의 달러 표시 외환 보유고는 계속 증가하고 있다. 동아시아에서 미국을 비판하지 못하고 자발적으로 미국을 추종하는 것은 바로 여기에 해답이 있다. 논리적으로는 모순인 독점 시스템이지만 이 시스템의 견고성 때문에 동아시아를 비롯한 전세계 잉여자금은 국가와 자금의 성격에 관계 없이 미국으로 유입되고 있다.

  이렇게 초과 유입된 자금은 다시 미국 경제 성장의 원동력이 된다. 과소비했지만 다시 많은 자금이 공급된다면 어떤 경제 주체든지 당연히 경기는 활황을 보이고 자산 가격은 상승할 수밖에 없다. 미국에서 통화량이 늘어나기 때문에 경제 성장에는 도움을 준다. [그림 2-4]에서 보듯이 해외에서 미국으로 자금이 재유입되면서 미국의 통화량을 증대시킨다. 이 결과 미국 금리는 안정되고 풍부한 시중 자금이 주택 가격과 주가를 상승시키면서 궁극적으로는 경제 성장률도 높아지는 구조가 고착화되고 있다. 최근 3~4년간 미국의 경상수지 적자가 사상 최대 규모였지만 오히려 미국의 부동산 가격은 거품을 우려할 정도로 급상승했다. 주가도 안정적이면서 저금리 기조가 유지되어 미국 경기는 순항

[그림 2-4] 미국의 경상수지 적자와 해외 자본 유입 추이

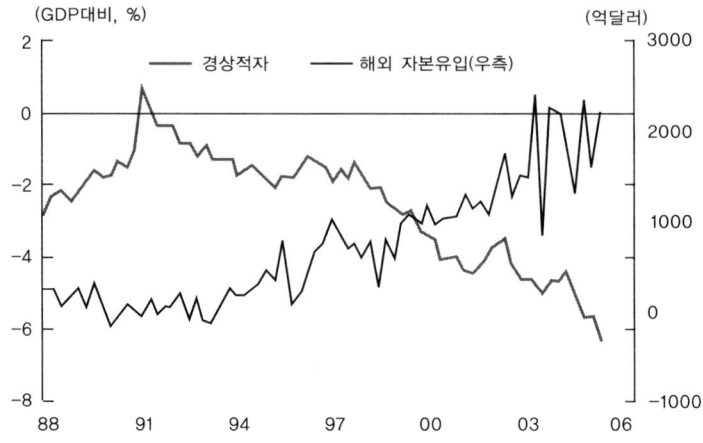

자료: Thomson Datastream

을 지속하고 있다. 세계 최대의 채권국에서 부동산 가격이 오를 때 금리가 하락하는 것은 경제학으로는 설명이 불가능하다. 1997년 한국이 IMF 위기 때 부동산과 주가가 폭락하고 금리가 30퍼센트를 넘었지만 유사한 경제 상황에서도 미국은 반대 현상이 벌어지고 있다. 이에 대해 FRB 의장인 그린스펀도 이해할 수 없다는 수수께끼라는 견해를 비치기도 했는데, 이는 누군가 미국의 과소비를 유지시켜 주는 역할을 하고 있기 때문이다. 미국의 과소비를 가능하게 해주는 국가는 동아시아를 비롯한 미국에 대한 무역수지 흑자국이다. 무역수지 흑자국이 자발적으로 미국에 흑자 금액 이상의 자금을 유입시키는 것이 수수께끼의 정답이다. 결론적으로 이런 현상을 가능하게 만드는 것은 바로 미국만이 구사할 수 있는 독점 시스템 때문이다. 또한 미국 경제가 세계 경제에

[그림 2-5] 해외의 미국 국채 구입이 미국 경제에 미치는 영향

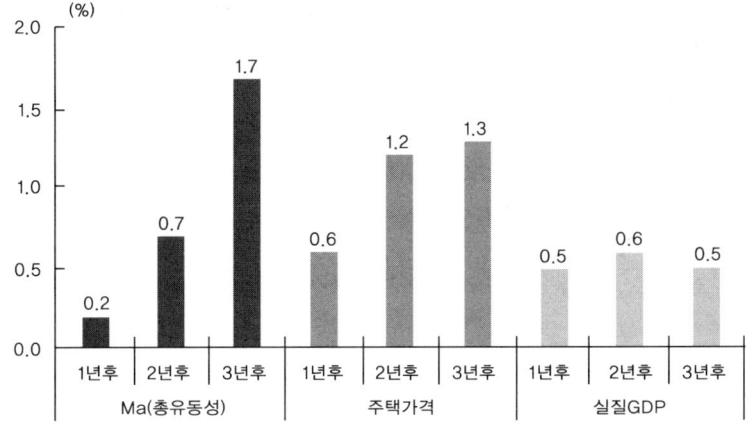

주: 해외 중앙은행이 2003년부터 2004년까지의 미국 채권 구입 증가율이 지속적으로 유지될 경우 (연 25% 증가)
자료: UFJ 종합연구소(05. 3)

주는 영향이 과거보다 커지는 이유 또한 여기서 찾을 수 있다.

전세계 잉여자금이 미국으로 재집중되면서 미국의 경제 정책은 세계 경제를 좌우하는 가장 중요한 변수가 된다. 미국이 이자율을 올리면 전세계 국가들의 성장률은 급락하고 해외 자본들은 미국의 높은 금리를 쫓아 미국으로 유입된다. 반면 미국이 금리를 내릴 경우에는 미국의 소비가 증가해서 미국뿐 아니라 전세계 경기가 활성화된다. 결국 독점 시스템의 구조에서는 미국의 경상수지 조절을 통해 미국 이외 국가의 성장률을 조정할 수 있고, 금리 정책을 통해서 전세계 자금 흐름도 주무를 수 있다.

미시시피와 로마의 사기극

결투 살인범이었던 존 로는 지폐가 금이나 은보다 낫다는 신념 아래 1713년 프랑스 정권(루이 15세의 섭정이었던 오를레앙 공작)과 결탁해서 '방크 제네랄'이라는 은행을 설립하고 금화로 바꿀 수 있는 지폐 발행을 허가받았다. 프랑스 정부는 지폐로 세금을 내는 것을 인정했고, 1718년 이 은행의 채무를 보증했다. 존 로는 프랑스 정부를 설득해서 자신이 설립한 미시시피 회사가 북미 프랑스령과의 통상 독점권을 받아냈다. 그 대가로 미시시피 회사는 프랑스 정부의 채무를 전액 인수했다. 그러나 이 계획은 미시시피 회사에 현금 유입이 없는 거래였고, 프랑스 주민들의 북미 이민이 줄어들면서 큰 이익을 주지 못했다. 이때 존 로는 일정량의 회사 주식을 사주면 당시 주가 300루블에서 6개월 후 500루블을 주겠다고 발표한다. 이 뉴스에 따라 주가는 당연히 급등한다. 이러한 주식 매입 계획뿐 아니라 프랑스 정부로부터 담배 무역의 독점권 매수, 프랑스 동인도회사 인수, 동전 제조 독점권 확보, 세금 징수 업무 위탁, 왕립 방크 로얄 인수 등의 이권을 챙겼다. 한편 미시시피 회사는 프랑스 정부의 부채 잔액을 15억 루블에 인수하고, 그 대가로 미시시피 주식을 추가로 발행해서 넘겨주었다. 정부는 이렇게 얻은 미시시피 회사 주식을 채권자들에게 주었다.

미시시피 회사는 추가로 주식을 발행할 때마다 더 높은 가격으로 팔려 나갔다. 그러나 그들은 발행된 지폐 금액보다 적은 양의 금을 비축했다. 이에 그는 정부에 이제 지폐에 대한 사람들의 믿음이 확고해졌으므로 은행이 더 이상 지불준비금으로 금을 보유하는 것은 필요하지 않다고 설득했다. 이에 맞추어 프랑스 정부는 1719년부터 화폐 발행을 급격히 확대했고 금리를 1~2% 수준으로 인하했다. 이런 상황에서 미시시피는 회사 주식을 할부로 팔기도 했다. 이런 과정에서 투기가 프랑스를 엄습했다.

지폐 공급이 증가한 상태에서 저금리와 할부로 주식을 매수할 수 있게 되자 미시시피의 주가는 300루블에서 2만 루블까지 상승했다. 그렇지만 이 영향으로 생필품 물가가 3~4배나 급등하자 일부 투자가들이 미시시피 주식을 팔기 시작한다. 위기를 느낀 존 로는 500루블 이상의 금 소유를 불법으로 하는 조치를 취했고, 주가 유지를 위해 미시시피 회사와 이전에 설립했던 방크 제네랄(당시에는 방크 로얄)과 합병했다. 아울러 회사 주가를 9,000루블에 고정시키면서 은행권으로 사고 팔 수 있는 교환소도 설치했다. 그는 이런 식으로 미시시피가 충분한 돈을 벌 때까지 버티려 했지만, 가격이 고정되자 오히려 매물이 늘어났다. 이에 화폐 공급을 추가로 늘렸지만 물가가 더욱 상승하면서 그는 다시 망명자 신세로 전락했다. 당시에 그의 금고에는 금이 전혀 없었다.

로마의 네로 황제는 식민지와의 무역 적자를 타개하기 위해 은 함유량을 조절해서 은화를 평가 절하하기 시작했다. 그리고 네로에서 시작된 화폐의 은 함유량은 지속적으로 감소해서 결국 로마가 멸망하는 중요한 요인이 된다. 네로 당시 로마 은화인 '데나리우스'의 실제 은 함유량은 94%였다. 그러나 이후 황제들이 지속적으로 평가 절하시켜서 셉티무스 세베루스 시대에는 50%로, 그리고 클라우디우스 시기에는 0.02%까지 감소하면서 로마의 정치적 몰락 이전에 화폐의 신뢰 저하 현상이 먼저 나타났다(애드워드 챈슬러, 『금융투기의 역사』; 마크 파버, 『내일의 금맥』 참조).

미시시피 회사 사기극은 여러 면에서 현재의 미국과 유사하다. 섭정과의 결탁은 정경유착으로 볼 수 있고, 지불준비금이 없는 지폐의 남발은 미국이 경상수지 적자에 따른 달러 남발과 비슷하다. 즉, 미시시피 회사의 채권이나 주식은 현재 미국의 국채나 달러로 볼 수 있다. 또한 권력을 확보한 상태에서 자신의 이해를 위해 가능한 모든 정책을 사용하면서 독점적 이익을 추구하는 것은 현재 네오콘들의 행태와 유사하다. 로마는 화폐 가치의 하락이 로마에 대한 신뢰 상실로 이어져 결국 멸망하게 되었다. 현재 석유 등 원자재와 전세계적인 부동산과 금(金) 가격 급등, 그리고 유럽과 원자재 보유국의 주가가 강세인 것은 달러에 대한 신뢰의 철회인가?

2 _ 허약한 미국 경제

표면적으로 미국 경제는 세계 최강 수준을 유지하고 있다. 미국 경제가 1980년대의 부진을 씻고 재도약한 1990년의 고성장 시대 이후 21세기 들어 버블이 붕괴된 후에도 미국 경제는 3퍼센트 이상의 고성장을 구가하고 있다. 최근의 고성장에도 불구하고 미국 경제는 제2차 세계대전 직후에 세계 경제의 50퍼센트를 담당하던 때와 비교하면 초라하기 그지없다. 그러나 미국은 독점 시스템 가동으로 오히려 20세기 중반보다 세계 경제에 더 큰 영향을 미치는 모순에 싸여 있다.

미국의 경제 규모는 독일과 일본이 부상하기 이전 1960년대까지 전세계 경제의 거의 절반에 해당한다. 이런 예는 과거의 로마나 중국도 이루지 못했던 사상 유례가 없는 유일무이한 초강대국이 미국임을 시사한다. 당시 미국 경제의 강력함은 규모뿐 아니라 질적인 수준 즉 음식료·섬유에서부터 우주항공까지 모든 분야에서 세계 최고 수준을 달성해서 미국 경제는 세계 경제 자체였다. 그러나 미국의 제조업 경쟁력이 약화되면서 미국 경제는 양적인 면뿐만 아니라 질적인 면 모두에서 급전직하하고 있다. 물론 1990년 이후 신경제 호황과 독점 시스템 구축에 따른 일시적인 고성장이 유지되고 있지만, 이는 인위적인 경기 부양에 의한 거품으로 판단된다. 국가간 물가 수준을 고려한(PPP 기준) GDP는 현재 세계 경제 전체에서 차지하는 비중이 21퍼센트에 불과한데 2위권과의 격차는 점점 축소되고 있다. 2002년 현재 물가 수준을 고려한 경제력은 중국의 2배에 불과하다. 만일 중국이 현재 추세대로 연 8퍼센트 성장하고 미국이 3퍼센트 성장할 경우 달러 기준 단순 GDP는 2040년에, 물가를 고려한 PPP 기준으로 계산하면 2013년에 미국과 중국의 경제력은 역전된다.

[표 2-1] 주요국의 GDP 순위(2002)

순위	GDP (경상, 10억 달러)		순위	GDP (PPP 기준, 10억 달러)		순위	1인당 GDP (PPP 기준, 달러)	
1	미국	10,383	1	미국	9,221	1	룩셈부르크	54,210
2	일본	3,993	2	중국	5,199	2	노르웨이	32,414
3	독일	1,984	3	일본	2,986	3	아일랜드	32,204
4	영국	1,566	4	인도	2,454	4	미국	31,660
5	프랑스	1,431	5	독일	1,977	5	덴마크	27,404
6	중국	1,266	6	프랑스	1,417	6	스위스	26,579
7	이태리	1,184	7	영국	1,391	7	아이슬란드	26,349
8	캐나다	714	8	이태리	1,354	14	일본	23,858
9	스페인	653	9	브라질	1,171	16	홍콩	23,833
11	인도	510	14	한국	717	21	싱가포르	21,296
12	한국	477	37	홍콩	165	30	한국	15,009
27	홍콩	162	53	싱가포르	87	87	중국	4,054
40	싱가포르	87				104	인도	2,365

자료: WDI

한편, 미국의 GDP는 이미 EU에 추월당한 상태이며, 세계 시장에서 독점적 위치를 점유했던 미국의 기업들도 점차 그 순위가 밀리고 있다. 제러미 리프킨은 최근작『유러피언 드림』에서 미국의 GDP는 실제보다 훨씬 낮은 수준이라면서 미국의 GDP에 포함된 거품을 다음과 같이 설명했다. "실업과 빈곤 때문에 범죄가 증가한 결과 경찰력 확충 비용, 법원 비용, 교도소 비용, 개인 감시 및 보호 시스템 비용이 늘어나고(1999년 1,470억 달러 추산), 유독 폐기물 정화, 석유 유출 봉쇄 비용, 오염 지하수 비용도 GDP에 포함된다. 수백만 명의 미국인들이 비만·음주·마약 등으로 건강이 나빠지면 그것도 GDP에 들어간다. 테러로부터 국민을 보호하기 위해 드는 비용과 엄청난 국방비(4,500억 달러)도

GDP에 포함된다. 한편, 미국은 EU에 비해 인구가 약 1억 명 적지만 에너지 사용에서도 약 30퍼센트 정도 더 소비해서(2,340억 달러) GDP를 높이고 있다." 물론 제러미 리프킨이 지적하는 것은 미국이 국민의 삶의 질을 높이지 않고 그들의 시스템 유지 비용이 과다하며 미국인의 이중적 행태를 비꼬기 위해 이런 예를 들었지만, 필자의 계산으로는 이 비용(독점 시스템 유지와 미국의 과소비 비용)만 거의 1조 달러 이상(미국 GDP의 10퍼센트)이 될 것으로 예상된다. 따라서 이러한 비용을 지불하지 않거나 적게 지불하는 EU에 비해 평균적으로 미국인의 삶의 질은 낮다고 볼 수도 있다.

1) 서비스 중심의 경제

미국이 허약한 경제 구조로 변한 것은 제조업을 너무 쉽게 포기한 것에 기인한다. 최근 정보화 시대를 맞아 제조업의 부가가치는 점점 하락하고 있다. 그러나 너무 빨리, 거의 모든 영역에서 제조업을 포기함과 동시에 서비스 위주의 경제로 전환하면서 미국 경제 구조는 내성이 약화되었다. 현재 미국의 산업 구조는 서비스업의 비중이 78.8퍼센트로 세계에서 가장 높다. 다른 선진국들은 평균 70퍼센트대를 유지하고 있지만 미국은 유일하게 10퍼센트 정도 더 높다. 또한 GDP 대비 소비가 차지하는 비중도 70퍼센트대를 유지하고 있어서 미국은 서비스 분야의 소비가 경제의 거의 전부라고 볼 수 있다.

서비스 업종은 자동화가 어렵고 수출은 거의 불가능하다는 점에서 전형적인 내수 산업이다. 미국은 제조업을 포기로 공산품 소비를 위해 대부분의 상품을 해외에서 수입한다. 대신 내수를 서비스업에 전적으로

[그림 2-6] 주요국의 GDP 대비 서비스 산업 구조와 소비 비중

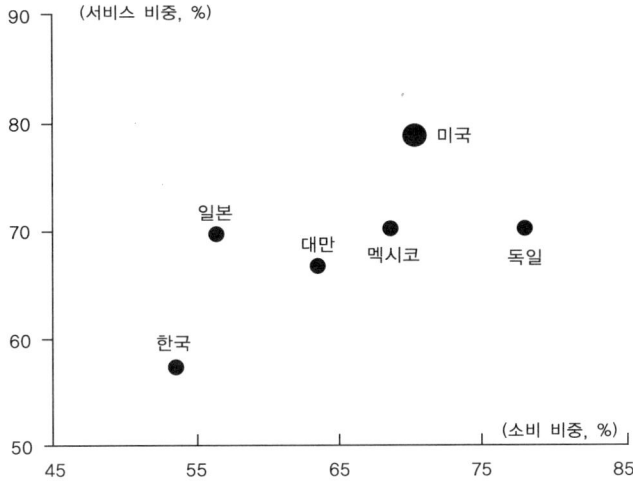

자료: Thomson Datastream

[그림 2-7] 주요국 제조업 고용 비율

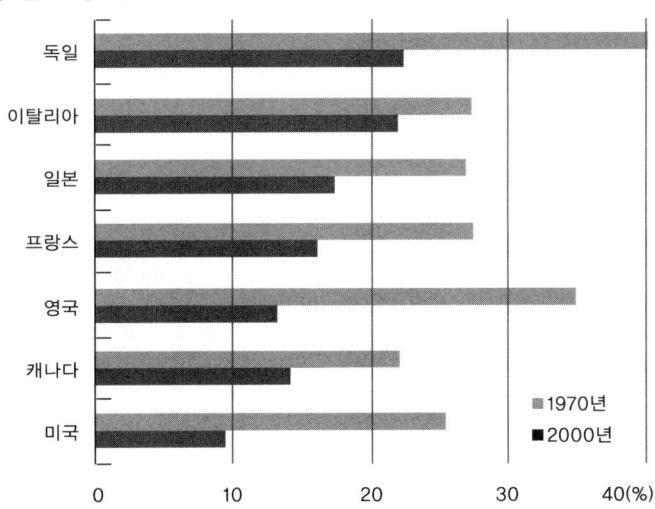

자료: OECD

의존한 결과 경상수지 적자는 눈덩이처럼 커지고 있다. 미국이 1990년대 높은 성장을 이룰 수 있었던 것은 IT 기술 발달에 따른 신경제 효과가 중요한 역할을 했다. 인터넷으로 대표되는 신경제는 세계적 차원의 네트워크를 통해 경제의 효율성과 생산성을 극대화했다. 그러나 미국에서 신경제(네트워크) 효과가 나타나는 부분은 전반적인 경제 전체가 아니라 일부 서비스 문화 산업과 소프트웨어 산업만이 세계적 경쟁을 가진다는 점이 부담이 된다. 최근 달러화의 약세에도 불구하고 무역수지가 축소되지 않고 쌍둥이 적자가 해결되지 못하는 것도 바로 이런 이유 때문이다.

이런 상황에서 정부의 경제 정책은 반복적으로 내수 소비를 조장하는 방향으로 지속되면서 산업 구조는 취약해지고 있다. 미국이 대규모 경상수지 적자에서 탈피하는 가장 원론적인 방법은 무역 흑자를 달성하는 것이다. 그러나 지나치게 높은 소비 성향과 제조업이 전무한 산업 구조 때문에 미국의 경상수지 적자 해소는 기대하기 어려운 실정이다. 그 결과 미국을 제외한 세계 전체 경제가 연간 1퍼센트 성장하면 미국의 수출은 1퍼센트로 동일하게 증가한다. 그러나 수입은 무려 1.7퍼센트나 늘어나서 0.7퍼센트만큼 경상수지 적자가 늘어나는 기형적 경제 구조를 가지고 있다. 따라서 논리적으로는 미국의 경제 성장률이 여타 국가의 경제 성장률보다 상대적으로 낮아서 소비를 줄여야만 경상수지 적자 문제는 해결될 수 있다. 이는 과거 플라자 합의 때(1985년 9월) 독일과 일본이 미국을 배제한 채 자국의 통화 가치 강세와 대대적인 내수 부양 정책을 강구함으로써 세계 경제의 확대 균형(미국의 경상수지 적자 축소, 세계 경제 성장)을 이뤘다는 경험에서 확인된다.

이런 특이한 현상은 미국 만의 현상이다. 다른 국가들은 세계 경제 성장률이 높아지면 당연히 수출이 늘면서 국내경제도 호전된다. 그러나 미국은 오히려 경상수지 적자가 늘어나는 구조다. 이는 힘들고, 더럽고, 귀찮은 제조업을 미국이 너무 빨리 포기한 상태에서 과소비를 줄이지 않은 결과이다. 장기간 독점 시스템을 유지한 결과 미국은 산업 구조 자체가 스스로 침몰하는 구조로 변화하고 있다.

지하 경제의 대부

1997년 오스트리아의 경제학자인 프리드리히 슈나이더(Friedrich Schneider)는 통화수요의 변화를 추적하는 방법으로 미국의 지하 경제 규모를 계산해 냈다. 그에 따르면 1970년 미국의 지하 경제는 GDP의 2.6~4.6% 정도를 차지했다고 한다. 그러나 1990년대 이후 급속히 증가해서 1994년에는 GDP의 9.4%인 6,500억 달러에 달한다고 판단하고 있다. 정치 사상 기고가인 에릭 슐로서(Eric Schlosser)는 미국의 지하 경제가 9%에서 최대 29%까지 이를 것으로 추정하고 있다.

한편 미국의 국세청장은 1998년 거두지 못한 세금의 규모가 2,000억 달러에 이른다고 말했다. 이를 평균 연방 세율 14%를 역산하면 개인 소득 중 1조 5,000만 달러가 신고되지 않았다는 의미다. 재정 적자가 눈덩이처럼 커지고 있고, IT 기술 발달로 다른 나라에서 지하 경제가 감소하는 추세임에도 미국은 오히려 증가하고 있다. 따라서 미국에서 지하 경제를 현격히 줄이면 그만큼 재정은 충실해지며 대항 세력 제거를 쉽게 추진할 수 있다.

그러나 지하 경제는 주류 경제와 연결되어 있다. 모든 지하 경제는 달러를 기축통화로 사용하고 있다. 100달러짜리 지폐의 3/4는 미국 밖에서 지하경제의 지불 수단으로 활용되고 있다. 따라서 세계의 모든 지하 경제는 미국과 연계를 맺고 있으며 이 자금이 미국에서 세탁되거나 불법 거래 자금으로 이용되면서 달러의 수요를 증대시키고 있다. 미국의 경상수지 적자를 메우기 위한 자금 중 상당 부분은 지하 경제 자금이다. 이제 미국은 금융 자본, 군사력뿐 아니라 지하 경제를 통해서도 세계를 지배하고 있다.

2) 제조업 포기를 유발하는 정치 구조

오늘날 미국의 제조업 고용은 14퍼센트에 불과하지만 1967년에는 30퍼센트를 차지했다. 게다가 민간 노동력의 30퍼센트 이상이 노조에 가입되어 있었는데 이는 지금의 기준으로 환산하면 약 3배에 달하는 수치이다. 철강, 자동차 같은 대규모 제조업 근로자들은 모두 강성 노조에 가입해 있었다. 미국은 노조를 설득하기보다는 무마하기 위해 다양한 사회 보장 제도의 도입과 간접적인 노조 탄압을 병행해서 노동 운동을 무마시켰다. 이 과정에서 기업들은 높아진 생산 원가를 낮추기 위해 생산 기지를 해외로 이동하는 '아웃소싱'이나 공장 자동화와 같이 자본 투자를 확대해서 인건비 상승에 대응했다. 이런 조치 때문에 1990년대에는 일시적으로 미국 경제가 회생하기도 했다. 그러나 제조업 축소로 많은 일자리가 줄어들면서 실업률이 올라가자 미국의 구매력은 심각하게 훼손되었다. 또한 미국 내에서 제조업 설비를 유지해 오던 기업들은 지나친 복지 부담으로 2005년 GM 사태와 같이 거대 제조업이 흔들리는 상황으로 내몰렸다.

미국이 하기 싫은 것을 너무 오랫동안 다른 나라가 수행토록 강요한 결과 미국의 정책은 부메랑이 되어 미국을 공격하고 있다. 그러나 미국 정부는 국민들의 절약과 기술개발을 독려하는 대신 감세와 저금리로 일시적인 소비 부양에 주력하면서 이러한 '반짝 경기'에 현혹된 유권자의 표에만 관심을 기울이고 있다. 그리고 국내의 소비 증가가 한계를 보이자 다른 국가를 압도적인 군사력으로 위협하는 신보수주의 정책을 펴고 있다. 미국의 대형 철강 기업과 자동차 회사의 몰락에 대해 로저 올컬리는 이를 관료제의 본질적인 문제 때문에 창조성이 부족한 관리자들과 노조가 자기 기업의 경쟁력을 과대평가하고 세계 경제 변화에 효과적으로 대응하지 못했기 때문이라고 주장한다. 그러나 보다 본질적인 문제로 미국의 약화를 초래한 미국식 민주주의 체제의 결함을 제시하고 싶다. 예를 들어 1960년대에는 미국의 자동차 수입이 4퍼센트에 불과했다. 그러나 10년이 흐름 1970년대에는 11퍼센트, 1986년에는 31퍼센트에 이르렀다. 이런 현상은 미국이 세계적 범위에서 권력의 크기가 커질수록 싼 물건을 원하는 소비자(유권자)들을 위해 자국의 제조업과 노동자를 소외시킨 정치 시스템의 문제로도 볼 수 있다.

미국 제조업의 붕괴는 세계적 기업이었던 RCA, 제니스, 웨스팅하우스 등에서 출발해서 최근에는 핸드폰이나 메모리 반도체도 한국에 추월당했고, 자동차는 일본과 유럽, 한국의 협공에 맥을 못 추면서 드디어 미국 산업 사회의 상징이었던 GM과 포드 자동차도 부도 위기에 몰리고 있는 상황이다. 그리고 연쇄적으로 델파이(Dellphi)와 같은 부품업체의 파산으로 제조업이 근본적인 위기에 처하고 있다. 오죽했으면 포드 사의 빌 포드 회장은 "미국 차를 살리려면 세금 감면이 필요하다."고 공식적으로 제안하겠는가. 향후 성장 산업이면서 미국이 가장 많이 소비하는 디스플레이(LCD, PDP)는 미국이 전혀 생산하지 못하고 있다. 최근 수년간 최상위 신용 등급인 '트리플A' 등급의 기업들이 하나둘 사라지면서 이제는 트리플A 등급 채권을 찾기가 하늘의 별따기가 되었다. 2005년 4월 말 현재 S&P와 무디스로부터 트리플A 등급을 받은 비금융 회사는 엑슨 모빌, 제너럴 일렉트릭(GE), 존슨 앤 존슨(J&J), 화이자, UPS, 오토매틱 데이터 프로세싱 등 단 6개사에 불과하다. 그러나 지난 1980년 S&P와 무디스가 트리플A 등급을 매겼던 기업은 각각 32개사, 58개사였다. S&P는 지난 2002년 652개사의 신용 등급

[그림 2-8] 미국의 신용 등급 전망

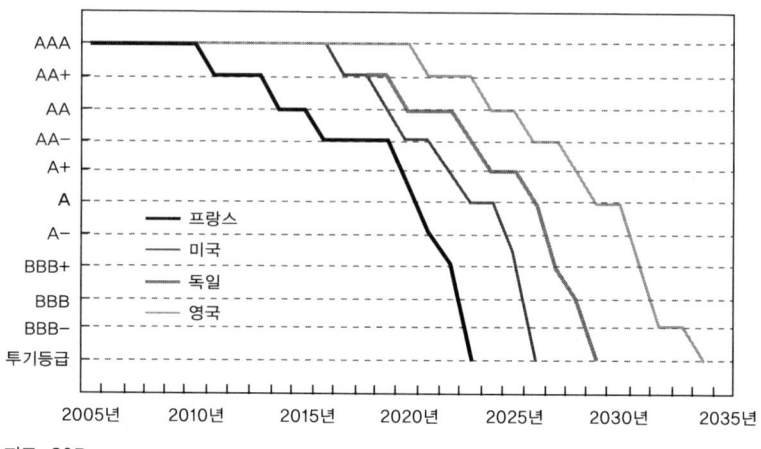

자료: S&P

을 하향 조정했는데 이는 등급을 상향 조정한 기업 수에 비해 5배나 많았다. 미국 기업들의 신용 등급 하락은 국가 전체의 신용 등급에도 영향을 주고 있다. 미국의 총체적인 경쟁력 약화와 고령화, 그리고 사회적 안전망의 해체 가능성 때문에 2025년에는 미국의 신용 등급이 투기 등급에 이를 것으로 S&P는 전망하고 있다.

이렇게 고용 유발 효과가 높고, 무역수지를 개선시킬 수 있는 제조업에서 미국은 열세를 면치 못하고 있다. 반면에 내수 소비 진작을 위한 산업만 높은 경쟁력을 가지고 있다. 그러나 서비스업 등 내수 산업은 미국의 경상수지 해결에 거의 도움이 되지 못한다. 다만 미국은 생명공학, 영화, IT 소프트웨어, 패스트푸드, 우주항공 산업 등에서 경쟁우위를 갖고 있는데, 이러한 산업의 공통적 특성은 지적 재산권과 관련이 높다는 점이다. 따라서 미국이 과소비를 유지하면서 제조업 포기라는 모순적 상황을 유지하기 위해서는 미국 기업의 지적 재산권을 강하게 유지시켜야만 한다. 그러나 지적 재산권은 언제든지 복사가 가능하다. 할리우드 영화도 2~3일이 지나면 즉시 복사판 DVD나 CD가 유포된다. 최근 금융계에서 활발히 사용 중인 Miss-Lee 메신저의 경우 동시에 500여 명에게 2.8Mb(A4 용지 650쪽 분량)의 문서를 전달할 수 있다. 영화 한 편을 주고받는 데 채 1분도 걸리지 않을 정도이며 부피가 큰 CD나 DVD보다 손가락보다 작은 크기의 USB 포트를 이용할 경우 언제 어디서든지 할리우드 영화 감상이 가능한 상태다.

이런 상태에서 할리우드 영화의 지적 재산권이 유지될 가능성은 거의 없다. IT 소프트웨어나 미국이 엄청난 투자비를 들인 신약도 며칠 안 가서 카피 제품이 쏟아져 나오고 있다. 패스트푸드도 세계 여러 나라에서 유사한 토속 기업들이 계속 생기고 있으며, 인체의 유해 여부에 대한 논란이 이어지면서 점차 매출이 감소하는 추세다. 여객기 시장에서도 유럽의 에어버스가 미국의 보잉 사와 거의 유사한 매출을 올리고 있다. 과거 오일 쇼크 당시 중동의 오일 머니는 미국으로 재유입되어 소비재와 투자에 필요한 많은 상품들을 수입해 갔다. 이 과정에서 미국 경제는 고유가에 시달렸지만 오일 머니가 신규로 미국 시장의 수요를 창출해서 불황에서 쉽게 벗어날 수 있었다. JP 모건 분석에 따르면 최근의 고유가로 19개 산유국들은 2002년 3,240억 달러, 2004년에는 5,490억 달러, 그리고 2005년에는 7,810억 달러를 원유 수출을 통해 벌어들일 것으로 전망되고 있다. 그러나 이 자금은 미국의 채권 시장으로 유입되는 수준에 그치고 있다. 과거 오일 쇼크 당시와 같이 산유국이 미국에서 구입할 물건이 별로 없기 때문이다. 오일 머니는 동아시아에서 소비재를 수입하고 일부 자금은 한국과 같은 고성장 지역에 직접 투자한다.

미국의 제조업 포기로 오일 머니는 미국을 버리고 있다.

한편 미국의 지적 재산권을 침해하는 나라들은 거의 동아시아의 국가들이다. 이들 국가들은 지적 재산권에 대한 낮은 인지도와 현실적으로 감시할 수 없다는 한계를 이용하기 때문에 미국의 규제도 약발이 먹히지 않는다. 이런 현상을 타파하기 위해 레스터 서로(Lester C. Thurow)는 최근작『세계화 시대 이후의 부의 지배』에서 상당한 분량을 할애하여 지적 재산권의 중요성을 강조하고 있다. 그가 제시한 지적 재산권의 보호 이유는 향후 인류의 삶의 질과 번영을 위한 지속적인 기술 개발을 위해 지적 재산권의 보호가 필요하다는 것이다. 그러나 필자의 느낌은 세계화 시대라는 열린 경제 구조에서 지적 재산권 말고 미국이 강점을 가진 분야가 없다는 한계를 스스로 인정한 것으로 판단된다. 결국 미국은 지적 재산권을 보호하기 위해 폭력을 사용할 가능성이 높아지고 있는데, 이는 장기적으로 반미 감정을 키우는 역할을 할 수 있다. 왜냐하면 지적 재산권은 정치의 영역이 아닌 개인의 문제와 책임이기 때문이다. 따라서 지적 재산권 문제도 독점 시스템을 강화시키는 역할을 하고 있다. 이 과정에서 미국이 가장 경쟁력이 있는 산업이 무기 등 군수산업인 것은 불가피한 선택인가?

3) 낮아지는 생산성

20세기 이후 미국이 세계의 제국으로 부상한 것은 미국 경제가 장기간에 걸쳐 높은 생산성을 유지한 결과다. 미국은 1873년부터 2003년까지 130년간 연평균 2.2퍼센트의 생산성을 증가시켰다. 이 기간 동안 미국이 높은 생산성 증가율을 유지할 수 있었던 것은 프로테스탄트 윤리에 의해 성립된 미국 사회의 종교적 특성, 도전정신이 강한 이민자로 구성된 인구 구조, 그리고 끊임없는 과학기술 발전으로 생산성 향상이 시스템으로 정착되었다는 미국만의 특성에 기인한다.

짧게 보더라도 경기 침체기인 1973년부터 1995년까지 연평균 1.4퍼센트의 생산성 증가율을 보였지만, 경기가 호전된 1995년부터 2003년까지는 무려 3.1퍼센트씩 생산성이 높아졌다. 1990년 후반 이후 미국의 생산성 증가는 IT 기술을 적극적으로 적용하면서 비약적으로 증가한다. 또한 디플레이션 시대를 극복하기 위한 기업의 구조 조정과 효율성 증대라는 신자유주의적 경제 논리도 중요한 역할을 했다. 이런 높은 생산성은 현재까지도 미국 경제를 지키는 힘이 되고 있다.

미국의 높은 생산성 증가는 비록 모순에 빠져 있는 미국 경제지만 미국과 여타 국가를 차별화시키는 강점이 되어 달러화 안정의 근본적 기둥이 되어 왔다. 특히 거의 모든 산업에서 EU 대비 높은 생산성 증가율을 보이고 있는 것은 미국 경제의 견실성을 나타내는 동시에 여러 화폐와의 상대 평가에서도 달러가 선호될 수 있는 기반이 되었다.

노동자를 배제한 생산성 증가

미국에서 장기간에 걸쳐 높은 생산성 증가율을 유지할 수 있었던 이유는 숙련도 증가와 같은 노동력의 질적인 개선보다는 생산 과정에 사람보다는 기계 투입을 늘리는 자본 투자가 증가한 것이 첫 번째 요인이다. 두 번째 요인으로는 기술 진보, 자원의 효율적 배분 등과 같은 총요소 생산성 증대에서 찾을 수 있다. 1995년부터 늘어난 노동 생산성 증가율 3.1퍼센트를 해부해 보면 자본 심화(자동화 투자)가 1.75퍼센트, 총요소 생산성 증대가 1.14퍼센트, 그리고 노동의 질 향상은 0.17퍼센트로 파악되어 사람에 의한 생산성 증가는 전체 생산성 증가의 5.4퍼센트에 불과한 실정이다. 시간을 좀 더 길게 보더라도 1973년 이후 미국의 생산성 증가는 자본 심화 즉, 자동화 투자에 의해 이루어지고 있다. 여기서 주목되는 사실은 독점 시스템의 태동을 1차 오일 쇼크 이후인 1973년 이후로 보는 것은 이때부터 생산성 증가의 원인이 사람에서 기계로 대체되었기 때문이다. 미국 기업과 연방정부가 연합, 그들만의 독점적 이익을 추구하기 시작하면서 기업들의 해외 아웃소싱과 신보수주의자들이 준동이 시작된 것으로 판단하는 시각도 있다.

그러나 미국의 독점성 강화와 생산성 증가는 경영 혁신과 자동화 투자를 통해 지속되었지만 이제는 점차 한계에 부딪치고 있다. IT 혁명이 발생하기 이전인 1986~1995년 사이에 미국과 EU와의 생산성 차이는 제조업에 있었다. 도소매, 서비스, 금융산업에서는 미국의 생산성이 EU에 못 미쳤지만, 제조업에서는 근소하게 앞서 있었다. 그러나 IT 기기가 광범위하게 사용된 1990년 중반 이후 미국은 거의 모든 산업 분야에서 높은 생산성이 유지되었다. 이런 결과는 1992년부터 미국의 IT 장비 투자 증가율이 9·11 테러 당시를 제외할 경우 연간 15퍼센트 이상 지속되었기 때문이다. 그러나 EU에 비해 미국의 투자 증가율이 높은 것은 사실이지만, 새롭게 부상하는 아시아 국가에 비해서는 상대적으로 투자 증가율이 낮아지고 있다. 일본은 GDP 대비 설비 투자가 2000년 이후에도 15퍼센트대지만 미국은 8퍼센트대에 머물고 있다. 이런 현상은 미국이 제조업에 많은 투자를 집행해도 여전히 일본 등 아시아 국가에 비해서는 낮은 수준을 기록하고 있기 때문에 시간이 지날수록 미국의 제조업 생산성 증가율은 동아시아에 비해 더 떨어질 전망이다. 한편 IT 장비 투자와 신자유주의가 미국 생산성 증가의 본질이라는 측면에

[표 2-2] 미국의 생산량 및 노동 생산성 증가율 전망(2004-2014년)

(단위: 연평균, %)

	비관적	중립적	낙관적
민간 부문 생산량 증가율	2.07	3.28	3.95
노동 생산성 증가율	1.35	2.56	3.22
〈가정〉			
IT 산업의 총요소 생산성 증가율	8.32	9.70	11.24
비 IT 산업 총요소 생산성 증가율	0.10	0.45	0.61
자본의 질 향상률	0.94	1.82	2.29

자료: 뉴욕 연준

서 볼 때도 이제 IT 등 자동화 투자와 신자유주의는 중국을 포함한 모든 나라의 공통 이념이 되었기 때문에 미국만의 생산성 증가 원인이 될 수 없다.

물론 향후 생산성 증가율이 꾸준히 유지될 것이라고 뉴욕 연준은 다음의 〔표 2-2〕와 같이 밝히고 있다. 그리고 2014년까지 향후 10년간 미국의 생산성 증가를 IT 산업이 이끈다는 것을 기본 가정으로 삼고 있다. 그러나 이제 IT 산업은 미국이 아니라 동아시아가 주축이 되고 있다. 미국이 강점을 보이던 소프트웨어 부문도 동아시아의 거센 도전을 감안하면 뉴욕 연준의 전망은 전망이라기보다는 희망에 가까워 보인다. 또한 1990년대 이후 미국의 생산성이 높아진 것에는 음식료와 같은 내수 소비산업에 IT 기술과 혁신적 경영기법 도입이 중요한 원인이 되었다. 맥도날드나 KFC 매장의 주방은 과거의 음식점과는 달리 거의 컨베이어 벨트 시스템에서 음식을 만들고 손님은 기계처럼 식사하는 구조다. 즉 생산성 향상이 서비스업에서 높은 비중을 차지해 왔는데 미국이 강점을 보이는 서비스 산업은 이미 포화 상태에 진입하면서 추가적인 생산성 향상 가능성은 낮아지고 있다.

그렇다면 미국 기업들의 선택은 두 가지다. 하나는 현재와 같이 높은 생산성 유지를 위해서 미국을 탈출하는 것이다. 생산성 증대를 위해 미국 기업들은 공장을 자국에 짓기보다는 해외로 나갈 수밖에 없다. 따라서 미국 내부의 생산성이 낮아질수록 미국의 경제적 자원과 고용은 미국이 아니라 중국 등 동아시아로 유출될 수밖에 없다. 이런 상태가 장기간 지속된다면 미국 내부의 투자 부족으로 더 많은 기업들이 탈출하면서 경제 구조는 허약해지고, 미국은 자국 기업 보호를 위해 더 심하게 독점 시스템을 가동시킬 수밖에 없다. 고용은 포기하더라도 본사를 미국에 잡아두고, 세금을 미국에 내도록 하기 위해서는 미국 기업을 철저히 보호할 수밖에 없기 때문이다.

또다른 방법은 미국 내부에서 투자를 촉진시키고 인건비를 낮추는 것이다. 그러나 이미 미국 기업들은 우수하고 값싼 동아시아나 BRICs 국가에 매력을 느끼고 있다. 그리고 소비 시장으로서 BRICs 국가의 시장 가치가 높은 상태이기 때문에 미국보다는 미국 이외 지역에서 대안을 찾을 수밖에 없는 상황이다. 또한 미국에서 제조업이 붕괴된 상태이기 때문에 미국 내 투자는 효율성이 떨어진다. 따라서 미국 내에서 제조업 부활을 위해서는 값싼 노동자를 대규모로 늘려야 한다. 그러나 이미 히스패닉계 인구가 미국 전체 인구의 15퍼센트에 육박하면서 많은 사회적 비용을 치르고 있는 상황인데, 값싼 노동력은 이들밖에 없다. 왜냐하면 최근 들어 아시아권 이민자들은 어느 정도 부를 축적한 상태에서 미국으로 이민을 오고 있으며, 흑인들은 낮은 교육 수준과 근면성 부족, 높은 범죄율 때문에 이들이 저임금의 기업체에 취업할 가능성은 낮다. 미국의 입장에서는 히스패닉계 이민을 더 증가시켜야 하지만 미국의 정체성이 이들 때문에 심각하게 흔들리고 있고 높은 실업률을 감안할 때 추가로 이민을 받아들이기는 부담스럽다. 따라서 미국이 생산성을 높이기 위한 두 가지 방법은 독점 시스템을 강화시키든지 아니면 히스패닉계 이민자를 늘리는 것뿐인데 전자는 세계 질서를, 후자는 미국 내부의 분열을 촉진시켜서 결과적으로 미국의 불안정성을 높일 수밖에 없는 상황이다. 거의 대부분의 현대 경제 이론은 미국에서 나왔다. 그러나 경제 이론이 미국만 통하지 않는 기형적인 현상이 벌어지고 있다. 더 큰 문제는 이것을 해결할 방법으로 미국만의 독점적 이익을 추구하는 이기심을 낮추는 것밖에 없다는 점을 미국인들이 인식하지 못하고 있다는 점이다.

4) 투자와 자산 보유의 불균형

미국인들은 전통적으로 직접 투자나 변동성이 큰 자산에 대한 투자를 선호한다. 단기간에 고성장한 역사적 경험의 산물로 추정되지만 미국은 거대한 국토 면적에도 불구하고 개인의 자산 중 부동산 비중이 60퍼센트에 불과하다(한국은 90퍼센트 이상으로 추정). 미국의 채권 등 비교적 안전한 자산에 대한 투자는 환율 방어를 위해 달러를 매입한 동아시아 국가나 오일 머니에 맡기고 있다. 현재 미국의 개인 금융 자산 중 주식 투자 비중은 35~40퍼센트에 이르고 있다. 또한 연기금도 투자의 50퍼센트 이상을 주식에 투자하고 있고, 보험사의 주식 투자 비율도 높아서 실질적으로 미국인들은 주가에 연동된 경제 구조를 가질 수밖에 없다. 1987년 블랙 먼데이 당시 레이건 대통령은 주가 폭락 후 즉시

[그림 2-9] 미국 개인 금융자산의 투자 비중(2003년 현재)

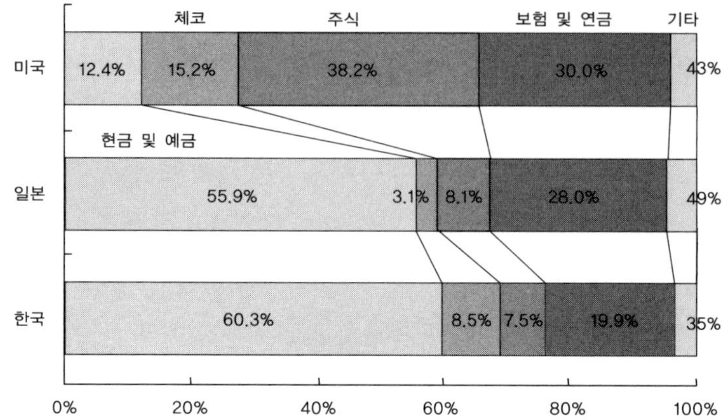

	현금 및 예금	체코	주식	보험 및 연금	기타
미국	12.4%	15.2%	38.2%	30.0%	4.3%
일본	55.9%	3.1%	8.1%	28.0%	4.9%
한국	60.3%	8.5%	7.5%	19.9%	3.5%

자료: 일본은행, 한국은행

TV에 나와 국민들을 안심시켰다.

  미국인들의 공격적 투자 성향은 주가와 경기와의 상관관계를 높이는 동시에 경기 변동이 금융 시장에 지나치게 의존할 수 있는 가능성을 높인다. 예를 들어 지난 2002~2004년 미국의 경상수지 적자가 1조 1,800억 달러에 달하지만 같은 기간 대외 부채는 870억 달러 증가에 그쳤는데 이 기간 중 달러가 하락하고 해외 자산가치가 증가했기 때문이다. 이런 상황 때문에 미국인들은 경상수지 적자를 염려할 필요가 없어졌다. 단지 현재 주가와 소비에만 집착해도 세상은 미국의 뜻대로 진행되고 있다고 판단하는 모습이다. 해외에서 자본이 유입되어 금리가 낮아지고 주가가 오르면 미국 경제는 저절로 풀린다. 그리고 이런 현상이 습관화되고 있다.

해외 리스크의 전염 가능성

미국인들은 국내 경기의 장기 성장 잠재력 약화를 우려해서 미국 내 투자뿐 아니라 해외 투자도 매우 선호한다. 대외 투자 가운데 1/3이 직접 투자이며 1/4은 주식 투자로 추정되고 있다. 유명한 사례로 1999년 러시아에 투자했던 롱텀캐피털펀드가 파산 위기에 처하자 미국은 즉시 구제 금융을 실시해서 금융 위기에서 벗어났다. 그러나 당시는 세계 경기가 호황을 보이고 있던 시기여서 러시아만의 특수한 상황이었다. 그러나 6년이 지난 지금 자본의 세계화 수준이 크게 높아진 상태이다. 만일 특정 국가가 경제 위기를 겪게 된다면 이것은 바로 미국의 위기이자 세계의 위기가 된다. 9·11 테러 당시 전세계 증시의 동반 하락과 같이 테러가 발생할 때마다 세계 증시는 요동치면서 미국 개인 투자가의 주머니 무게를 변화시킨다. 따라서 미국인들의 지나친 주식 선호는 미국 경제가 미국 이외 지역의 불안정성에 무방비로 노출되는 것과 동일한 효과를 낸다.

미국의 자본주의는 주식 시장의 역사와 맥을 같이한다. 그리고 세계화 시대에 자본의 금융화와 주주자본주의는 대세이다. 그러나 개인의 자산을 지나치게 주식에 투자하면서 미국 경제와 개인 자산의 안정성은 세계에서 가장 낮아졌다. 또한 부동산도 외부에서 차입한 모기지론에 전적으로 의존하고 있기 때문에 미국의 개인들은 금리·주가·부동산 가격만 쳐다보고 있다. 노동을 통한 부의 축적보다는 주식·채권·부동산 등에 대한 자본 투자로 더 많은 이익을 얻고 있다. 그러나 독점 시스템의 원인이 디플레이션에 있듯이 지금 세계는 디플레이션에 돌입하고 있다. 디플레이션이 장기화되면 결국 주가는 하락할 수밖에 없다. 부동산 시장도 인구의 고령화와 과잉 공급으로 지난 10년간의 초호황을 이어가기는 어렵다. 이런 상태에서 미국의 재정 적자와 기업의 도산이 연결된다면 금리가 상승하면서 미국의 모든 자산 가격은 급락할 가능성이 높다. 자산 가격이 급락하면 소비가 줄게 되고 세계는 미국에 대한 시각을 재정립해야 하는 전환점에 도달할 수도 있다.

미국인들의 자산 운용은 거의 투기에 가깝다. 부동산뿐 아니라 헤지펀드로 대표되는 해외 주식 투자도 기초 자산의 무려 2~3배의 레버리지(부채)를 발생시켜 운용되고 있다. 가장 빠르게 운용되며 레버리지 비율이 높은 헤지펀드의 최대 투자가가 하버드 대학 재단이라는 사실은 미국의 자산 운용이 얼마나 투기적인 것인가를 보여준다. 현재 하버드 대학 재단은 226억 달러에 이르는 대학 발전 기금을 이머징 마켓 투자에 7.2퍼센트, 사모펀드인 PEF에 7.7퍼센트, 절대 수익형 펀드에 11.4퍼센트, 고수익 주식에 6퍼센트, 목재 등 원자재 펀드에 11.8퍼센트, 부동산에 5.6퍼센트 투자해서 전체의 50퍼센트를 과도한 위험에 노출시키고 있다. 이렇게 위험성이 높은 자산에 미국 개인들의 자산이 집중되면서 독점 시스템은 미국인의 자산을 지키기 위한 불가피한 수단이 되기도 한다. 현재 미국의 자산 포트폴리오는 투기꾼과 별반 차이가 없다.

3 _ 자생력을 상실한 미국 경제

이런 모순적 상태로 미국 경제가 지속된다면 조만간 미국 경제는 세계적 차원의 패권을 잃게 될 전망이다. 많은 경제학자들은 2040년경이 되면 세계 경제에서 중국이 미국을 추월할 것으로 전망하고 있다. 복잡한 한미관계 때문에 미국에 대해 언급을 자제하고 있는 한국은행조차

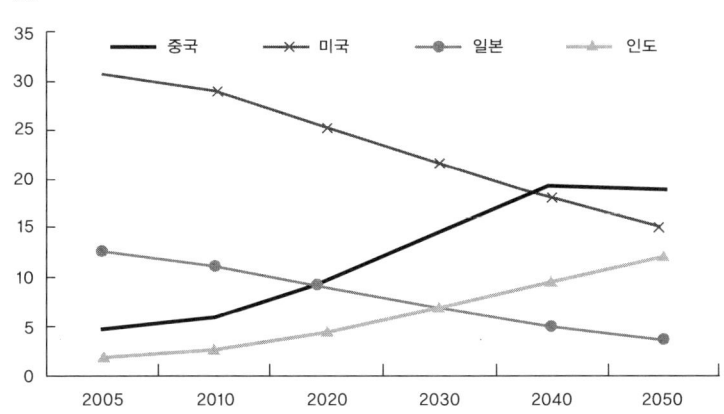

[그림 2-10] 주요국의 경제력 비중 전망

주: 세계 총 GDP 대비
자료: 한국은행

도 [그림 2-10]과 같이 미국의 장래를 불안하게 전망하고 있다. 그러나 이러한 현상이 사실로 굳어진다면 경제 패권은 보다 이른 시기에 중국으로 넘어갈 가능성이 높다. 왜냐하면 자금 이동은 실물 경제보다 빠르게 이동하기 때문이다. 따라서 미국 경제가 구조적 모순인 쌍둥이 적자 문제와 이것의 원인이 된 과소비와 제조업 포기에 대한 근본적 해결책을 마련하지 못하는 한 미국의 붕괴 가능성은 점점 가까워지고 있다.

미국은 바겐 세일 중

미국이 경상수지 적자를 메우는 방법 중 하나는 미국 자산을 외국 기업에 파는 것도 해결책이 된다. 뱅크 오브 아메리카(BOA)는 2005년 개도국 기업들이 미국 기업 매입에 160억 달러를 쓸 것이라고 밝혔다. 이는 2004년 128억 달러보다 25퍼센트 늘어난 금액이다. 톰슨 파이낸셜도

2005년 1~7월 개도국 기업들은 미 기업 70개(100억 달러)를 인수했다고 분석했다. 중국 기업들이 미 석유회사 유노칼과 가전업체 메이텍 인수에 나섰다가 실패했지만, 이스라엘 · 싱가포르 · 브라질 · 인도 · 멕시코 등의 기업들은 올해 제약 · 철강 · 해운회사들을 사들였다. 이스라엘 테바 제약회사는 미 제약회사 아이백스를 70억 달러 이상 주고 샀다. 싱가포르의 벤처캐피털은 미국 열차 리스회사 헬름 홀딩을 4억 7,200만 달러에 매입했다.

한국의 삼성이나 일본의 도요타는 미국 시장의 밑바닥에서부터 출발했다. 그러나 신흥국 기업들은 시간이 없다. 직접 기업을 매수해서 브랜드 가치를 확보하고 가장 경쟁이 치열한 미국 시장에서 성공하면 세계적 기업이 될 수 있다는 기대감에서 미국 기업 사냥에 나서고 있다.

레스터 서로는 미국의 대규모 자산 매각에 대해 "현재 미국 내 개인 자산의 총 가치는 약 30조 달러로 추산되고 있다. 따라서 현재 2조 3,000억 달러 정도 외국인에게 넘어갔다고 해도 큰 문제가 되지는 않을 것이다."고 하면서 "달러를 인쇄할 수 있는 나라는 미국뿐이다. 따라서 미국이 채무 불이행을 선언할 위험은 없다."고 단정적으로 말하고 있다. 그의 견해대로 만일 미국 내 자산을 모두 미국 이외 국가가 매수할

[표 2-3] 개도국의 미국 기업 사냥

국가	이스라엘	멕시코	브라질	싱가포르	홍콩	바레인	헝가리	중국	사우디	대만
금액	127	112	78	65	50	32	25	18	13	12

주: 1997~2005년 8월 현재, 단위: 억 달러
자료: 《월스트리트저널》

수 있으면 경상수지 문제는 해결된다. 그러나 이것은 현실적으로 당연히 불가능하다. 미국 기업을 외국인들이 상당 부분 매수하는 시점에서 해당 기업들은 원가 경쟁력을 높이기 위해 미국 내 기업의 고용을 줄일 수밖에 없다. 이런 상황이 되면 실업률 상승으로 미국은 과소비를 할 수 없기 때문에 미국뿐 아니라 세계 경제는 침몰한다.

한편 미국에서 개도국들이 가장 관심을 가지는 기업은 특허권이 있거나 핵심 기술을 보유한 기업, 또는 에너지 관련 기업이다. 따라서 이들 기업이 외국인에게 넘어간다면 미국의 독점 시스템 유지의 근간이 흔들리는 셈이다. 중국이 에너지 관련 기업인 유노칼을 인수하려다 미국 정치권의 반대로 무산된 것은 기업 매각에 대한 전략적 측면이 고려된 것이다.

제2의 플라자 합의는 불가능한 상황

미국 경제를 회생시키고, 경상수지 적자를 메우기 위해서는 우선적으로 소비를 줄여야 한다. 그러나 미국의 소비 감소는 디플레이션 구조 하의 전세계 경제에는 또다른 재앙이 된다. 미국의 과소비를 상쇄할 새로운 수요처가 없기 때문에 미국 경제의 안정은 미국뿐 아니라 전세계를 위해서라도 서둘러야 한다. 동시에 미국 이외 국가들도 내수 소비 부양을 촉진해서 미국의 짐을 덜어줘야 한다. 그러나 신자유주의에 따른 중상주의적 성향과 제로섬 게임적 상황의 세계 경제 구조에서 어느 국가도 과소비를 원하지 않는다. 1985년 플라자 합의 이후 달러화의 급속한 절하와 나머지 국가들의 내수 부양이 맞물리면서 세계 경제가 초호황을 누린 경험이 있다. 그리고 이후 미국과 세계 경제의 안정으로 1990년대의 장기 호황의 기틀을 다졌다. 그러나 당시와 비교해서 지금은 미국의 체력이 많이 떨어졌다. 중국을 비롯한 BRICs라는 새로운 디플레이션 공급자가 탄생했다. 또한 냉전 종식 이전이었던 당시에는 미국 리더십의 도덕적 기반이 강했다. 그러나 지금은 미국이 UN을 통해 정책을 수행하기 어려울 정도로 반미 감정은 격해져 있다. 그리고 반미 감정의 본류에 프랑스·독일 등 서유럽 국가와 이슬람 국가가 참여하고 있다. 1985년 플라자 합의 당시보다 현재 미국과 세계는 훨씬 더 틈이 벌어져 있어서 현실적으로 제2의 플라자 합의는 불가능해 보인다.

소프트랜딩의 조건

세계 경제에 충격을 주지 않으면서 미국이 자체 모순을 해결하는 근본적인 처방은 없다. 경상수지 조정은 특정한 국가의 정치, 경제, 사회 모두가 과거와 단절되는 변화를 요구한다. 또한 미국의 불균형 조정이 급속히 발생할 경우 세계 경제는 오히려 더 큰 불균형에 노출된다. 따라서 미국이 경상수지 불균형을 시정하기 위한 첫 번째 조건은 독점 시스템과 패권에 대한 미련을 버려야 한다. 과거 영국은 제1, 2차 세계대전 당시 엄청난 경상수지 적자에 시달렸다. 그리고 이를 치유하는 데 거의 30여 년이라는 세월이 걸렸다. 그러나 경상수지 적자 해소의 결과는 패권의 상실이었다. 따라서 영국의 경험을 고려할 때 미국도 경상수지 적자를 해소하기 위해서는 많은 시간이 필요함을 인정하고 조급하게 처리해서는 안 된다.

두 번째 조건은 미국 내 소비를 줄여야 한다. 특히 연방정부의 소비인 재정의 균형을 추구해야 한다. 미국의 재정 적자와 이에 따른 국채 발행은 미국 경제의 안정성을 낮추고 있다. 그리고 정부 소비 유지를 위해 독점 시스템을 강화하는 모순에 빠져 있다. 더 심각한 문제는 현

[그림 2-11] 영국의 경상수지 추이

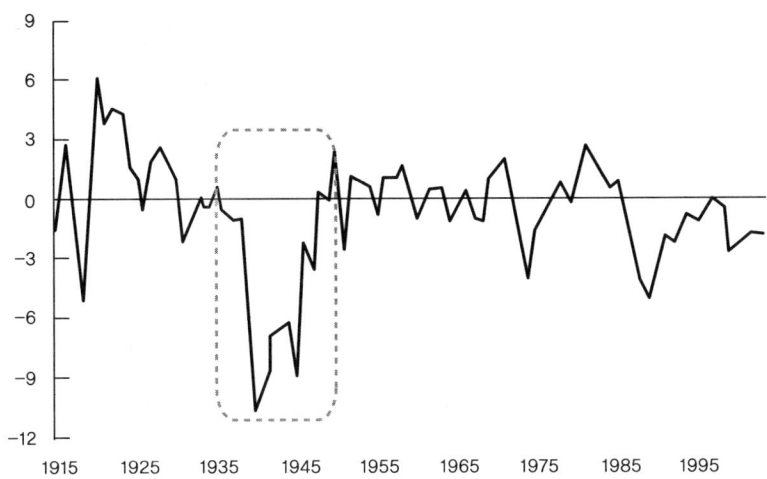

자료: IMF, World Economic Outlook, 2005. 4.

재의 과중한 국방비뿐 아니라, 향후 10년 내에 사회 안전망 유지를 위해서 더 많은 재정을 사용해야 하는 고령화 사회에 진입한다는 점이다. 미국 예산국에서는 재정 적자가 2010년까지 꾸준히 감소할 것으로 전망하고 있다. 그러나 재정 적자가 축소된다면 미국은 군사력이 약해지는 동시에 독점 시스템 붕괴를 유발할 수 있다는 딜레마에 빠져 있다. 따라서 국가 차원에서 재정 적자 문제를 근본적으로 해결할 방법은 없다. 오히려 이런 딜레마의 해결책으로 네오콘들은 반대의 해법을 추구하는 모습이다. 미사일 방어(MD)와 같이 미국만이 구축할 수 있는 절대적인 방위 체계를 갖춘다면 다른 국가들도 미국에 대한 도전 의지가 근본적으로 꺾이면서 국방비를 줄일 것이다. 미국 이외 국가의 도전의지가 완벽하게 축소된다면 그 이후에 미국도 국방비를 줄일 수 있고, 결국 독점 시스템 유지 비용도 감소해서 재정 균형을 이룰 수 있다고 판단하는 듯하다. 그러나 중요한 것은 미국이 MD 체계를 완벽하게 갖출 경제적 능력도 없고, 오랜 개발 기간이 필요한 MD가 완벽하게 작동되기 이전에 미국 경제가 도산할 위험이 크다는 점이다.

미국 개인들의 소비 역시 지금보다 크게 줄여야 한다. 그러나 미국은 구조적으로 과소비를 할 수밖에 없는 국가다. 8,640만 가구로 추정되는 미국의 단독주택은 거의 모기지론을 통해 구입된다. 빚더미 위에 미국의 주택들이 건축되어 있다. 미국 주택의 평균 건평은 약 2,300평방피트(약 64평)다. 프랑스 주택은 평균 946평방피트, 독일은 932평방피트, 스페인은 917평방피트다. 큰 집을 유지하기 위해서는 난방비가 엄청나며 그 집을 밝히기 위한 조명 비용도 만만치 않다. 뜰 앞의 잔디를 유지하기 위해 다량의 물과 잔디 깎는 에너지가 필요하다. 고급 주택일수록 교외에 위치해서 출퇴근 거리가 매우 길다. 따라서 자동차 연료로 전세계 휘발유의 1/6을 사용한다. 대중교통 수단은 거의 발달되어 있지 않아서 새로 구축해야 하지만 자금이 없다. 전압도 대부분의 나라에서 220V를 사용하지만 미국은 110V를 사용해서 이동 과정에서 많은 전력 손실이 발생하는 등 비효율적이다. 그러나 민영화된 미국의 전력회사가 220V로 승압하는 투자를 늘릴 자금은 없다. 프로 스포츠, 향락 산업과 도박 산업에 미국은 엄청난 소비를 하는 서비스 중심의 경제 구조이다. 독점 시스템 유지를 위해 미국 내의 입출입 절차를 까다롭게 하는 바람에 관광 수입도 2002년 150억 달러가 감소했다. 이런 구조적인 한계 때문에 미국은 개인 소비를 줄이기 어렵다.

이런 미국의 특수성 때문에 미국인들은 이중적인 행태를 보이고 있다. 현재의 소비를 줄이지 않으면서 독점 시스템에 무언의 지지를 보내고 있다. 자신들의 모순을 인정하지 않으면서 외부에서 해결책을 찾고

자 하는 것이다. 미국인들의 인식 변화는 미국 이외의 강대국들을 인정하는 것에서부터 출발해야 한다. 왜냐하면 미국의 문제는 자신들은 다르다는 우월의식에 기초하고 있기 때문이다. 자신보다 강한 국가가 있음을 인지해야만 미국은 변할 수 있다. 그리고 이런 인지를 바탕으로 지구촌 공동체를 동반자적 관계로 인정할 때 미국의 문제, 특히 경제 문제의 개선에 나설 수 있을 것이다.

2 군사력의 한계

미국의 군사력은 비교의 대상이 없을 정도로 강력하다. 바다 속 깊숙한 곳에서부터, 우주까지 미국의 군사적 영향력이 미치지 않는 곳이 없다. 강력한 군사력은 독점 시스템을 유지하는 가장 중요한 요소가 되고 있다. 그러나 미국의 군사력은 점점 영향력이 떨어질 전망이다. 예상대로 미국의 군사력이 약화된다면 독점 시스템을 이완시키는 구체적 원인이 될 것이다. 미국의 군사력이 약화될 수 있는 요인은 현재의 과도한 군사력을 유지할 능력이 점점 바닥나고 있기 때문이다. 또한 인적 자원의 한계와 대항 국가들의 군비 증강, 그리고 독점 시스템에 저항하는 테러리즘의 강화도 미국의 국방비를 증가시켜서 궁극적으로 현재의 강한 군사력은 한계를 보일 것으로 예측된다.

1_ 과도한 국방비 부담

어떤 국가든지 경제력은 군사력을 지지하는 가장 중요한 기초가 된다. 그러나 미국은 경상수지 적자뿐 아니라 재정수지 적자도 감내해 내기 어려운 상황이다. 미국의 누적 재정수지 적자는 현재 4조 달러인데, 더 이상 부채를 통해 강력한 군사력을 유지할 수 없는 한계에 도달하고 있다. 특히 강력한 신보수주의 정책으로 각종 분쟁에 개입하면서 미국의 재정 적자와 군사비는 눈덩이처럼 늘어나고 있다. 이라크 전쟁과 같은 테러와의 전비 예산만 2004년에 무려 881억 달러를 사용해서 전체 예산 1조 9,000억 달러의 4.6퍼센트에 해당하는 추가 비용이 발생했다. 따라서 미국의 입장에서는 장기적이고 항구적인 안전 보장 시스템이 필요해지는 동시에 군비 부담도 줄이는 방법을 강구해야 한다.

최근 미국은 독점 시스템의 약화를 군사력으로 보완하기 위해 재정을 무시한 채 군사력 증강에 나서고 있다. 이러한 계획은 GPR과 MD 계획으로 요약할 수 있다. GPR 계획은 미군을 재배치해서 경비를 줄이려는 시도이며, MD 계획은 어떤 국가의 미사일도 미국을 향해 발사할 수 없도록 하려는 미사일 방어 체계이다. 이 두 가지 계획이 완전히 실전 배치된다면 미국의 군사력은 지금보다 훨씬 강력해지고 효율적으로 변화할 것이다. 그러나 GPR은 비용을 줄이는 것이기 때문에 다소의 외교적인 문제가 있지만 성과도 예상된다. 반면에 MD는 미국 신보수주의자들이 세계 지배를 위한 영원한 꿈이지만 실전 배치와 완벽한 가동까지는 상당한 시간과 자금이 소요될 전망이다. 여기서 중요한 것은 완벽함에 있다. 대항 세력이 발사한 미사일 중 단 한 발이라도 미국에 떨어져서는 안 된다. 과연 이것이 가능한가? 테러범이 미사일 대신 소형

[그림 2-12] 미국의 재정 적자 전망

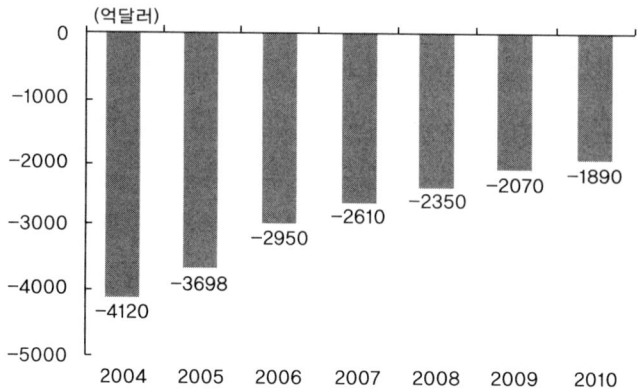

자료: Congressional Budget Office, 2005.1.

전술 핵무기를 미국 내에서 조립하면 어떻게 될 것인가? 그리고 미국의 경제력이 약화되었지만 패권을 유지할 수 있는 기간으로 판단되는 향후 10년 내 완성할 수 있는 기술인가?

　미국 예산처는 2010년까지도 재정 적자를 예상하고 있다. 물론 해마다 재정 적자 규모는 줄어들 수 있음을 나타내고 있지만 미군의 새로운 군사전략을 지원할 만한지 의심스럽다. 그러나 예산처의 희망적인 전망이 달성되더라도 누적 재정 적자는 2004년 현재 4조 달러에서 무려 1조 5,530억 달러가 증가한 5조 5,000억 달러가 된다. 이런 상황에서 미국이 MD 시스템을 실전 배치하기에는 많은 어려움이 따를 수밖에 없다. 한편 GPR은 과거의 동맹국과의 관계를 소원하게 만든다. 독일 주둔 미군을 줄이면서 독일과 미국의 관계는 악화되고 있다. 따라서 미국이 추진하고 있는 군사력 효율화 계획은 미국의 입장에서는 매우 이상적이나 이를 추진할 자금이 부족하다. 실현 가능성이 낮은 전략에 미국

빈 라덴 부가세

미국 대학들은 지난 9·11 테러 이후 급증한 연방정부의 대 테러 관련자금을 제공받으면서 테러조직이나 테러방법, 대테러 방어 등에 대해 활발한 연구를 진행하고 있다. 대학들은 대규모 국토안보 관련 자금을 이용하려 혈안이 되고 있다. 연방정부는 9·11 테러 이후 4년간 국토안보 연구와 개발비용으로 120억 달러를 투자했다. 이 결과 국토안보부는 향후 10년간 정부 내에서 가장 큰 고용주가 될 것이라는 슬픈 전망도 있다.

미 정부는 제2차 세계대전과 냉전시대에 적에 대한 이해 증진을 위해 학계를 파트너로 삼아 다양한 연구를 진행했다. 대학원 강의에 경찰, 정보 분석가, 공공 보건 전문가들이 모여 최악의 시나리오나 테러조직의 문화를 연구하고 테러 방지를 기획한다. 현재 전문대학 중 80%는 국토안보와 관련된 코스를 개설했다. 2005년 국토안보 연구 개발에 대한 연방정부 예산은 40억 달러가 넘는다.(언론보도)

9·11 테러의 주범인 빈 라덴은 전세계, 특히 미국에 인명 살상뿐 아니라 경제적 손실을 크게 입혔다. 9·11 테러로 약 300억 달러의 피해를 입은 것을 포함해서 2001년에만 아프가니스탄 전쟁비용으로 280억 달러를 사용했고, 희생자 보상에 60억 달러, 뉴욕 재건 계획도 112억 달러로 추산되고 있다. 또한 국토안보부 신설로 370억 달러가 소요될 예정이며 이라크 전쟁에서 연간 800억 달러 이상을 사용하고 있다. 그리고 추정할 수 없지만 미국 내 보안 강화로 인한 보안비용, 테러 위협과 복잡한 통관수속 때문에 감소하는 해외 여행객 등 거의 1,000억 달러 이상 미국은 9·11테러 이후 부담이 늘고 있다.

결국 이런 비용은 재정적자를 통해 미국에 상처를 남긴다. 천문학적인 미국 재정적자 확대에 지금은 빈 라덴이 가장 큰 기여를 하고 있는 셈이다. 따라서 미국이 부담하는 테러방지와 전쟁비용은 '빈 라덴 부가세'라고 불러도 큰 무리는 없어 보인다.

이 자원을 낭비하면서 궁극적으로는 군사력이 약화되는 계기가 될 수도 있어 보인다. 역사상 대제국들은 강력한 군사력을 지원하지 못하는 경제력 약화와 지지 세력이 감소라는 사회적 문제가 결합되면서 붕괴되었다.

2 _ GPR로 재래식 전력의 효율화 추진

미국은 어려운 재정 형편에도 불구하고 부시 대통령 임기를 목표로 새로운 개념의 방위 계획을 세워 일부는 이미 실행되고 있다. 이는 '전세계 국방 태세 검토'라는 GPR(Global Defence Posture Review)이다. GPR은 지역적으로 고정화된 미군을 유동화하는 동시에 강력한 IT 기술을 바탕으로 모든 군사력을 통합 운용하는 것을 의미한다. 즉, 전세계에 분산 배치된 미군을 거점 단위로 압축해서 운용하면서 지역 분쟁이나 테러에 신속히 대응하는 시스템이다. GPR 계획으로 일시적으로는 국방비가 증가할 수밖에 없다. 첨단 무기를 보강해야 하며 신속한 이동수단 및 지휘·통제 투자도 필요하기 때문이다. 따라서 부시 대통령은 2002년부터 2008년까지 5년간 순차적으로 방위비를 증대시켜 1,200억 달러를 추가로 늘릴 계획을 가지고 있다.

그동안 미국은 중요한 거점에 미군을 집중 배치시키면서 특정 동맹국의 안보를 책임져 왔다. 그러나 GPR은 미군이 특정 동맹국 안보 차원의 주둔에서 동맹국 주변의 지역 안보를 책임지는 형태로 활동 범위를 확대시키는 것이 과거와 중요한 차이점이다. 예를 들어 한국의 경우 오산기지에 미군을 집중시키는 것을 추진하고 있다. 그동안 주한 미군의 임무는 한반도 방위였다. 그러나 이제는 동북아시아 전체 분쟁에 개입하려는 목적으로 주한 미군의 역할을 변화시키고 있다. 또한 주일 미군의 보조 역할도 함께 수행하면서 대만과 중국의 분쟁과 같은 동아시아의 분쟁이나 중동 등 전세계 어떤 전쟁에도 참여하는 원거리 투사능력을 갖춘 군대로 변화시키고 있다. 이 결과 주한 미군 1만 2,500명을 철수하는 동시에 전력 증강 투자비를 110억 달러나 증액하는 계획을 가지고 있다. 만일 예정대로 2008년쯤 GPR이 마무리되면 동아시아 지역 미군의 영향력과 효율성은 보다 강화되는 동시에 국방비를 절감할 수 있는 효과를 가진다.

GPR 추진에도 많은 자금이 소요

GPR은 미국의 입장에서는 매우 효율적인 체계이다. GPR을 통해 미군은 원거리 투사 능력을 갖춘 강력하고 경량화된 군사력으로 변모할 수 있다. 그러나 이는 거의 양적인 군비 감축이기 때문에 질적으로는 오히려 군비 경쟁을 가속화시킬 위험을 내포하고 있다. 병력 숫자나 재래식 무기의 절대 규모는 감소하지만, 고가의 첨단 장비를 갖춰 파괴력은 더욱 증가할 수 있다. 이런 미군의 질적 군비 증강은 주변국가 입장에서는 군비를 늘리는 압력 수단이 된다. 그리고 미군의 전력 증강 때문에 새로운 차원에서 군비 경쟁을 유발시킬 수 있다. 냉전 종식 이후 소련의 군사적 위협이 사라지면서 동아시아 주둔 미군은 감소되었지만 오히려 군사비 지출이 증가한 선례를 참고할 필요가 있다. 그리고 미군의 작전 개념 변경과 동시에 중국의 군비 확대가 최근 이슈화되고 있는 것도 미군의 질적인 향상에 기인한다.

또한 실효성 측면에서 보면 GPR 도입으로 국제 분쟁을 미국이 손쉽게 해소할 수 있을지는 의문이다. 예를 들어 그동안 주한 미군은 북한을 주적으로 해서 존재해 왔다. 그러나 GPR에 의해 주한 미군이 장기적으로 중국을 제어하기 위한 전력으로 사용될 수도 있다. 이럴 경우 한국이 주한 미군의 존재를 어떻게 받아들여야 할지 의문이다. 특히 미국의 독점 시스템이 점차 약화되는 국면에서 주한 미군이 중국을 겨냥하고, 주일 미군의 전술적 통제를 받을 경우 한국의 선택은 매우 난감해진다. 최근 한국군이 전시 작전권을 회수하고자 하는 것도 GPR에 따라 주한 미군과 한국이 동북아시아 분쟁에 참여할 가능성이 높아졌기 때문이다. 이런 문제는 해외에 미군이 주둔하고 있는 국가들 공통의 불안정한 상황이다. 중앙아시아에 있는 미군이 이란을 공격하는 군사 기지가 된다면 해당 국가에서는 지역 내 강국인 이란이나 러시아의 눈치를 볼 수밖에 없다. 이론적으로는 GPR이 매우 효율적인 시스템이지만 실제로 적용하는 데는 많은 어려움과 동맹국의 반발이 예상된다. 특히 GPR을 추진하는 중추 세력이 군 복무 경험이 없는 네오콘이라는 점, 그리고 미국 이외 국가들의 대미 안보 의존도가 지금보다 커져야 가능하다는 것을 기본 가정으로 삼고 있기 때문에 구체적인 운용 과정에서 실효성이 의문시된다.

3 _ MD 시스템

그동안 미국의 핵전력은 구 소련과 소위 '공포의 균형(Balance of Terror)'이라는 시스템으로 유지되었다. 공포의 균형은 전략 핵무기에 있어 미국과 구 소련이 요격 미사일을 배치하지 않고 상대방의 위협에 그대로 노출됨에 따라 서로의 보복 공격이 두려워서 선제 공격을 하지 않는 구조다. 여기서의 핵심은 적의 전략핵 미사일을 요격할 수 있는 요격 미사일의 존재 유무이다. 미국과 구 소련은 지난 1972년 ABM 조약을 체결해서 공포의 균형을 유지시켜 왔다. 그러나 2001년 부시 대통령은 일방적으로 ABM 조약에서 탈퇴하면서 미사일 방어(MD, Missile Defence) 계획을 추진하고 있다. MD 시스템은 현재의 네오콘들이 부상하기 시작한 1980년대 레이건 대통령 시절부터 냉전 종식을 앞당기고, 그 이후의 세계 지배를 위해 SDI(전략 방위 구상: Strategic Defence Initiative)라는 이름으로 이미 추진했었다. 그러나 미국의 경제난과 민주당 정부의 집권으로 포기 단계에 있다가 부시 대통령 취임 이후 재개되었다. MD는 미국 본토를 적의 미사일로부터 완벽하게 보호하는 동시에 동맹국도 함께 보호하는 2가지 시스템으로 구성되어 있다. 현재 미국은 2001년부터 MD 개발 계획에 많은 자금을 투입하고 있다. 2004년까지 약 300억 달러를 사용한 것으로 집계되고 있다. MD는 네오콘뿐 아니라 의회 내에서도 지지자가 상당히 많다.

MD 시스템은 미국과 동맹국은 완전히 MD의 보호막 속에 들어가지만 반대로 MD 체계를 갖추지 못한 나라들은 언제든지 미국이 공격할 수 있는 시스템이다. 미국은 MD 시스템을 전적으로 방어용이라고 주장하고 있다. 그러나 전략적 균형의 핵심인 핵무기에서 완전한 우위를 차지하게 될 때 미국은 지금보다 더 공격적으로 변할 수 있다. 즉 유지 비용이 많이 드는 재래식 군사력 대신에 핵무기에서의 완전한 우위는 미국인이라면 당연히 갖고 싶은 꿈일 수 있다. 그러나 만일 미국이 완벽한 MD 체계를 갖추었을 때의 세계는 어떨까? 현재보다 오만해진 미국은 더욱 강력한 패권국가가 될 것임은 당연하다. 그렇다면 MD 체계라는 것이 기술적으로 얼마나 완벽하냐가 중요하다. 한치의 오차나 허점도 없이 초속 14킬로미터로 날아오는 적의 미사일을 발사 후 20분 내에 공중에서 요격하는 기술이 완성되려면 얼마나 많은 시간이 필요할까? 필자의 판단으로는 완벽한 시스템을 갖춰 실전 배치하는 데는 적어도 10년 이상이 소요될 것으로 보인다. 향후 10년간 미국의 정권 교체 가능성, 막대한 개발비와 실전 배치 비용 등을 감안하면 현실적으로는 20년 내 이루어진다고 장담하기 어렵다. 그러나 MD가 실전에 배치되어 완벽한 전략적 균형이 미국으로 집중되기 이전에 독점 시스템은 약화될 가능성이 높다. 따라서 미국의 입장에서는 일본, 영국 등의 동참이 필요해진다. 이런 상황이 전개된다면 중국과 같은 장래의 군사 대국을 꿈꾸는 국가들도 10년 이후라면 MD 개발을 추진할 수 있다. 적국과 유사한 시스템을 갖추면 맞대응은 필수적이다. 그러나 경제력이 약해질수록 맞대응하기 위한 자금이 미국은 부족해지고 있다. 이에 미국 정부는 2006~2011년 6년 동안에 미국과 일본 양국이 공동으로 기술 연구를 진행할 예정인 미래형 해상 배치형 요격미사일 개발비용 총 5억 4,500만 달러(583억 엔) 가운데 절반을 일본 측이 부담할 것을 요구했다. 그러나 MD 체계 구축 비용으로 이미 1999년부터 2005년까지 7년간 총 262억 엔의 비용을 부담했던 일본 정부가 MD 개발 비용 부담의 대폭적 삭감을 요구하면서 마찰을 빚고 있다.

미국이 추진하고 있는 MD 계획은 기술적으로나 비용 부담 차원에서 실전 배치 여부는 여전히 불투명하다. MD는 완벽해야 한다는 전제조건을 달고 있기 때문이다. 한편 독점 시스템은 기본적으로 적의 존재를 가정하고 있다. 적이 있어야만 독점 시스템은 명분을 얻는다. 그러나 이론상 완벽하게 MD가 구축되면 미국의 적은 없어진다. 어떤 국가도 미국에 대항할 수 없다. 따라서 미국은 동맹국들에게 무기 수출을 하지 못하는 딜레마에 빠진다. 그렇다면 미국의 군수산업이 몰락하는 모순적 상황도 가정해 볼 수 있다. 미국 정치에 지대한 영향을 끼치는 군수산업체들은 이런 상황을 상상하고 있는지 궁금하다. 또한 9·11 테러가 보여주듯이 미국 내에서 테러가 발생할 가능성은 더욱 높아지고 있다. 핵무기 제조 기술이 테러리스트에게 넘어갈 경우 MD는 아무 소용이 없다. 이런 한계 때문에 MD 개발과 실전 배치 과정에서 MD는 자금 부족과 동맹국의 분담금 논란, 그리고 평화주의자들의 반대로 오히려 미국의 리더십을 약화시키는 계륵이 될 수 있다. 따라서 군사적 지배력을 강화하기 위한 MD 계획은 미국 스스로 독점 시스템을 약화시키는 자충수를 둘 가능성이 높아 보인다. 폭력은 또다른 폭력을 낳는 것이 역사의 진리이다.

4 _ 인적 자원의 한계

미군은 약 150만 명 정도인 것으로 알려져 있다. 이중 미국의 세계 전략 수행을 위해서 전세계 26개 거점에 무려 26만 명의 병력이 배치되어 있다. 육군의 경우 전체 50만 명 중 거의 1/3이 해외 배치된 것으로 추정되고 있는데 문제는 힘든 육군 지원자가 거의 없다는 점이다. 해군이나 공군은 학력 수준이 높은 백인들의 지원이 많은 편이지만 육군은 지원자가 감소하면서 병력의 질이 낮아지고 있다. 이 결과 히스패닉이나 동양계 출신들이 미국의 시민권을 얻기 위해 육군에 지원하면서 병력의 양과 질에서 모두 급속히 약화되고 있다.

[표 2-4] 미군 지원자 인종별 구성

인종	백인	히스패닉	흑인	인디언/하와이	아시안	무응답
비율(%)	55.2	14.0	17.7	3.9	2.9	6.5

자료: 미 국방부(2003)

미국의 해외 주둔군이 현지에서 벌이는 비인도적 행위는 한국뿐 아니라 전세계 보편적 현상이다. 동두천 장갑차 사고, 이라크 전쟁에서의 포로 학대나 코란 모독과 같은 상식 이하의 행동이 빈번히 발생하고 있는데 미군 병사들은 이를 범죄로 이해하지 못할 정도로 수준이 낮다. 또한 미국이 테러와의 전쟁에서 무려 2,000명의 사상자가 나면서 군대에 대한 혐오와 반전 분위기가 고조되고 있는 것도 군인 충원에 많은 부담을 주고 있다. 따라서 미군이 독점 시스템 유지를 위해 현재의 체제를 유지하거나 GPR이 계획대로 추진되어도 미군의 질적인 수준은 향상될 가능성이 낮다. 이런 질 낮은 군인들은 미군 주둔의 반감을 사는 동시에 거의 대부분의 나라에서 반미 감정으로 확대되어 표출된다. 한국의 경우에도 반미 성향이 고조된 것은 미군들의 범죄 행위와 이에 대한 미국의 미온적인 대응이 직접적인 계기가 되었음을 부인할 수 없다. 문제는 이런 현상이 한국만의 문제가 아니라 향후 중앙아시아나 폴란드 등 동유럽에서도 나타날 가능성이 높다는 점이다.

3

대항 세력의 등장

어떤 제국도 힘이 약화되거나 내부 분열이 발생할 때는 외부에서 도전 세력이 등장한다. 그 도전 세력은 직접 제국을 공격하기도 하지만, 강력한 도전자가 있다는 존재만으로도 제국 내부를 분열시키거나 이전에 제국을 추종하던 세력으로 하여금 제국에게 등을 돌리게 하는 역할을 한다. 현재의 미국은 구 소련과 동구권이라는 강력한 라이벌과의 경쟁에서 승리한 이후 전세계를 통일한 패권 국가가 되었다. 그러나 경제력과 도덕성 약화가 유발한 복합적 요인에 의해 서서히 대항마가 나타나고 있다. 그리고 미국의 세력권에 있던 중위권 국가들은 독점 시스템에서 이탈하려는 의지가 커지고 있다. 대항 세력의 등장은 견고했던 독점 시스템을 약화시키고 있다.

1_ 동맹국이 필요하다

부시 대통령처럼 수많은 연설에서 동맹국을 강조한 미국 대통령은 없었다. 1990년대 미국의 독주 시대였던 클린턴 대통령 시절에는 자주 듣기 어려웠기 때문에 부시 대통령의 변화는 주목을 끌기에 충분하다. 이렇게 미국이 동맹국을 강조하는 것은 미국의 힘이 약해졌거나 아니면 독점 시스템을 유지하기가 힘에 부친다는 증거로 볼 수 있다. 이런 한계 때문에 시간이 지날수록 미국은 동맹국을 압축하는 동시에 그 동맹국에 대해서는 과거에 누리지 못한 많은 혜택을 부여하고 있다. 그래서 미국과의 형식적 동맹이 아니라 미국의 부족한 부분을 메워 주는 동맹국들은 공개적으로 미국의 지지를 받고 경제와 안보 측면에서 미국과 거의 동등한 대접을 받고 있다. 이는 현실적으로 독점 시스템의 대항 세력이 형성되고 있다는 증거가 되면서 과거와는 달리 미국 혼자 세계를 상대하기에는 힘이 버겁다는 반증이 된다.

양분된 국제 질서, 신냉전?

전세계는 새롭게 분열되어 가고 있다. 독점 시스템에 참여해서 미국과 독점적 이익을 공유하려는 나라들은 미국의 대외 정책을 맹목적으로 추종하면서 경제 성장과 안전 보장을 독점 시스템 속에서 추구하고 있다. 이런 나라들은 영국, 일본을 주축으로 해서 호주, 폴란드, 일부 중앙아시아 국가, 파키스탄, 브라질 등 기존의 강대국이나 새롭게 부상하는 신흥공업국들이다. 미국은 비용이 많이 들고 다소 껄끄러운 독일 대신 미국을 통해 경제적 번영을 추구하는 폴란드로 유럽 주둔 미군의 중심을 이동시키고 있다. 또한 NATO를 동유럽으로 확장시켜 미국의

[표 2-5] 북한·이란·인도 핵 문제에 대한 미국의 접근법

	북 한	이 란	인 도
미국 입장	모든 핵무기와 핵프로그램 폐기	핵무기 포기하면 평화적 핵이용 허용	인도에 대한 핵기술 판매 허용
NPT	NPT 두 번 탈퇴	NPT 회원국	NPT 불참국
IAEA	사찰단 추방	IAEA 사찰 수용	IAEA 비회원국
핵무기 현황	6~8개 보유 추정	5~10년이면 보유 가능추정	60여 기(비공식)
미국과의 관계	휴전상태	1979년 이후 단교	전략적 동반자
미국의 핵문제 해법	다자 해결	EU에 위임	핵 보유 사실상 인정

자료: 《중앙일보》, 2005년 8월 9일자

지배를 강화하려 시도하고 있다. 반면에 한국에는 사정거리 300km의 미사일 개발만을 허용하고 있지만, 핵무기를 보유한 파키스탄에는 크루즈 미사일 개발을 지원해서 중국을 견제하고 있다. 또한 브라질에는 베네수엘라 견제를 위해 지원을 아끼지 않고 있다. 이렇게 미국은 동맹국에 대해서는 전폭적이며 차별적인 지원을 강화하면서 냉전시대의 동맹과는 전혀 다른 차원의 동맹국으로 자리 매김하고 있다. 반면 미국에 적대적이거나 독점 시스템의 몰입도가 낮은 국가들은 냉랭한 관계를 유지한다. 이런 미국의 동맹국 정책 변화는 적과 동지를 구별하는 흑백논리적 세계관을 반영한다. 그리고 판별 기준은 오직 독점 시스템에 대한 충성도와 미국의 이익으로 귀착된다.

독점 시스템에 저항하는 국가들은 독일, 프랑스, 러시아, 중국, 베네수엘라, 중동의 이슬람권 등을 꼽을 수 있다. 그러나 현재의 반미 세력들은 국가 내부적 한계로 조직화되지 못한 상태이다. 약간씩 미국과 마

찰을 일으키고 있지만 아직은 미국과 동맹국들의 적수가 되지 못하고 있다. 표면적으로 반미 세력들이 결집하지 못하고 있기 때문에 미국의 입장에서 보면 큰 문제는 아니다. 그러나 시간이 지날수록, 그리고 미국의 힘이 약화될수록 중도 성향의 국가가 느는 동시에 반미 성향 국가들도 증가하고 있다. 바로 이런 점 때문에 미국은 확실한 동맹국 몇몇 나라만 챙기고 나머지 국가는 적으로 규정하려는 태도를 보이고 있다. 모두를 관리할 수 없을 경우에는 강력한 지지자를 만드는 것이 효율적이기 때문이다. 그러나 미국이 동맹국의 숫자를 축소시키고, 동맹국 이외 국가들을 적대시하면서 동맹국에서 탈락한 국가들은 중도적 성향의 국가로, 과거 중도적 성향의 국가들은 반미 국가로 변화할 여지를 크게 하고 있다.

신3각 동맹의 구조

미국의 동맹 관계 중 가장 중요한 동맹은 영국, 일본과의 동맹 관계다. 이들 국가간의 동맹 관계는 21세기 들어 형성된 동맹 중 가장 강력한 동맹 관계다. 테러와의 전쟁에서 보여준 영국과 일본의 미국에 대한 협조와 헌신은 미국의 부족한 부분을 충분히 메워줄 정도로 보여졌다. 영국은 미국과 문화적 뿌리를 같이한다. 그리고 언어, 종교, 인종에 있어 높은 연관성을 가지고 있기 때문에 영국은 19세기 제국의 자리를 미국에 물려준 후 줄 곧 미국의 뒤를 쫓아왔다. 따라서 양국의 긴밀한 관계는 당연해 보인다. 이념적으로도 1980년대 영국의 대처 수상과 레이건 대통령이 신자유주의적 개혁을 동시에 수행하면서 밀착도를 높였다. 그리고 양국 정권이 정치적 성향이 비슷한 보수주의자들의 집권이 동시에 이루어진 것도 견고한 동맹 관계를 형성하는 데 기여했다. 현실적으로 영국의 입장에서는 쇠약해진 경제력을 감안할 때 과거의 국제 정치적 위상을 유지하는 것은 불가능하다. 따라서 차선책으로 미국에 철저히 추종하면서 자신들의 위상을 간접적으로 유지하는 것이 현명한 방법이 될 수 있다. 미국의 입장에서도 EU와 유로화의 부상을 견제하기 위해서는 EU에 가입하지 않은 상태에서 일정 부분 유럽 대륙을 견제할 수 있는 영국의 존재가 필요하다. 달러화를 대체할 능력이 있는 유로화의 강화를 막는 길은 영국이 EU에 가입하지 않는 것이다. 따라서 미국의 입장에서는 영국의 위치가 매우 중요하다.

한편 일본은 점증하는 중국의 현실적 위협을 감안할 때 동아시아에서 미국이나 중국 중 어느 한 세력과의 결탁이 필요하다. 그러나 중일전쟁이라는 역사적 경험과 통일된 한국이 지정학적으로 중국에 밀착할 수 있다는 우려 때문에 일본은 전략적으로 미국과 동맹을 강화할 수밖에 없는 상황이다. 또한 수출 의존도가 높은 일본의 입장에서는 미국과의 경제적 관계도 고려해야 한다. 일본은 미국 국채만 6,800억 달러나 가지고 있다. 미국이 붕괴되면 일본도 결코 안전할 수 없다. 한편 21세기 들어 미국은 일본의 구조 조정 과정에 참여해서 미국 자본이 일본에 대한 투자를 늘리고 있는 점도 양국간 높아진 밀착도를 확인시켜 주고 있다. 미국은 현재 지정학적으로는 중국을 포위했고 러시아도 봉쇄한 상태이지만 완벽한 수준은 아니다. 그리고 시간이 흐를수록 커져가는 중국을 견제하기에는 버거운 것도 사실이다. 따라서 일본의 경제력과 기술력이 필요하다. 이런 결론에 도달한 미국은 UN 안보리 상임이사국 추가 문제에 있어서 독일을 배제하는 대신에 일본의 상임이사국 가입을 적극 지원하고 있다. 이렇게 미국이 오른쪽에는 영국, 왼쪽에는 일본을 거느린 3각 동맹은 현재 국제 정치 질서의 기본 구도이며, 독점 시스템도 이러한 국제 질서 구조를 유지하는 방향으로 운영되고 있다.

동맹국의 도전 가능성

그러나 미국은 일본과 영국의 전적인 충성을 받는 대신 미국도 일정 부분 그들에게 권한을 부여해야 한다. 즉 일본이나 영국이 요구하는 사항은 우선적으로 해결해 줘야 한다. 예를 들어 미국의 강력한 지지를 바탕으로 일본은 독점 시스템과는 무관하게 자신들의 이익을 위해 중국과 동중국해 자원 개발권을 두고 분쟁을 발생시키고 있다. 한국과는 독도 문제, 교과서 왜곡 문제로 대립하고 있다. 일본이 이렇게 강한 우경화 정책들을 펼 수 있는 것은 미국의 지원을 바닥에 깔고 있기 때문이다. 일본이 공격적으로 자신들의 이익을 위해 분쟁을 유발할 경우 미국의 입장은 사실 난처해진다. 특히 미국의 재래식 군사력 약화를 일본이 담당해 주기를 바라는 미국은 일본의 군비 증강을 부추기고 있다. 이에 호응해서 일본 내부에서는 강력한 군사력 재건 분위기가 높아지고 있다. 2005년 4월 일본의 안보 문제 싱크탱크인 '일본 전략 연구 포럼'의 심포지움에서 미야자와(宮澤暉) 전 육상자위대 참모장 등 육·해·공 자위대의 전직 최고 지휘관들은 "북한의 탄도미사일과 국제 테러라는 다양한 위협이 등장하여 현행 평화헌법의 전수방위 정책으로는 일본 방어가 불가능하다."면서 "북한 등 적국의 미사일 기지 등을 사전에 공격할 수 있는 능력을 자위대가 갖추도록 정부에 요구해야 한다."는 주장을 펴기도 했다. 이런 주장은 현재 미국 네오콘의 주장과 너무 유사하다. 이런 주장은 GPR 계획에 의해 동아시아 미군 전력을 일본으로 집중시키는 과정에서 나왔다는 점이 주목된다. 이런 일본의 주장은 세력 균형과 안정을 중시하던 20세기 미일 동맹 체제라면 거의 불가능했을 것이다.

거칠 것 없는 일본의 행보는 일본뿐 아니라 아시아 여러 국가에서 반미 감정을 강화시킬 수 있다. 한국뿐 아니라 과거 일본의 식민지 지배를 받았던 아시아 국가, 새로운 강자로 떠오르는 중국과 러시아의 입장에서 일본의 재무장 시도는 전략적으로 매우 민감한 사안이다. 그리고 이러한 일본의 변화를 미국이 배후에서 조종하고 있다고 본다면 반미 연대의 가능성마저도 배제할 수 없다. 결국 일본의 침략 본성이 강화되는 것은 미국이 독점 시스템 유지를 위해서 필연적으로 일본이 필요하다는 인식에서 출발한다. 따라서 미국의 힘이 약화될수록 일본의 제국주의적 속성은 보다 강화될 수 있다. 그리고 이런 상태가 지속될 경우 미국의 독점적 이해를 미국뿐 아니라 일본에게도 나눠줘야 한다는 것은 필연이기 때문에 시간이 흐를수록 미국을 약화시키는 부메랑이 될 전망이다. 물론 일본의 제국주의적 공격성의 기저에 미국이 있다는 인식이 확산될 것도 당연하다.

일본은 당분간 독점 시스템의 부속품 역할을 수행할 것이다. 그러나 시간이 흘러서 일본의 군사력이 강화된다면 일본은 침략적인 속성과 미국의 묵인 하에 동아시아 지역에서 제국주의 노선을 추진할 가능성을 배제할 수 없다. 이런 상태가 된다면 미국은 일본을 통제하기가 어렵게 된다. 그리고 일본은 독점 시스템의 부속품에서 강력한 플레이어로 등장할 수 있다. 따라서 미국의 입장에서는 문화적 동질성이 강한 영국보다 일본이 상당히 부담스러운 존재로 작용할 가능성이 높다. 그리고 이런 상태까지 진행된다면 전세계 전략적 균형점인 동아시아의 위기 수준이 높아지면서 독점 시스템의 중심축이 흔들릴 가능성이 높다.

배신의 두려움

"항구적인 동맹은 없다.", "적의 적은 친구다."란 역사의 교훈에서 미국 역시 자유롭지 못하다. 미국이 가장 두려워하는 상황은 반대로 일본이 미국을 버리고 중국과 결속하는 것이다. 만일 이런 상태가 된다면 미국은 바로 침몰할 수밖에 없다. 그러나 20~30년 후의 장기적 관점에서 보면 일본은 지금의 독점 시스템 부속품보다는 미국을 배신할 가능성이 높아 보인다. 그 이유는 독점 시스템 체제하에서 미국의 경상수지 적자는 지속될 수밖에 없다. 경상수지 적자는 시간이 흐를수록 커지는데 일본은 자신들의 달러 자산가치 보존을 위해 점차 외환 보유고를 다양화시켜야 한다. 이럴 경우 미국과의 마찰은 불가피하다. 두 번째 이유는 일본 경제에서 미국보다 중국 등 아시아의 비중이 커지고 있다는 점이다. 2000년 중국에 대한 일본의 수출은 6퍼센트였지만 2005년에는 13퍼센트로 급증했다. 일본 경제가 2005년 활황을 보이는 것은 미국에 대한 수출 증가라기보다는 장기간에 걸친 구조 조정 성과와 중국 시장이 열리고 있기 때문이다. 따라서 중국 경제가 성장할수록 한국과 마찬가지로 일본 경제의 중국 의존도는 증가할 수밖에 없다. 세 번째 이유는 에너지 문제이다. 미국이 전세계 에너지와 천연자원을 독점하고 있지만, 미국이 에너지와 자원 문제만큼은 영국, 일본 등 3각 동맹국과 이익을 공유하지는 않고 있다. 이 점에서 북해 유전이 있는 영국과 일본은 근본적인 차이가 있다. 따라서 일본의 입장에서는 러시아의 광대한 천연가스 사용이나 시베리아 자원 개발에 참여하고 싶은 욕망이 지금도 높은 상태이다. 자원 문제 때문에 일본과 러시아가 가까워질수록 미국은 긴장할 수밖에 없다. 만일 일본이 러시아나 중국과 밀착될 경우 3각 동맹의 기본 골격이 허물어질 수 있다.

또다른 애증의 교차점 중앙아시아

이러한 배신의 문제를 미국은 완전히 해결할 수 없다. 그리고 이는 미국의 이해만을 강조하는 독점 시스템에 내재된 한계다. 21세기 들어 미국이 공을 들이고 있는 전략적 요충지인 중앙아시아도 완전히 미국의 수하로 들어오기에는 한계가 많다. 미국은 적대적인 이란을 견제하고 중앙아시아 자원을 독차지하기 위해 파키스탄과 시민혁명이 발생한 중앙아시아 국가를 적극 지원하고 있다. 그러나 종교적으로 이슬람교의 비중이 높은 상태에서 주변에 러시아, 중국, 이란 등 강대국이 존재하는 지정학적 특성은 독점 시스템이 극복하기 어려운 난제다. 미국과 역사와 문화적 동질성이 낮은 이들 국가들은 언제든지 미국을 배신할 가능성이 있다. 따라서 미국은 중앙아시아 국가를 관리하기 위해 많은 대가를 지불해야 한다.

이런 유사한 문제가 최근 중앙아시아에서 현실화되고 있다. 우즈베키스탄은 중앙아시아 국가들 중 인구(2,600만 명)가 가장 많은 교통의 중심지이며 각종 자원도 풍부하게 보유하고 있다. 금(세계 7위)과 천연가스(세계 10위) 및 우라늄(세계 4위) 등이 주요 천연자원이며 석탄, 구리, 납, 텅스텐, 주석, 구리, 몰리브덴, 중석, 아연 등도 생산된다. 현재까지 탐사된 자원의 총 가치는 1조 3,000억 달러 규모로 추정된다. 또 목화 생산량도 세계 4위이다. 이런 우즈베키스탄에서 2005년 5월 반정부 시위대의 유혈 진압 사건이 있었다. 우즈베키스탄의 카리모프 정부는 미국이 키르기스스탄으로 피신했던 난민 439명을 루마니아로 후송한 것을 빌미 삼아 180일 이내에 카르시-하나바드(K2) 공군 기지에서 모든 미군 항공기와 요원 및 장비를 철수하라고 통보했다. 이에 미국은 우즈베키스탄 정부가 국제 조사에 협조하지 않는다면 원조를 중단하겠다고 위협하고 있다. 미 의회는 아프가니스탄 침공 이후 배후 보급 기지를 해온 K2 기지를 대여해 준 우즈베키스탄에 대해 2005년 5,800만 달러를 지원할 예정이었으나, 콘돌리자 라이스 국무장관은 이를 보류하도록 지시했다. 미국이 우즈베키스탄의 인권 문제를 거론하게 되자 양국간에 한랭전선이 형성되었다. 미국은 우즈베키스탄이 이 같은 강수를 둔 배경을 중국과 러시아의 사주 때문으로 보고 있다. 리처드 마이어스 미 합참의장은 이런 상황에 대해 "두 강대국이 작은 나라들을 위협해 미군 철수를 요구하도록 했다."고 노골적으로 불만을 터뜨리기도 했다. K2 기지는 미국이 아프가니스탄 북부에 각종 물자를 수송하는 유일한 통로다. 미국은 기지 사용료 등으로 이미 8억 달러를 제공했고, 카리모프의 철권 통치를 적당히 눈감아 줬다. 다급해진 미국은 키르기스스탄과 타지키스탄을 통해 하나버드 공군 기지를 대체할 군사 기지를 확보하려 노력한 결과 키르기스스탄과 타지키스탄은 미군의 주둔 연장과 기지 사용에 동의했다. 물론 미국은 키르기스스탄에 2억 달러의 무이자 차관을 제공하는 등 당근을 제공했다. 우즈베키스탄 사건 처리가 보여준 것은 미국의 동맹국 관리가 매우 어렵다는 점이다. 그리고 영국과 일본 이외의 동맹국들은 쉽게 배신할 수 있다는 교훈을 내포하고 있다. 따라서 동맹국 관리 비용은 키르기스스탄에 무이자 차관을 제공한 것과 마찬가지로 점점 커질 수밖에 없다. 그렇지만 미국의 재정은 악화되고 있다.

동맹국 내부의 반발

2005년 5월 영국의 총선 결과는 동맹국 내부에서 반미 감정이 커지고 있음을 시사하고 있다. 표면적으로는 블레어 총리가 이끄는 노동당의 승리이지만 장기간 유지되던 보수당과 노동당의 양당 체제가 붕괴되면서 다소 진보적인 자유민주당이 약진했다. 노동당은 전체 득표율 36퍼센트를 보이며 지난 선거보다 47석이 모자란 355석을 차지했다. 지난 선거에서 노동당이 165석의 차이로 보수당을 누르고 다수당이 된 반면 이번에는 겨우 66석 차이로 다수당이 되었다. 노동당의 득표율도 33퍼센트의 보수당과 불과 3퍼센트 차이밖에 나지 않았다. 또한 자유민주당은 22퍼센트의 득표율로 지난 선거보다 11개석이 늘어난 62석을 차지했다. 이 결과 영국 정치는 양당 체제에서 3당 체제의 새로운 정치 시대를 맞이하게 되었다. 자유민주당은 이라크 전쟁 파병을 처음부터 반대해 온 진보 성향의 정당이다. 이렇게 영국 국민들은 선거를 통해 블레어의 강한 영미 동맹 추진에 반대하는 동시에 신자유주의와 네오콘에 대해서 경고의 메시지를 보냈다. 이런 유권자들의 성향 변화를 감안할 때 향후 영국의 미국에 대한 지지는 약화될 가능성이 높아지고 있다.

미국과 가장 긴밀한 영국도 이러한 변화가 있는데, 종교, 역사, 경제 수준, 문화적 차이가 심한 다른 동맹국들도 상시적인 내부 반발 위협에 처해 있다. 가장 밀접했던 한국도 반미 감정이 표면화되고 있는데 하물며 중앙아시아 등 다른 국가들의 내부 반발은 미국의 파워가 약화될수록 커질 것은 당연하다. 종교적으로 우즈베키스탄의 국민 정서는 미국을 기독교 국가로 인식하고 있다. 우즈베키스탄은 9·11 테러 이후 18세 이하 미성년자가 교회에 나올 경우 부모 동의를 받아야 하고, 기독교 선교사들이 현지인을 개종시킬 수 없다는 규정이 담긴 새로운 종교법을 시행하고 있다. 또한 우즈베키스탄 정부는 아랍권의 경제 지원을 받기 위해 2004년 이슬람 교도를 탄압하지 않는다는 조건으로 4억 달러를 지원받았다. 2005년에도 기독교 선교사들에 대한 탄압과 추방을 조건으로 3억 달러를 받을 것으로 알려졌다. 이슬람권에 포위된 우즈베키스탄의 외교는 정치적으로 중앙아시아의 세력 균형 체제와 종교적 갈등을 절묘하게 이용하는 것으로 볼 수 있다. 이런 문제는 우즈베키스탄만의 문제가 아니다. 지정학적 위치가 중요한 국가일수록 등거리 외교로 미국을 이용하려는 국가는 더욱 늘어날 수 있다. 특히 기독교 근본주의자들이 미국의 집권 세력으로 있는 한 지정학에 종교 문제까지 결합되어 미국 동맹은 유동적 상태에 머무를 가능성이 높다.

이이제이의 모순

이이제이(以夷制夷)는 중국이 변방을 다스리는 기본적 개념이었다. 17세기 이후 서구에서는 국민 국가의 기본적 외교 전략으로 세력 균형(Balance of Power) 체제를 추구했다. 두 가지 체제는 모두 자국의 피해를 최소화하는 비슷한 외교 정책이다. 냉전이 종식된 이후 1990년대의 미국은 다른 나라의 눈치를 볼 필요가 없었다. 그리고 미국 이외의 국가들은 앞다투어 미국에 항복 문서를 바쳤다. 그러나 미국의 힘이 약화되는 동시에 미국 이외 국가들의 상대적인 국력 강화로 점점 미국의 지위가 하락하고 있다.

이런 상황을 감안해서 미국은 조금씩 세력 균형을 이용하기 시작하고 있다. 미국은 중국을 효과적으로 봉쇄하기 위해 그동안 특별한 관계가 없던 인도에 대해 지원을 아끼지 않고 있다. 물론 최근 인도의 급성장에 따른 경제적 이유도 중요하지만 전략적 차원에서 미국과 인도의 관계 강화는 중국의 입지를 좁힌다. 즉 적의 적은 친구라는 관점에서 중국과 적대적 관계에 있는 인도와 미국은 급속히 접근하고 있다. 핵보유국이면서 NPT 미가입국인 인도에 대해 미국은 세력 균형적 시각에서 2005년 7월 민수용 핵 기술을 판매하기로 결정했다. 이는 NPT 미가입국에 대해 핵기술 제공을 금지해 온 기존 정책에 정면으로 배치되는 조치다. 그러나 여기서 다시 문제가 발생한다. 인도와 오랜 적대 관계를 유지하고 있는 파키스탄으로서는 불만이 커질 수밖에 없다. 따라서 인도의 적대국이면서 미국이나 중국과는 우호적 관계를 유지 중인 파키스탄의 크루즈 미사일 개발을 묵인하는 상황에 이르렀다. 결국 완벽한 포위망 구축을 위한 미국의 노력에도 불구하고 동맹국간의 분쟁은 미국이 완벽하게 해소할 수 없다. 이런 미국의 딜레마는 중동과 중앙아시아, 동유럽 등에서 미국의 입지를 약화시키고 있다. 그리고 미국은 지역 패권을 유지하기 위해 좀 더 많은 보상을 해당 국가에 지불해야 하는 상황이 되었다.

강력한 동맹이 필요해지고 세력 균형 시스템을 이용해야 하는 등 미국이 대항 세력을 제어하기 위한 노력은 점점 힘들어지고 있다. 이 결과 미국 내부에서도 진보적 학자들에 의해 국제 협력을 강화하자는 견해가 조금씩 태동하고 있다.

민주주의 정착에는 시간이 필요하다

2004년 말 '오렌지 혁명'이라 하는 시민혁명으로 권좌에 오른 우크라이나의 빅토르 유슈첸코 대통령이 집권 이후 최대 위기를 맞고 있다. 유슈첸코의 아들이 오렌지 혁명의 상징물을 이용해 막대한 돈을 벌어 탕진했기 때문이다. 유슈첸코 대통령과 아들 안드레이(19세)는 오렌지색 바탕의 'TAK'(우크라이나어로 '그렇다'는 뜻)라는 글씨체와 말발굽 모양의 문양 등 혁명 상징물에 대한 모든 소유권을 갖고 있었다. 혁명 열기를 타고 이 상징물이 들어간 목도리·깃발·앨범·손목시계 등이 불티나게 팔리면서 유슈첸코 가족은 막대한 상표권 수익을 챙겼다. 전문가들은 "유슈첸코 가족이 상표권 수익으로 챙긴 돈이 1억 달러(약 1,000억 원)에 이를 것"이라고 추산하기도 했다. 또한 대학생인 안드레이가 시가 16만 달러에 이르는 최신형 BMW 승용차를 타고, 수도 키예프의 최고급 레스토랑을 단골로 출입하는 등 사치 생활을 한 것으로 알려졌다. 그러자 유센코 대통령은 "안드레이가 공부를 하면서 컨설팅 회사에서도 일을 해 상당한 돈을 번다."고 아들을 두둔했지만 대통령의 해명도 거짓말로 드러났다.

한편 '오렌지 혁명' 여걸인 티모셴코 총리도 구설수에 올랐다. 총리는 명품광으로 알려져 있는데, 현지 언론들은 2005년 1월 총리 취임 후 8월까지 입은 옷 200여 벌 중 대부분이 돌체 앤 가바나·샤넬·구찌·루이비통 등의 명품이었다. 특히 루이비통 신발과 핸드백 구입 비용은 3만 달러가 넘는다. 한 벌에 2,800달러나 하는 정장을 두 벌이나 샀다. 4,000달러짜리 여름용 외투도 흰색·빨간색·모래색 등 색깔별로 구입했다. 티모셴코는 우크라이나에 루이비통 매장이 없어 파리로 직접 주문하는 것으로 전해졌다.

그루지야에서 시민혁명으로 2003년 집권한 미하일 사카슈빌리 그루지야 대통령은 성추문에 휘말렸다. 여비서와 은밀히 만나 임신까지 시킨 사실이 부인에게 들통났기 때문이다. 사카슈빌리 대통령은 부인에게 여비서와의 밀애 장면을 목격당하고 별거에 들어갔다. 그리고 부인은 아예 그루지야를 떠나버렸다.

과거 한국의 독재 시대와 너무나 유사하다. 한국이 이런 상태에서 완전한 민주주의 국가를 이루는 데 무려 20여 년 이상의 세월과 많은 희생이 수반되었다. 현재 미국은 중앙아시아에서 시민혁명을 주도하고 있다. 물론 친미 국가를 세우기 위해서다. 그러나 중앙아시아에 세워지고 있는 친미 국가는 정권만 친미적이지 민주주의 수준은 초보 단계다. 미국이 중앙아시아에서 장기적으로 패권을 유지하기는 만만치 않아 보인다.

2 _ 구체화되는 대항 세력

1) 전략적 대항 세력, 중국과 러시아

부시 대통령은 2001년 취임 당시 중국에 대해 클린턴 행정부가 선호했던 용어인 '전략적 파트너'란 용어를 버리고 '전략적 경쟁자'로 불렀다. 그러나 9·11 테러 이후 중국이 테러와의 전쟁에 협력하면서 양국 관계는 약간 복원되는 모습을 보였다. 그러나 최근 미국 국방부의 '중국의 군사력에 대한 연례 보고서'에서는 중국의 군사력 증강을 테러 위협 수준의 경계 대상으로 규정하면서 중국의 군비 증강에 대해 우려하고 있다. 또한 미국과 일본은 중국의 국방 예산이 공식 발표보다 훨씬 많다는 점을 지적하면서 중국 국방 예산은 세계 3위, 아시아 최대라고 오노 요시노리(大野功統) 일본 방위청 장관은 주장하고 있다. 2005년 중국의 공식 국방 예산은 약 300억 달러로 4,300억 달러인 미국의 1/14에 불과하다. 그러나 실제로는 훨씬 많을 것으로 추정되고 있다.

중·러 합작 가능성

2005년 5월 후진타오 중국 국가주석은 모스크바를 방문, 푸틴 대통령과 정상회담을 했다. 한 달여가 지난 6월 30일, 그는 다시 모스크바를 방문해서 "중·러 양국이 다극 구조를 만들어가는 데 함께 노력할 것과 국제 사회에서의 주권 존중, 인권의 지역적·국가적 특성을 인정할 것" 등을 담은 '21세기 국제 질서에 대한 공동 선언'을 발표했다. 이어서 7월 8일 G8 정상회담에서 다시 만난 양국 정상은 러시아 극동 송유관 노선이 중국을 우선적으로 배려한 형태로 마무리지었음을 공식 선언했다. 푸틴은 극동 송유관 라인 중 1단계로 연 공급량 3,000만 톤 규모의 시베리아 타이셰트와 극동 스코보로디노 간 노선을 우선 건설해 2008년부터 매년 2,000만 톤의 석유를 중국의 다칭으로 수송하고, 나머지 1,000만 톤은 철로를 이용해 극동의 태평양 지역으로 실어 날라 여기서 일본 등지로 수출하겠다고 밝혔다.

송유관 노선은 단순한 에너지 안보의 문제가 아니라 향후 러시아가 중국 및 중앙아시아 그리고 남북한으로 이어지는 장기 지역 구도 재편과 깊은 연계를 갖고 추진하는 것이다. 이날 푸틴의 발언으로 일본은 큰 충격을 받았다. 러시아와 중국은 UN 개혁에서도 행보를 같이하고 있다. 이들은 일본의 안보리 상임이사국 진출에 분명한 반대 의사를 피력하고 있다. 또한 미국의 MD 체계에 반대하며 이의 저지를 위해 군사.기술적 협력을 확대할 것임을 천명했다. 한편 중국은 러시아 무기 수출의 45~47퍼센트를 구매하는 최대 무기 구매국이자 러시아의 동북아 지역 최대 교역국이다. 2006년이면 중국은 명실상부한 1위 투자국이 될 전망이다. 그리고 2005년부터는 국경 무역에서 루블·위안 간 직접 결제도 가능해져 현재 200억 달러 규모인 양국간 교역량이 2020년엔 1,200억 달러 규모로 성장할 것으로 전망되고 있다.

이런 양국간의 협력은 분명히 과거와 다른 행보이다. 중국이나 러시아 모두 단독 파워로 미국에 저항할 수 없다. 따라서 중·러 양국은 미국과 3각 동맹을 견제하면서 자신들의 위치를 확고히 하고자 급속히 가까워지고 있다. 특히 중국의 입장에서는 절대적으로 부족한 에너지 등 천연자원을 확보하기 위해서는 러시아가 필요하다. 러시아 또한 시베리아 경제 개발을 위해서 중국의 자본과 기술이 필요하다. 따라서 양국의 경제적 이해는 일치한다. 양국의 결속은 자연스럽게 미국과 이해가 충돌하는 중앙아시아 지역에서 미국을 배제하는 효과를 가진다. 또한 일본에 대해서는 유라시아 진출을 직·간접적으로 봉쇄하는 기능도 있어서 전략적으로 독점 시스템을 취약하게 하는 효과가 있다. 미국이 이라크를 침공하면서 유발되었던 고유가 때문에 원유 등 최대 원자재 수출국인 러시아가 기력을 되찾게 됐다는 점 또한 독점 시스템의 취약성을 노출시킨다.

상하이 협력 기구

2005년 8월 18일부터 25일까지 중국과 러시아는 합동 군사 훈련을 블라디보스토크와 중국과 일본이 영토 분쟁 중인 센카쿠 열도 근처를 포함한 동중국해 사이에서 실시했다. 이 훈련은 시작 이전부터 미국, 일본, 대만의 관심이 집중되었다. 이 훈련에 대해 중국과 러시아는 상하이 협력 기구(SCO, Shanghai Cooperation Organization) 차원의 훈련이라고 하면서 여타 SCO 회원국에서도 참관단이 참석한다고 설명했다. 이 훈련에 관심이 집중된 것은 중국과 러시아가 밀착하고 있다는 구체적 증거가 된다는 점과 훈련 목표가 한반도 유사시 개입을 위한 사전 포석으로 간주되었기 때문이다. 이런 중국과 러시아의 결속에 대해 미국의 반응은 상상을 초월할 정도로 강하게 나타났다. 미국은 훈련 개시 첫날 성명을 통해 8월 말에 미군 태평양사령부 소속 병력 250~500명이 괌·하와이에서 몽골로 이동해 합동 훈련을 한다고 밝혔다. 몽골 언론도 "8월 중 처음으로 다국적 평화 지원 작전 훈련을 주최한다."고 동시에 보도했다. 미국과 몽골의 군사 훈련은 겉으론 미국의 대(對)테러전 지원을 표방하고 있다. 몽골은 이라크 파병을 자청했을 정도로 친미적 태도를 보여왔다. 미국은 표면적으로는 몽골군을 훈련시켜 이라크를 비롯한 분쟁 지역의 평화 유지 작전에 동참시킨다는 것을 목표로 삼고 있다고 밝히고 있다. 그러나 실제로는 중·러 훈련에 대한 맞불 작전으로 보인다. 미국과 몽골은 러시아와 중국의 견제라는 공동 목표가 있기 때문에 중국과 러시아의 밀착을 물리적으로 제어할 수 있는 몽골에 군대를 파견한 것이다. 동시에 중국의 북부 지역에도 미군이 주둔함에 따라 중국에 대한 포위 강도를 높이는 효과가 있다. 몽골과 미국이 군사 교류를 강화하면 중국과 러시아는 매우 불편해진다. 따라서 어떤 포장을 했건 간에 침묵하던 중국과 러시아는 이미 군사적으로 미국에 대항하기 시작했다. 한편, 몽골은 친미적 성향을 강화하는 것으로 비쳐지고 있다. 그러나 미국의 부시 대통령이 2005년 11월 부산 APEC 참석 후 몽골을 방문한 자리에서 "몽골은 민주주의의 전초 기지"라고 극찬했지만, 몽골은 일주일 후 남바린 대통령의 중국 방문을 발표했다. 이런 몽골의 행태는 중앙아시아 국가와 별반 다르지 않다. 러시아, 중국, 미국 사이에서 지정학적 유리함을 십분 이용하려는 몽골은 미국의 의지대로 움직일 것 같지는 않다.

상하이 협력 기구는 중국과 러시아, 우즈베키스탄, 카자흐스탄, 키르기스스탄과 타지키스탄 등 중앙아시아 4개국이 2001년 지역 내 테러 세력에 맞서기 위해 설립한 국제 기구다. 그리고 이들은 2005년 6월 인도, 이란, 파키스탄 등 3개국을 준 회원국으로 맞아들이기로 결정해 미국이 배제된 아시아 최대 국제 기구로 등장하고 있다. 물론 SCO는 1) 군사·기술 협력 2) 국제 테러와 투쟁 3) 대량 살상무기 비확산 4) 분리주의 확산 방지 등을 명분으로 삼고 있지만, 미국의 일방주의에 대한 저항이 본질임을 이들 스스로도 부인하지 않고 있다. SCO의 중요성은 과거 냉전 시대의 자유민주 진영에 대항하기 위해 소련을 중심으로 결성되었던 바르샤바 조약기구 이후 최초로 결성된 반미 협력체라는 데 있다. 물론 상하이 협력 기구가 강한 결속력을 갖기에는 한계가 있다. 중국을 배제한 채 러시아와 인도는 군사 협력을 강화하고 있고, 상하이 협력 기구의 군사 훈련에 대응해서 2006년 미국과 일본은 더 큰 규모의 군사 훈련을 중국을 가상의 적으로 해서 준비 중이다. 미국에 대한 저항이 아직 체계화되지는 못했지만 미국이 그렇게 심혈을 기울여 구축한 독점 시스템의 다른 한쪽에서는 이미 물이 새고 있다.

2) '거대한 체스판'의 판세 역전

SCO는 미국과 일본을 충분히 긴장시키고 있다. 중국과 러시아의 결속을 방해하면서 향후 자원의 보고인 중앙아시아를 독점하려던 미국의 전략은 점점 무산되고 있다. 탁월한 미국의 대외전략가인 브레진스키는 21세기의 미국의 대외 정책을 논한 『거대한 체스판』과 『제국의 선택』이란 2권의 저서를 통해 중앙아시아의 중요성을 강조했다. 그는 지정학이 이데올로기를 대체하고 있다는 점을 이해해야 한다면서, 인종의 가마솥인 동시에 유럽, 러시아, 중국, 미국의 이해가 충돌하는 중앙아시아가 향후 세계 질서를 변화시키는 중요한 지역이 될 것임을 지적했다.

미국의 패배?

이미 미국은 아프가니스탄 전쟁을 계기로 중앙아시아에 상당한 군사 기지를 구축했고 석유 메이저와 기업들의 진출도 활발하다. 그러나 중앙아시아에서 미국 영향력 강화는 이 지역이 과거 소련의 영토였다는

[그림 2-13] 주요국의 원유 비축 일수

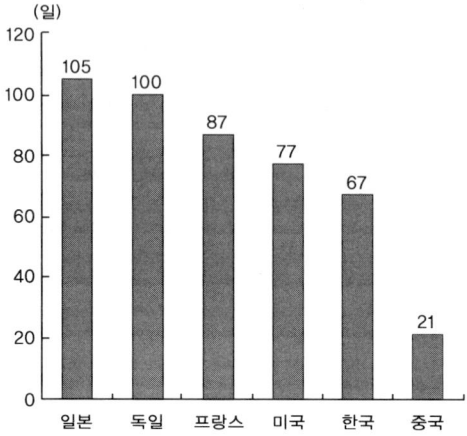

자료: 일본 에너지 경제 연구소

[그림 2-14] 중국 산업의 중간 투입액 중 에너지 비중

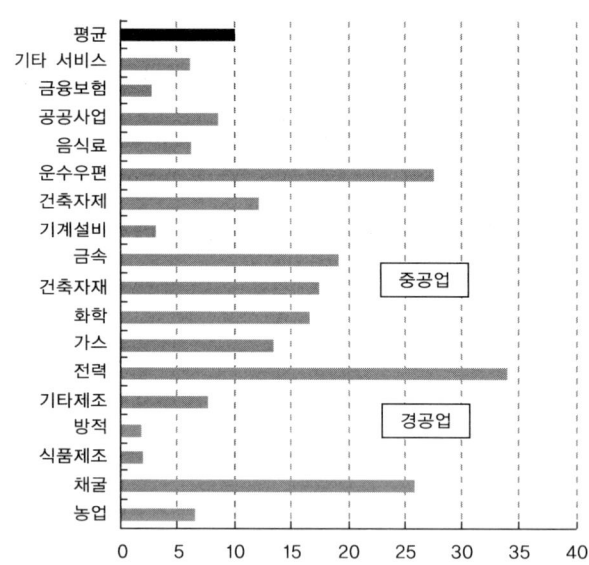

자료: 중국 통계연감(2000년, 산업연관표)

역사적 배경과 문화적 동질성 때문에 러시아의 견제가 만만치 않은 상태다. 키르기스스탄과는 수도 비슈케크에 주둔 중인 러시아 공군 기지(칸트 기지)의 지위와 주둔 조건에 관한 협정을 체결해서 미국이 2001년 9·11 테러 이후 아프가니스탄 내 테러 세력 소탕을 위해 키르기스스탄에 공군 기지(마나스 기지)를 설치한 것과 같은 동등한 지위를 얻게 되었다. 현재 칸트 기지에는 러시아제 전투기 및 수송기 20여 대와 약 500명의 병력이 배치돼 있다. 향후 러시아는 칸트 기지 주둔 러시아 병력을 최소 두 배 이상 늘릴 계획이다. 또한 러시아는 2004년 10월 중앙아시아 타지키스탄에도 지상군 기지를 신설했다.

반면에 미국은 타지키스탄 정부에 대규모 경제 지원을 약속하며 러시아에 기지 건설을 허용하지 말 것을 요구해 왔지만 결국 미국의 요구는 실현되지 못했다. 중국도 키르기스스탄에 군병력을 주둔시키는 방안을 검토 중이다. 중국은 인접한 키르기스스탄과 우즈베키스탄에서 발생한 시민혁명이 분리 독립을 추진하는 신장(新疆) 위구르 자치구에 비화되는 것을 강하게 경계하고 있다. 반 테러와 이슬람 원리주의 세력의 봉쇄라는 구실로 중국군의 키르기스스탄 주둔이 실현될 경우 중국은 중앙아시아에서 러시아와 더불어 영향력이 확대될 것으로 보인다. 중국은 2004년 현재 원유 수입의 중동 의존도가 무려 45퍼센트에 이르고 있는데 지속적인 증가가 예상된다. 따라서 중국의 중앙아시아 확보는 생존권 차원의 문제이기 때문에 가장 적극적으로 진출할 전망이다. 이를 반영하듯 바키예프 키르기스스탄 대통령은 대선에서 당선이 확정되자 미군 기지 철수 문제를 논의할 필요가 있다고 밝혔다. 바키예프는 상하이 협력 기구 정상회담에서도 중앙아시아 주둔 미군의 철수 시한 확정을 요구하는 공동 선언문 채택을 강력히 제안했다. 이렇게 2005년을 고비로 거대한 체스판의 판세는 미국에 불리해지고 있다.

떠오르는 반항아 '이란'

중앙아시아와 중동을 아우르는 강국은 이란이다. 넓은 국토 면적 때문에 북으로는 카스피해와 중앙아시아로 향하는 통로가 되며, 오른쪽으로는 아프가니스탄, 파키스탄에 영향력을 줄 수 있고, 좌측으로는 터키와 흑해까지도 간여할 수 있는 위치에 있다. 특히 남쪽으로는 아라비해의 제해권을 가진 강력한 국가다. 여기에 원유 수출 세계 4위국이면서 북한과 마찬가지로 핵 개발을 추진하고 있다. 이런 이란의 중요성 때문에 브레진스키나 네오콘들은 이란의 점령을 애타게 추진하고 있다. 이미 네오콘들은 이라크 침공 이전부터 이라크뿐 아니라 이란도 함께 쳐야 한다고 목청을 높여왔다. 펜타곤 국방자문위원장인 유대계 네오콘인 리처드 펄은 '창조적 파괴론(creative destruction)'을 주장하면서 이라크 침공을 계기로 중동 정치 구도를 다시 짜야 한다고 주장하고 있다. 펄은 이라크가 무너지면 이란 이슬람 근본주의 정권의 붕괴로 이어져서 궁극적으로 중동은 민주화와 평화의 길을 걷게 될 것이라고 주장한다. 그는 새로운 미국 중심의 중동 질서를 위해 지금은 파괴하고 공격해야 된다고 주장한다. 또한 공공연한 사실이지만 미국은 이란 공격 이후 시리아를 다음 공격 대상으로 삼고 있다. 결국 중동 지역 대치 전선의 한쪽은 미국과 이스라엘 연합 전선이고 다른 한쪽은 이란, 시리아, 이라크(수니파)를 중심으로 한 반미 이슬람 전선이다. 이란을 점령하려는 의도가 강한 미국으로서는 강경파인 아흐마디네자드의 집권을 반기는 모습이다. 왜냐하면 온건파가 당선될 경우 이란과의 대화를 강조하는 미국 내 온건파의 목소리를 누르기가 어려워지고, 유럽이 이란을 국제 사회의 외톨이로 만들려는 미국의 정책에 반해서 대화를 시도하려는 의도를 사전에 예방할 수 있기 때문이다.

미국과 이란이 대립하는 이념적 바탕에는 종교적 근본주의도 중요한 배경이 된다. 이슬람 율법에 근거해서 신정(神政)을 추구하는 이슬람 근본주의와 이스라엘을 중시하는 미국의 기독교 근본주의, 그리고 이를 추종하는 신보수주의사의 입장에서 이란은 테러의 본류로 인식될 것이다. 이런 근본적인 차이에도 불구하고 이란은 2001년 9·11 동시다발 테러 사건이 터지자 빈 라덴을 '탈레반 테러리스트'로 비난하면서 희생자들에게 조의를 표했다. 이란은 미국의 아프가니스탄 침공이 있자 실종된 미군의 구출 작전 때 이란 영토를 사용할 수 있도록 허락하기도 했고, 파월 미국 국무부 장관은 이란 외무장관의 손을 잡고 "이란이 테러에 대항하는 연합전선에 포함될 수 있다."고 말했다. 이에 이란은 1979년 이래 끊어졌던 미국과의 외교 관계를 새로 맺고 싶다는 희망을 나타내기도 했다. 그러나 2002년 기독교 근본주의자인 부시 미 대통령이 국정 연설에서 이란을 이라크, 북한과 함께 '악의 축' 국가로 꼽은 뒤부터 미국과 이란은 급속히 대치 국면으로 나아가게 되었다.

지난 3~4년 간 미국과 이란 관계는 미국에 의해 훼손된 경향이 강해 보인다. 이는 적이 있어야만 존재하는 독점 시스템의 치명적 약점이다. 과거 1980년대와 같이 이스라엘을 사주해서 이란을 폭격할 수도 있다. 그러나 점점 미국이 이란을 공격하기는 어려워지고 있다. 왜냐하면 주변 이해 당사국을 비롯한 국제 사회의 전폭적 지지를 받기 어렵고, 더구나 공습만으로 핵 시설을 제대로 폭격하기도 어렵다. 미국이나 이스라엘이 이란을 폭격할 경우 이란은 '하마스'나 '헤즈볼라' 같은 이슬람 근본주의 무장 집단을 적극 지원해 미국과 이스라엘을 테러 공격할 수 있다. 이란은 어떤 이슬람 국가보다 테러를 조직화할 수 있는 기반을 가지고 있다. 또한 이란이 석유 수출을 중단할 경우 전세계 유가는 상상할 수 없는 정도까지 오를 것은 당연하다. 현재의 고유가에서 유가가 추가로 상승할 경우 미국 경제가 가장 큰 타격을 입을 수 있다. 유가 상승의 위협은 미국에 대한 총체적 위협이다. 군사력으로 미국은 이란을 점령할 수 있다. 그러나 이 과정에서 유가가 폭등한다면 미국의 물가 상승과 달러 약세가 불가피하다. 이런 한계 때문에 이란과 미국의 갈등은 상당한 시간이 지나야만 해소될 전망이다. 그러나 이란 문제(핵 개발) 해결이 지연될 경우 제2, 제3의 이란은 언제든지 등장할 수 있다는 점이 미국의 딜레마다. 지금 이란 문제 처리에 있어 미국은 함정에 빠져 있다. 현실적으로 공격을 할 수도 없지만 그렇다고 이란을 방치할 경우 독점 시스템의 그물망 구조는 느슨해질 수 있다.

3) 안방의 반란

전통적으로 아메리카 대륙은 미국의 영토였다. 제1차 세계대전 이전까지 미국은 고립주의를 유지해 왔는데 '고립'은 아메리카 대륙 전체의 고립이었다. 따라서 중남미는 실질적으로 미국의 영토였다. 먼로주의나 윌슨의 민족자결주의 원칙 등 고립주의의 표방은 유럽을 아메리카 대륙에서 배제하고 중남미에 대한 미국의 독점권을 확보하기 위한 고도의 외교 전략이었다. 이런 역사와 실질적 경제 관계에 있어 중남미는 미국의 안방인 동시에 미국을 위해 존재해야 할 배경과 같았다. 이런 중남미에서도 조금씩 미국에 대항하려는 시도가 나타나고 있다. 기본적으로 교육 수준과 생활 수준이 낮은 중남미는 다양한 혈통과 과거 사회주의의 실험 등을 통해서 사회 통합 수준이 매우 낮다. 부패와 높은 빈부 격차, 그리고 플랜테이션 농업이나 외자에 의한 자원 개발의 경험과 선진국의 착취 때문에 미국이나 자본주의에 대한 인식은 부정적이다. 따라서 저항 문화가 뿌리 깊은 전통을 가지고 있다. 해방 신학이 중남미에서 태동했고, 거의 대부분의 나라에서 사회주의의 실험을 겪기도 했으며, 독재 정권도 모든 나라가 경험했다. 이러한 중남미에 대해 미국은 정권 교체에 참여하는 등 미국의 이해를 위해 무력 개입을 마다하지 않았다. 자원 개발과 같은 이권에도 수시로 개입한 결과 이제는 멕시코 이남 지역이 서서히 반미화하고 있다. 즉 전략적으로 중남미는 미국에 있어 매우 중요하지만, 미국은 중남미를 철저히 착취한 대가를 치를 차례가 되었다.

현재 반미 연대의 핵심은 베네수엘라의 차베스이다. 차베스는 1999년 2월 집권한 이후 대미 적대 정책을 펴왔다. 그는 35년에 걸친 미국과의 군사 협력 관계를 2005년 4월 단절시켰다. 베네수엘라는 미국 원유 수입에 있어 매우 중요한 국가이기 때문에 미국으로서는 차베스가 손톱 밑의 가시 같은 존재로 여겨질 것이다. 한편 브라질의 룰라 대통령도 본질은 좌파이다. 그러나 취임 후 신자유주의적 정책으로 선회하면서 미국과 원만한 관계를 유지하고 있다. 그러나 브라질의 사회 보장 제도를 비롯한 경제 구조는 좌파적 성격이 매우 강하기 때문에 브라질의 자원을 안전하게 보호하는 것도 미국의 중요한 현안이 된다. 그러나 차베스나 쿠바의 카스트로가 건재할수록 미국에 저항하고자 하는 중남미의 의지는 커질 수밖에 없다. 오랫동안 미국의 지배를 받았고 현재도 미국과 깊은 연결고리를 가지고 있으면서 민주적 정통성이 약한 정권이 집권하고 있는 중남미의 한계가 미국의 배후에서 미국을 위협하고 있다.

그래서 중남미는 언제 폭발할지 모르는 휴화산이다. 따라서 이들 국가에서 반정부 투쟁이 발생한다는 것은 반미 투쟁으로 비화할 가능성이 매우 높다.

이민과 인종주의

미국 이민자들은 아시아계를 제외할 경우 대부분 중남미의 히스패닉이다. 따라서 중남미 경제가 어느 정도 안정되어야 불법 이민자들의 미국 유입을 막을 수 있다. 그러나 취약한 중남미 경제 현실과 높은 인구 증가율을 감안할 경우 불법 이민자들은 지속적으로 증가할 수 있다. 또한 마약, 매춘 등 미국의 기독교 근본주의자들이 가장 싫어하는 문제가 중남미를 통해 미국으로 유입되고 있다. 만일 중남미가 미국의 도덕적 기반을 무너뜨리는 하층 문화의 유입 통로 역할을 지속한다면 미국 내부에서 중남미 이민에 대해 반감이 커질 수 있다. 그리고 현재의 이슬람 출신과 마찬가지로 인종주의적 편견의 대상이 될 수 있다. 이렇게 되면 미국과 중남미 관계는 거대한 무질서 속으로 진입할 가능성이 높아진다. 쿠바와 베네수엘라뿐 아니라 중남미 전체가 미국에 등을 돌릴 가능성에 대해 미국은 숙고해야 한다.

3 _ 이념적 대항 세력

전세계 지성인들은 미국의 독점 시스템에 저항하고 있다. 디플레이션적 상황을 교묘히 이용한 미국의 비인도적 패권주의에 대해 독점적 지위를 가진 몇몇 기업과 친미적 성향의 우파를 제외할 경우 미국의 패권주의에 대한 반발은 점점 더 거세지고 있다. 미국 빙엄턴 대학의 이매뉴얼 월러스틴(Immanuel Wallerstein) 교수는 최근작 『미국 패권의 몰락』에서 지금 세계는 '다보스 정신'과 '뽀르뚜 알레그레(Porto Alegre) 정신' 사이의 투쟁이 발생하고 있다고 주장한다. 뽀르뚜 알레그레란 브라질의 도시 이름이다. 1988년 시장 선거에서 좌파 성향의 노동자당이 집권하면서, '참여 예산제'라 불리는 정책이 도입되어 시의 예산 수립 권한이 주민들에게 이양된 것이다. 참여 예산제란 각 마을 주민들이 마을 회의를 개최하여 마을에 무엇이 필요한지 논의하고, 결정된 사항들은 보다 큰 단위인 지구별 주민 회의에서 주민 대표자들이 다시 다루면서 확산시킨다. 주민들이 스스로 자기 지역과 다른 지역의 현안들을 고려하여 시 전체의 살림살이를 어떻게 꾸려갈지 결정하는 것이다. 그리고 쿠바의 아바나도 비슷한 형태로 참여 공동체 형태로 도시가 운영되고 있다(《프레시안》 2005년 5월 17일자).

뽀르뚜 알레그레의 상징은 자치와 공익에 대한 욕망을 나타낸다. 지금 전세계는 미국의 독점 시스템뿐 아니라 국가와 세계화라는 획일적 지배에서 벗어나고자 하는 시도가 여러 곳에서 발생하고 있다. 따라서 미국 중심의 일방주의는 더욱 받아들이는 것이 어려워지고 있다. 또한 이매뉴얼 월러스틴은 신자유주의 상징인 다보스 포럼에 대응하는 세계사회포럼(WSF)에 주목할 것을 요구하고 있다. WTO와 다보스 체제에 반대하는 세계사회포럼은 정례적으로 신자유주의자의 대표들의 모임인 다보스 포럼이 열리는 기간에 동시에 열린다. 주요 참여자들은 NGO 성향과 좌파적 성향이 강한 부류이다. 2001년 브라질에서 열린 모임에서 약 1만 명이 세계 각국에서 모였는데, 2003년 행사에는 무려 7~8만 명이 참여했다.

이런 거대한 행사가 국내 언론에는 거의 보도되지 않고 있다. 그리고 태생적으로 조직화되지 못하는 이들의 속성상 미국의 독점 시스템을 해체시키는 데 얼마나 영향을 줄지는 알 수 없다. 그러나 지식인일수록 그리고 가난한 계층일수록 미국과 미국이 추진하는 세계화와 신자유주의에 반감이 높은 것은 사실이다. 물론 디플레이션 구조에 전세계가 서서히 빠져가면서 제로섬 사회로 진입하고 있다는 역사적 특성 때문에 어쩔 수 없는 측면도 있다. 그러나 미국은 이런 분위기를 통해 미국뿐 아니라 전세계가 함께 유발시킨 디플레이션 사회 구조를 미국이 만든 것으로 오해받고 있다. 미국에 대한 이념적 대항은 제3세계 국가들뿐만 아니다. 1990년대 말의 말레이시아 마하티르 총리의 저항에서 시작된 미국 자본에 대한 저항은 이제 전세계적 현상으로 퍼져가고 있다. 독일을 비롯한 유럽은 헤지펀드에 대한 규제 논의가 활발히 논의되면서 반자본주의 정서가 높다. 오죽했으면 미국의 스노 재무장관은 유럽 지도자들은 자본주의를 비판하는 발언을 그쳐야 하고 그렇지 않으면 미국 투자자들을 잃게 될 것이라고 경고까지 했다.

이제 미국과 세계화, 신자유주의, 디플레이션, 빈부 격차, 구조적 빈곤, 인종주의, 환경오염, 억압, 차별이라는 어휘는 동의어로 변해 가고 있다. 이는 장기적으로 미국의 리더십을 급속히 약화시키면서 독점 시스템을 이완시키는 역할을 할 것이라는 점을 미국은 알아야 한다. 미국이 가진 가장 강력한 무기는 군사력이 아니라 소프트파워다. 그런데 소프트파워의 근간을 이루는 미국과 미국 문화에 저항의식이 커진다면 미국은 존재하기 어려워 진다.

4
세계화와 신자유주의의 부작용

인류 역사는 민주주의와 자본주의라는 두 개의 축에 의해 형성되어 왔다. 또한 자본주의는 정보통신 기술의 발달과 자유 시장 경제 체제로 이념적인 동질성이 확보되면서 '세계화'란 용어로 변질된다. 과거의 자본주의는 국민 국가라는 물리적 장벽이 존재한 상태에서 재화가 이동하는 경제 시스템이었다. 그러나 세계화는 전세계가 단일 시장으로 통합되면서 세계 경제가 동일한 방향으로 움직이는 현상을 초래했다. 물론 세계화는 조건의 평등을 유발한다. 여기서 미국은 세계적 차원의 조건의 평등을 추구하면서 신자유주의를 내세운다. 즉 국경, 정부, 노동 운동으로부터 경제 활동(특히 기업 활동)이 자유로워야 한다는 논리다. 세계화와 신자유주의는 현재 세계 경제의 기본 축이 되어 전세계는 상호 의존성이 급속히 증대되고 있고, 국가의 역할은 조금씩 독점적 대기업으로 이전되고 있다.

사유재산권과 완전 경쟁을 핵심으로 하는 자본주의의 원초적 문제점은 부의 독점과 민주주의의 파괴에 있다. 완전 경쟁이 장기간 지속되면 경쟁의 탈락자들이 많아지는 동시에 부(富)는 경쟁에서 승리한 몇몇 기업가나 주주에게 집중된다. 또한 권력이 경제력에 의해 지배되면서 1인 1표라는 민주주의의 원칙은 1달러 1표로(임혁백, 『세계화 시대의 민주주의』) 변화한다. 이렇게 경제가 권력을 지배하고, 경제 논리가 보편적인 진리가 될 때 민주주의의 왜곡이 발생함은 역사의 필연이다. 따라서 자본주의 수정을 위한 다양한 시도는 마르크스의 사회주의에서 시작되어 첨예한 이념 대결 기간인 냉전시대까지 이어졌다. 냉전시대의 본질은 자본주의와 사회주의 간의 체제 대결이었다. 따라서 양측은 체제의 유용성과 안정성을 높이기 위해 자본주의와 사회주의의 제도적 결함을 치유하기 위해 많은 노력을 기울였다. 이러한 체제 대결에서 자본주의가 승리하고 승리를 쟁취한 장본인이 미국이 되면서 전세계는 시장 경제라 불리는 자본주의 일방의 시대로 진입했다.

세계화와 자본주의

그러나 냉전시대 이후의 자본주의는 냉전시대의 자본주의와 차별화된다. 냉전시대에는 체제 경쟁에서 승리하기 위해 자유민주 진영 국가들이 분배에 신경을 쓰는 자비로운 자본주의였다. 그러나 냉전 종식 이후 세계의 제국이 된 미국은 자신들의 경제적 어려움을 타개하기 위해 원초적 자본주의로 회귀한다. 신자유주의를 단순화시키면 산업혁명 초기 상태의 '보이지 않는 손'이 지배하는 완전 경쟁을 지향하는 자본주의이다. 그러나 자본주의의 결과인 독점과 이에 따른 비민주주의가 강화되면서 경쟁에서 탈락한 국가나 사회 소외 계층들은 그들의 불만을 미국의 탓으로 돌린다. 그러나 미국의 입장을 대변한 레스터 서로는 세계화에 따른 모든 비난이 미국에만 집중되는 현상에 대해 "세계화에 대한 저항 대부분은 세계화라는 상부구조가 아닌 자본주의라는 하부구조에서 이루어지고 있다. 그렇지만 좌파 진영에서는 사회주의에서 자본주의로 이동하는 것과 국가 경제에서 글로벌 경제로 이동하는 것을 혼동한다."고 한다. 즉, 문제는 세계화에 있는 것이 아니라 자본주의에 있다고 하면서 세계화 논자들은 세계화의 부정적 영향을 감추려 한다.

일부 부정적 결과로 나타난 글로벌 경제의 결과는 세계적 차원의 디플레이션 상황에서 미국만 탈출하려는 이기심의 결과로도 볼 수 있다. 하지만 세계화나 신자유주의가 미국식 제도와 강요에 의해 형성된 측면이 적지 않다는 면에서 이제 미국은 전세계의 디플레이션, 세계화, 신자유주의에 대한 비판의 중심에 서 있다. 이런 현상에 대해 이매뉴얼 월러스틴 교수는 "자본주의 세계 경제에는 현명한 운전자가 없다. 그 차가 속도를 줄이지 못할 것임은 거의 확실하다. 십중팔구 차는 점점 더 빠르게 움직이기 시작할 것이다. 그 결과로 우리가 예상할 수 있는 것은 무모함이다. 세계 경제가 새로운 팽창의 시기로 진입할 때, 그것은 최종적 위기로 이끌어간 바로 그 조건들을 악화시키게 될 것이다. 그리고 일상적 폭력의 양을 증대시킬 것이다."라고 주장한다. 반면 로저 올컬리와 같은 신경제 불가피론자들은 자본주의 체제가 스스로를 수정하고 회복시키는 능력이 있다고 주장한다. 그러나 자본주의의 주도권이 각각의 국민 국가에서 미국으로, 그리고 미국 내에서는 신자유주의를 적절히 이용하고 맹신하는 거대 기업(초국적 기업)으로 변화하고 있다는 것을 상기할 필요가 있다.

현재 세계 자본주의의 주도권은 미국이라는 국가가 아니라 미국의 기업들을 보유하고 있다. 따라서 마르크스가 지적한 대로 이미 독점 자본으로 경제의 주도권이 전이되어 자생적 공산주의의 출현도 가능하게 만드는 환경으로 변했다. 그런데 문제는 이런 상황이 미국만의 문제가 아니라 문화적 환경을 고려하지 않고 미국식 제도를 무차별적으로 받아들였던 개발도상국에서도 동일하게 나타난다는 점이다. 한국의 경우에도 신앙에 가까운 자본주의에 대한 맹신으로 자기 수정 시스템이 전혀 작동하지 못하고 있다. 주기적인 공황으로 자본주의의 실패를 경험한 미국에 비해 최근 한국과 같이 자본주의(신자유주의)의 수정을 좌파로 인식하는 모습 등은 심히 우려되는 사항이다. 결론적으로 미국이나 한국 모두 자본주의의 자기 수정 시스템이 약화되고 있다.

1_ 세계화와 자본주의 문제점에 대한 책임

세계화와 신자유주의는 세계적 차원의 독점 기업으로 권력과 부를 집중시킨다. 또한 노동의 가치에 대한 편견을 유발시킨다. 예를 들어 21세기 후반부의 많은 경영 활동은 원가 절감과 마케팅에 집중되어 있다. 따라서 원자재 가격이 상승할 때도 제품 판매가는 오르지 않는 것이 이제는 상식이 되었다. 미국이나 일본에 있어 원자재 가격은 크게 상승 했지만 제품 판매가는 오히려 하락하고 있다. 이는 공산품뿐 아니라 공업적 생산수단을 도입한 농수산업에서도 마찬가지다. 즉 원가 절감이 기업의 유일한 생존 방식이 되고 있는데, 이런 원가 절감을 이루기 위한 조건은 생산성, 품질, 원가 경쟁력 모두를 동시에 갖춰야 함을 의미한다. 그리고 이러한 경쟁력은 국가 내부적 차원이 아니라 세계적 차원에서 지속적으로 유지되는 동시에 독점적 형태를 띠어야 한다. 따라서 이런 체제는 디플레이션이 만들어낸 숙명으로 판단되지만 개인의 입장에서 1차적인 반응은 과거보다 더 많이 더 열심히 일해야 한다는 사실에 대한 저항이다.

사실 신자유주의가 보편화된 미국인들은 선진국 중에서 가장 많이 일하고 있다. 미국에서 연간 필요 노동 시간(평균적인 가계 소득을 벌기 위해 연간 일해야 하는 시간)은 지속적으로 증가하고 있다. 1960년대까지 제조업 노동자들은 연간 2,500시간 내외에서 일하면 평균적인 삶을 영위했다. 그러나 이후 노동 시간은 지속적으로 늘어나다가 신경제가 본격화된 1990년에는 거의 3,500시간으로 30년 만에 1,000시간이 늘어났다. 그러나 이에 대한 보상은 줄고 있다. 치열한 경쟁에서 살아남기 위해 생산성을 높이고, 주주의 이익을 위해 기업의 수익성은 매우 높아졌지만 실제로 근로자에 대한 보상은 줄어들고 있다. 즉, 세계화의 이익이 주주에게만 집중됨을 의미한다. 이렇게 세계화의 피해는 미국 내에서 빈부 격차 확대와 부의 배분 문제를 발생시킨다. 미국이 직면한 문제는 유사한 형태로 전세계 모든 나라에서도 보편화되고 있다. 따라서 미국은 미국식 세계화를 국내외에 강제한 결과 미국 내부로부터의 저항과 외부 반발을 동시에 받고 있다. 그리고 이런 현상은 미국식 시스템에 대한 저항 의식을 강화한다.

보이는 손

완전 경쟁은 경쟁의 치열함을 의미한다. 그리고 세계화는 이런 경쟁이 세계적 차원에서 진행됨을 의미한다. 구체적인 세계화에 대한 반감은 개별국가의 사회복지, 부의 분배, 환경과 같은 물질적 조건에 관한 결정을 해당 국가 엘리트나 외국 투자 기업에 맡길 수밖에 없는 상황에서 출발한다. 이를 임혁백 교수는 "신자유주의자들이 주장하는 이데올로기의 종언은 마르크시즘의 종언이고 국가주의의 종언이다. 세계는 자유 시장 자본주의라는 새로운 이데올로기를 창출했지만 전세계를 단일 시장에 통합시키려는 전체주의적 이데올로기가 되었다. 그러나 이런 이데올로기는 실현 불가능한 이데올로기이다. 보이지 않는 손은 완전 경쟁이 보장될 때 가능하다. 그러나 완전 경쟁은 불완전한 정보, 불완전한 시장(규모 수확체증, 외부 효과, 공공재)으로 인해 현실 세계에 존재할 수 없다. 벌거벗은 임금님의 동화에서 임금님의 옷이 보이지 않는 것은 옷이 없기 때문이다. 마찬가지로 손이 보이지 않는 것은 손이 없기 때문이다."라고 주장한다. 이런 견해를 감안하면 미국이 보이는 손이 되어 시장을 통제하려는 현재의 세계화와 신자유주의는 자본주의의 원리에 맞지 않는다. 손이 보이고 실존할 때 이미 시장은 불완전하거나 왜곡, 불균형을 초래한다. 왜냐하면 손(미국)은 공평하고 정의로운 신이 아니기 때문이다.

현재의 세계화는 불완전한 세계화이다. 세계화의 이익은 미국, 유럽, 일본과 동아시아 몇몇 나라들만 혜택을 보고 있기 때문이다. 세계화가 초래한 세계적 차원의 완전 경쟁에서 생존할 수 있는 기업들은 이들 3개 지역의 기업밖에 없기 때문이다. 이를 장하준 교수는 현재의 선진국들이 높은 수준의 산업화 단계를 이룬 후 후발국들이 선진국으로 도약하지 못하게 하는 현상을 '사다리 걷어차기'라고 야유를 보냈고, 헤들리 불(Hedly Bull)은 새로운 중세 시대로 표현했다. 그리고 임혁백 교수는 밑둥치가 잘린 세계화(truncated glovalization)로 명명하면서 세계화는 세계적 차원의 부를 향상시킨 것이 아니라 미국, 유럽,

일본만의 세계화로 꼬집고 있다. 국가간의 차별화는 경제 여건의 차이에 따른 자생적인 측면도 있지만 의도적인 부분도 일부 있음을 부인할 수 없다. 이런 이유로 상층부 국가만의 세계화 때문에 후진국은 절망감을 키우면서 생존을 위해 테러의 전선에 가담할 가능성을 키운다. 세계 다국적 기업의 투자는 주요 선진국에 투자가 밀집되고 있다. 미국과 관련도가 높고 자원의 보고인 중남미를 제외할 경우 다국적 기업(미국)의 아시아와 아프리카 빈국에 대한 투자는 상대적으로 더 축소되고 있다. 또한 투자의 질에 있어서도 단순 하청형 생산 기지에 불과해서 경쟁에서 탈락한 이들 국가들은 영원히 재기할 수 없는 상황으로 내던져지고 있다. 세계은행의 밀라노빅(Milanovic)은 미국의 최상위층 10분의 1인 약 250만 명의 소득을 합치면 전세계의 하위 43퍼센트, 약 20억 명의 소득 전체와 같다고 분석했다. 결국 세계화에 대한 반감은 자연스럽게 반미 감정으로 연결될 가능성을 내포하고 있다.

2 _ 상호 의존성의 위험

국민 국가에 있어서 직접 민주주의와 지방자치제는 이상적인 민주주의의 근간으로 인식된다. 그러나 권력을 소유한 중앙정부는 직접 통치의 유혹에서 벗어나지 못하고 국가 전체를 동시에 통치하고 싶어한다. 따라서 중앙정부의 권력이 강화될수록 민주주의는 퇴보하는 것이 일반적이다. 왜냐하면 국가를 통치하는 권력자 역시 이기적인 인간이기 때문이다. 인간이 이기심을 완전히 버리고, 정의의 원칙에 입각해서 정치를 수행할 수 없다는 것은 인간의 기본적인 한계이다. 또한 사회주의의 실패에서 보듯이 계획 경제에 의해 사회 모든 분야를 국가 권력이 통제할 수 없음을 인식하는 데 인류는 엄청난 희생을 치렀다.

　세계화로 국가라는 물리적 장벽이 제거되면서 이제 인류는 지구촌 시대에 살고 있다. 세계화와 자본주의는 세계적 차원에서 완전 경쟁을 보장한다는 특성 때문에 본질적으로 경제 영역뿐 아니라 전세계 모든 현상이 복잡하게 엉키는 것을 전제로 한다. 그러나 국가간의 물리적, 제도적 장벽이 사라짐에 따라서 전세계 모든 기업들은 '만인 대 만인의 투쟁' 상황에 처해 있다. 설비 투자, 마케팅, 인사관리 등 기업 경영의 모든 분야는 세계적 차원에서 기획되고 실시되어야 한다. 이 결과 전세계의 모든 경제 현상과 재화 가격은 서로 연결되어 있다. 따라서 한 나라의 경제 위기는 세계 전체의 문제로 비화될 가능성이 매우 높아졌다. 특히 금융 부분의 연결성은 너무 심한 상태라서 다음 장에서 자세히 살펴볼 예정이다.

　제조업의 경우 상호 연결성 증대는 경쟁이 치열해지는 것만을 의미하지 않는다. 예를 들어 미국의 콜센터가 모여 있는 인도의 경우 최근에는 오히려 문화적 한계를 극복하지 못하고 활용도가 낮아지고 있는데, 모기업이 갑자기 콜센터를 철수할 경우 인도의 콜센터 노동자들은 일거에 실업자로 전락할 수 있다. 한국 LCD 업체가 파주와 천안에 LCD 라인을 대규모로 증설하면 대만의 LCD 업체들은 수익성 하락 때문에 투자 시기를 늦추거나 포기해야 한다. 갑자기 일본이나 대만에 지진이나 기상 이변이 발생해서 반도체 가격이나 철강 가격이 급등할 경우 미국 소비자들은 높은 가격에 한국산 반도체나 철강 제품을 구매해야 한다. 결국 경제 주체간의 밀접성 증가로 서로 영향력이 커지는 소위 '나비 효과'가 상시화될 수밖에 없다. 따라서 정상적인 상황에서 상호 의존성 증대는 경제의 효율성을 높이지만, 특정 지역이나 기업에서 예상치 못한 상황이 발생하면 전세계 대부분의 경제는 동반해서 충격을 받을 수밖에 없다. 게다가 미국은 제조업을 포기한 상황이다. 제조업이 없는 미국은 자급자족할 수 있는 상품이 패스트푸드 등 몇몇 상품에 지나지 않는다. 미국은 부채 경제 구조이면서 서비스업 중심의 산업 구조이기 때문에 세계적 차원의 변화에 대한 대응이 취약한 국가가 되었다. 따라서 세계화의 치명적 약점인 상호 의존성 증대는 세계화가 완벽하게 작동하지 못할 경우 미국의 피해가 가장 클 수 있다.

3 _ 세계화의 부메랑

완전 경쟁에서의 승패는 효율성의 차이에서 발생한다. 미국의 기업들은 세계적 차원의 독점 기업으로 성장했다. 생산비 절감을 위해서 지난 30년간 생산 기지를 동아시아 등 해외로 이전한 결과 현재 미국 기업들은 높은 수익을 얻고 있다. 그러나 이런 현실은 장기적 관점에서는 오히려 경쟁력을 약화시키는 요인이 된다. 미국이 주창한 신자유주의에 따라 대부분의 국가에서 미국식 경영 관행이 일반화하고 있다. 미국 컨설팅 업체의 조언을 듣거나 최신 경영 이론들이 미국보다는 오히려 미국 이외의 공업국에서 먼저 실행되는 경우도 많다. 이 결과 미국보다 인건비와 사회 인프라 구축 비용이 상대적으로 적게 소요되는 동아시아 등 미국 이외 국가의 경쟁력 강화 현상이 일반화되고 있다. 그리고 이런 현상은 미국뿐 아니라 제1세계(선진국)의 보편적 상황이 되고 있다.

이런 현상은 두 가지 경로로 미국에 영향을 준다. 첫 번째 영향은 미국 내부의 문제이다. 독점 시스템에 길들여진 미국의 시민 사회는 힘든 제조업을 포기하고 서비스업 중심의 경제에 길들여져 왔다. 따라서 이들은 제조업 기피 현상이 점점 커지고 있다. 그리고 이런 현상을 정치인들은 독점 시스템의 강화를 통해서 타개해 왔다. 그러나 문제는 미국 정부뿐 아니라 미국인들도 향후에 제조업을 할 생각이 없다는 점이다. 세계화를 통해 전세계 공장을 주식으로 소유만 하면 미국의 것이라는 집단적인 착각에 빠져 제조업 공동화 현상이 강화되고 있다. 결국 세계화는 미국인들의 자만심을 더욱 높이는 동시에 미국 기업의 경쟁력을 취약하게 하고 있다. 일부 IT 산업이나 생명공학 산업을 제외하고 미국 본토에 대한 사회 인프라나 기업의 설비 투자는 거의 이루어지지 않고 있다. 캘리포니아에서는 발전 설비 투자 부진으로 전력이 부족하고, 중국으로부터의 대규모 수입품을 실어 나르는 서부 항만에 대한 투자 부진으로 하역 대기 시간이 평균 4~5일이나 걸리고 있다. 하역한 물건을 내륙으로 이동시키는 철도도 부족한 실정이다. 미국의 인프라 투자 부진은 경제의 장기적 경쟁력을 낮추고 있다. 궁극적으로 독점 시스템은 세계화를 통해 미국 스스로 자신들의 경쟁력을 약화시키는 셈이다.

두 번째 문제는 후발국 기업의 경쟁력이 미국 기업보다 강해지고 있다는 사실이다. 세계 경제를 이끌던 GM, 포드 등 미국의 유수 기업보다 동아시아 국가 기업들이 미국 기업을 초과하는 높은 생산성을 보이고 있다. 동아시아 국가들의 생산성이 높은 이유를 상명하복의 유교식 문화나 종신고용으로 보기도 하지만, 현재 입장에서 결정적인 이유는 1990년대 말의 동아시아 지역의 집단적인 외환 위기로 본다. 문화적으로 동아시아의 유교적 자본주의가 개인주의적인 서구식 자본주의에 비해 효율성이 높다는 것은 많은 경제학자들이 이미 증명했다. 이런 상태에서 1990년대 말 외환 위기를 계기로 효율성이 높았던 동아시아 기업과 사회 구조에 미국식 합리성이 빠르게 접목된 결과 동아시아의 경쟁력은 배가되었다. 이런 변화의 결과는 21세기 들어 동아시아가 미국의 무역적자에서 차지하는 비중이 급증한 것에서 가장 극명하게 나타나고 있다. 동아시아 국가들은 외환 위기 이전 불투명한 사회 구조와 금융 관행, 후진적인 양적 성장 중심의 기업 경영 방식으로 국가의 보조가 없었다면 거의 독자 생존이 불가능한 상태였다. 그러나 외환 위기를 겪으면서 동아시아의 정부, 사회, 금융 기관, 그리고 대부분의 기업들은 미국식 회계 기준과 주주 자본주의를 도입한 결과 놀랄 만한 수준 향상을 보였다. 한국의 시가 총액 상위 100위 종목들의 재무 구조는 이미 미국의 다우 30 종목에 육박할 정도로 재무적 안정성과 수익성을 갖춘 상태이다. 또한 외환 위기 과정에서 IMF의 긴축 정책으로 급락한 화폐 가치 때문에 동아시아 국가들은 환차익이라는 어부지리까지 얻고 있다. 예를 들어 IMF 위기 이전 한국 기업들은 1달러당 800원대에 수출을 했지만, 이후 2003년까지 무려 400원이 높은 1,200원대에 수출을 했다. 그리고 2005년 하반기 환율 1,000원을 감안해도 여전히 달러당 200원의 차익이 발생한다. 특히 제조업 경쟁력이 약한 미국에 대한 수출이 비약적으로 증가하고 있다. 이를 2005년 수출 예상 금액 2,900억 달러에 대입해 보면 1990년대에 비해 무려 58조 원의 초과 이익이 발생한다. 물론 원부자재 수입 과정에서 이러한 환차익이 다소 감소하는 것은 사실이다.

결국 21세기 들어서 미국의 무역수지 적자는 미국이 초래한 세계화가 오히려 미국 이외 국가의 경쟁력을 강화시켜 준 결과로 나타났다.

[그림 2-15] 선진국과 이머징 국가의 경제 성장률 격차

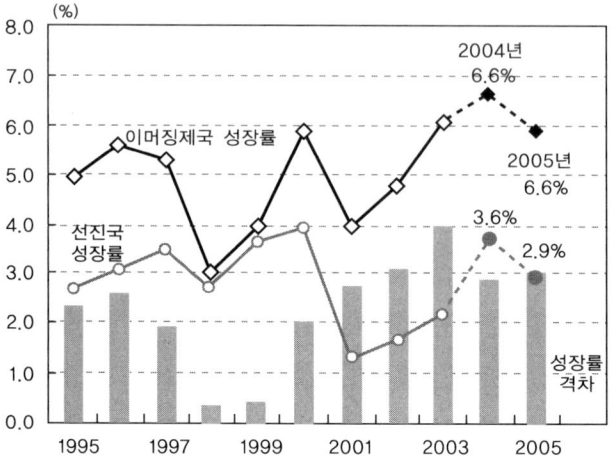

자료: IMF

이를 반영하듯 이머징 마켓(주로 동아시아)과 선진국의 경제 성장률 격차는 꾸준히 2퍼센트 이상을 유지해서 [그림 2-15]와 같이 미국 등 선진국과 격차를 벌리고 있다. 또한 전세계 무역액 중 냉전 종식 직후인 1992년에는 29개 선진국이 무려 80.6퍼센트나 차지 했지만 지금은 72.7퍼센트로 줄어든 상태인데 추세적으로 선진국의 무역 비중은 감소하고 있다. 이렇게 미국이 자신들의 이해를 높이기 위해 추진하는 세계화와 신자유주의는 미국 산업의 경쟁력을 약화시키는 부메랑이 되고 있다. 또한 미국의 장기 성장 잠재력을 낮추는 동시에 독점 시스템을 느슨하게 만드는 역할을 한다.

5
독점적 금융 자본의 해체 가능성

실질적으로 미국의 세계 지배는 군사력보다는 금융 자본의 독점을 통해서 이루어진다. 전세계 돈의 경로를 미국이 제어하면서 미국의 이해에 맞게 자금 흐름을 조절한다. 자금 흐름을 통제한다는 것은 실질적으로 세계 경제를 통제한다는 의미이다. 이렇게 전세계 금융을 완벽하게 지배하기 위한 선결 조건으로 미국은 전세계 금융 기관의 소유권을 대부분 확보하고 있다. 미국은 1980년대 초반 자체 금융 위기를 겪으면서 금융 기관의 대형화를 추진했다. 이후 미국의 금융 기관들은 대외 진출을 활발히 추진하면서 전세계 대부분의 금융 기관들을 접수하기 시작한다. 동아시아 금융 위기 당시 한국을 비롯한 아시아 금융 기관에 대규모로 투자했고 최근에는 구조 조정 중인 중국, 일본의 금융 기관에 대한 투자를 늘리고 있다. 이렇게 미국이 전세계 금융 기관을 7~8년 동안 접수한 결과 지금 전세계 금융 기관은 복잡한 출자 관계를 통해 거의 미국의 영향력 아래에 들어간 것으로 판단된다.

그러나 미국이 전세계 금융 기관에 영향력을 행사한다고 해도 경영권을 완벽히 장악하지는 않는다. 다만 결정적인 상황에서 미국의 자본 논리에 맞게 영향력을 행사한다. 이들의 전형적인 행태가 한국에서 발견되는데 배당이나 계열사 문제, 구조 조정 등 자신들의 주가나 금융 기관 가치에 영향을 주는 사안에만 깊숙이 간여한다. 또한 진출 국가의 구조 조정 과정에서 발생하는 대외 금융 거래에는 적극적으로 참여해서 이익을 챙긴다. 예를 들어 한국에서 공기업 민영화나 부실 자산 매각은 거의 영미계 금융 기관이 담당했다. 촘촘한 그들의 네트워크를 통해 매수자를 물색하거나 큰 이익이 예상되면 고도의 수익 분석을 통해 직접 인수한 후 기업을 정상화시켜 비싼 가격에 매각한다. 이런 영업 행태는 한국뿐 아니라 어떤 국가의 금융 기관도 불가능하다. 규모가 큰 유럽이나 일본의 금융 기관도 세계적 차원에서 이런 영업을 할 수 없는 것이 현실이다.

미국 금융 기관이 전세계 금융을 주무르는 현상은 독점 시스템이 구축되는 과정인 1980년대 이후부터 시작되었다. 그리고 1997년 아시아 외환 위기를 계기로 완벽하게 구축되었다. 따라서 동아시아 외환 위기는 신자유주의가 세계적 차원에서 보편화되는 계기가 된 사건으로 볼 수도 있다. 이런 혼란한 와중에서 동아시아의 금융 주권은 미국으로 넘어갔다. 유럽의 경우에는 미국의 금융 기관 지배를 국내적으로 방어할 수 있는 토대를 부분적으로 가져 왔었다. 유럽은 지방 분권이 강한 역사 때문에 금융 기관도 대형 은행부터 저축은행, 협동조합 등으로 다양하게 구성되어 있다. 유럽의 금융 기관들은 미국에 비해 소규모지만 상대적으로 견실한 편이며 고성장이 마무리되면서 금융 기관의 성장 가능성도 낮다. 또한 오랜 전통으로 미국의 속내를 훤히 내다보고 있기 때문에 미국 금융 기관 입장에서 유럽을 공략한다는 것은 별반 이익이 없다. 그러나 최근에는 유럽 대형 은행들의 경쟁력이 약화되면서 미국 금융 기관에 인수될 가능성이 높아지고 있다. 독일 최대 은행인 도이체방크도 미국의 씨티그룹이 인수할 가능성이 보도되기도 했다. 이 결과 미국과 글로벌한 차원에서 경쟁 중인 대형 은행일수록 이미 상당한 규모의 미국계 자본이 유입되고 있다. 이런 현상이 지속된다면 아마 미국의 금융 자본은 전세계를 통치하는 가장 중요한 전략 무기가 될 전망이다.

1_ 금융 기관의 세계화

최초 미국의 금융 기관이 해외로 진출하게 된 것은 독점 시스템 구축 때문이 아니라 세계화에 따른 세계 경제 흐름의 자연스러운 결과였다. 단지 최근에 와서 미국의 이해를 지키는 파수꾼으로 역할이 바뀌었을 뿐이다. 미국의 금융 기관이 해외로 나가게 된 것은 미국이 제조업을 포기한 것과 전세계적인 디플레이션이 주된 원인이 된다. 1970년대 초반 이후 대부분의 산업이 공급 과잉 상태에 처하면서 미국도 높은 생산비 때문에 제조업이 급속히 위축되었다. 제조업의 위축은 투자 축소를 유발한다. 투자가 줄어들면 국내적으로 자금이 남아도는 자금 잉여 상태가 되고 자금 사용자가 줄어들면서 금리는 하락한다. 저금리 상태가 지속되면서 미국의 과잉 자본은 미국을 떠나 고금리와 고성장을 보이는 이머징 마켓으로 흘러 들어갔다. 미국 기업이 국내가 아닌 해외 투자를 늘릴수록 미국 내 제조업 투자는 더욱 감소하고, 이 결과 금리가 재차 하락하자 미국 자본이 추가적으로 이머징 마켓으로 이동하는 악순환 고리가 형성되었다. 1980년대 초반 연 20퍼센트대이던 미국 금리가 지속적으로 하락해서 4퍼센트대로 내려오게 된 것은 미국이 제조업을 포기한 결과 미국 자본의 대외 이탈이 진행된 것으로 볼 수 있다. 이런 자본 이탈 과정에서 금융 기관에 자금을 예치하는 투자가들은 더 높은 수익을 요구하고 있다. 점점 미국 경제가 불확실해지고 있기 때문에 높은 수익을 추구하는 자금일수록 미국 밖으로의 탈출은 앞으로 더 늘어날 전망이다. 2005년 하반기에 미국이 금리를 올리고 달러가 강세를 보여도 미국 자본이 미국으로 재유입되지 않는 것은 미국의 투자가나 금융 기관 모두 미국에 대해 희망을 접고 있다는 증거가 아닐까?

이제 구조적으로 저성장 지역인 미국 등 선진국에서의 자금 이탈은 불가피한 상황이 되었다. 제조업을 활성화하기에는 이미 때가 늦었다. 미국인들은 편하게 살 수 있는 독점 시스템을 대신해서 서부 개척 시대와 같이 열심히 일할 수 없을 만큼 이기적으로 변했다. 그렇다면 미국의 입장에서는 정상적인 경제 흐름 속에서 경쟁할 수 없다. 결국 독점 시스템에 대한 의존도를 높이는 방법밖에는 없는 것이다. 그러나 독점 시스템이 강화될수록 미국의 경쟁력은 스스로 약화될 뿐이다.

2 _ 약화되는 금융 독점 시스템

1) 금융의 세계화로 인해 미국의 취약성 노출

세계화의 결과 전세계 자본은 국경 없이 수시로 수익률을 찾아 이동하게 되었다. 이 과정에서 전체 경제 규모보다 훨씬 많은 규모의 자본들이 복잡하게 얽혀 있다. 먼저 빠르게 이동하는 국제 자본의 절대 규모가 너무 큰 것이 가장 위험이 크다. 2003~2005년 중 국제 투기 자본은 주요국의 환율, 금리, 원자재, 귀금속 등에 투기적으로 개입하면서 세계 경제에 큰 부담을 주었다. 대규모 자본이 수익률을 쫓아 투기적으로 이동하면서 경제의 본질(Fundamental)적 변화보다 더 큰 가격 변동을 가져오고 있다. IMF 분석에 따르면 이미 선진국들의 해외 자산은 36조 달러에 이르러 전체 GDP 대비 2배를 넘고 있다. 그리고 경상수지 흑자가 발생한 몇몇 개도국들도 해외 투자에 열을 올리면서 GDP 대비 해외 투자가 70퍼센트를 넘고 있다. 이런 막대한 규모의 대외 투자는 미국 등 선진국이 실질적으로 세계 경제를 지배하고 있음을 시사한다. 그리고 국제 투기 자본이라는 거대 자본은 선진 금융 기법이라 일컫는

[그림 2-16] 선진국의 해외 투자자산 규모 추이

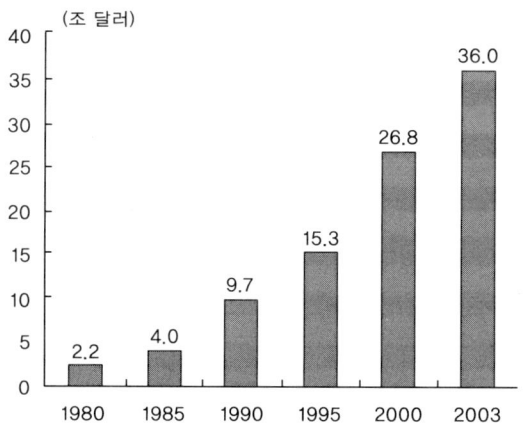

자료: IMF

미국식 투자 방법을 이용해서 개도국에서 많은 수익을 발생시키고 있다. 그러나 장기적으로 수익을 제공하는(착취당하는) 개도국에서는 다양한 형태의 자본이 뒤섞인 국제 투기 자본을 단순히 미국 자본으로만 규정한다. 왜냐하면 미국 투자가의 자본이 가장 많은 동시에 미국 금융 기관이 자본을 운용하기 때문이다. 따라서 개도국의 일반적 정서는 미국과 미국 자본을 공적(公敵)으로 규정하는 분위기가 커지고 있다. 또한 지나치게 많은 자본이 해외로 진출함에 따라 미국 경제는 해외 경제 변동에 여과 장치 없이 노출된다. 즉 상호 의존성 증대의 위험이 금융 시장을 통해 미국에 부정적 결과를 가져올 가능성이 매우 높아지고 있다.

2) 국제 투기 자본의 자기 파괴성

국제 투기 자본의 자유로운 이동과 과도한 규모 때문에 세계 경제의 불안 요인이 된다는 것에 대해서는 이미 많은 연구가 있었다. 그러나 이러한 연구가 간과하고 있는 위험은 국제 투기 자본이 서로 연결되어 있다는 상호 의존성에 있다. 예를 들어 헤지펀드는 원금의 2~3배에 달하는 자금을 차입해서 전세계를 대상으로 환율, 채권, 주식, 원자재 등을 높은 수익이 보장되도록 복잡하게 얽힌 상태로 매매한다. 따라서 특정 상품 가격이 급속히 변화하면 함께 투자했던 상품 가격이 동시에 변화하는 위험에 노출되어 있다. 1998년 롱텀캐피털 사건과 같이 소규모의 펀드들이 문제를 일으키면 공적 자금을 투입해서 빠르게 해소할 수 있다. 그러나 롱텀캐피털 사건이 발생한 지 지금은 7~8년이 흘렀고, 그 기간 동안 국제 투기 자본의 상호 의존성은 더욱 높아졌다. 따라서 갑자기 원유 가격이 폭락한다면 원유에 투자했던 많은 헤지펀드들은 손실이 커질 수 있다. 손실이 커지면 투자가들은 환매를 요구할 것은 당연하다. 그러면 이 펀드는 환매 금액만큼 원유나 혹은 나머지 자산(주식, 외환, 원자재 등)을 처분할 수밖에 없다. 그러나 실제 자산 매각은 환매 금액보다 훨씬 커진다. 왜냐하면 헤지펀드들은 수익을 높이기 위해서 기초 자산(원금)보다 2~3배의 자금을 빌려서 투자했기 때문에 매각시에도 환매 금액의 2~3배를 매각해야 한다. 따라서 갑자기 많은 펀드들이 환매가 발생하면 국제 금융 시장은 일거에 혼란에 빠질 수 있다. 반대로 신규로 헤지펀드에 자금이 유입될 때에는 투자 자산 가격이 급등한다. 이때도 마찬가지로 자금 유입 금액보다 2~3배의 자금만큼 매수에 나서기 때문이다. 즉, 헤지펀드 등 국제 투기 자본은 전세계 모든 자산을 춤추게 한다(Boom & Bust).

한편 본래 투자한 자금을 초과해서 외부에서 자금을 빌려 투자하는 것은 금리와 환율 변동에 경제 구조를 완전히 노출시킨다. 자금을 대규모로 빌려서 투자하기 때문에 이때 발생하는 비용은 이자율에 의해 결정된다. 헤지펀드는 금리가 낮은 나라나 통화 가치가 상승할 나라에서 차입하는 것이 일반적이다. 그러나 자금을 빌린 국가의 금리가 급등할 경우 투자에서 얻는 이익보다 차입한 자금의 이자 비용이 높아진다. 이럴 경우 헤지펀드는 서둘러 자산을 처분해야 한다. 그리고 이 과정에서 자산 가격은 급격한 변동에 노출된다. 물론 환율도 동일한 역할을 한다. 2004년 이후 전세계 자금 이동에서 미국의 금리 수준이 매우 중요했던 것은 바로 이러한 헤지펀드의 취약성 때문이다. 미국이 금리를 올리자 헤지펀드들이 급속히 자산 구조를 변화시키면서 2004년 4월, 2005년 3월에 전세계 자산 시장은 급등락을 반복했던 경험이 있다.

세계가 저금리의 디플레이션 구조에 처함에 따라 전세계 모든 자본들은 낮은 수익률 때문에 고민하고 있다. 한국에서 2004년 역사상 처음으로 은행권에서 자금이 이탈한 것은 한국만의 현상이 아니라 세계적인 현상이다. 따라서 장기적 관점에서 안정적으로 운용되던 미국의 장기 펀드(뮤추얼 펀드)들도 이제는 조금씩 외도를 하고 있다. 헤지펀드와 비슷하게 빠르게 운용하면서 투자 자산도 파생 상품, 원자재 등으로 다양화시키고 있다. 헤지펀드보다 훨씬 규모가 큰 뮤추얼 펀드의 적극적 자산 운용은 국제 금융 시장의 완전 경쟁적 상황을 강화시킨다. 1998년의 롱텀캐피털 사건은 1개 펀드의 문제였다. 그러나 지금은 거의 모든 펀드들이 이러한 위험에 노출되어 있다. 따라서 예상치 못한 위기가 발생했을 경우 전세계는 대혼란에 빠질 수밖에 없다. 만일 이런 상태가 된다면 주요 운용 국가인 미국의 금융 시장은 대혼란에 빠지고 달러 가치는 폭락할 수 있다. 문제는 이런 위기가 발생할 경우 채권국인 동아시아 국가나 유럽보다 해외 부채가 많은 미국은 더 위험해진다는 점이다. 결국 미국이 만들어 놓은 금융의 세계화는 실물 경제가 허약한 미국에 독약이 될 수 있다. 미국이 어떻게 이런 상황을 완벽하게 관리할 수 있는가? 독점 시스템이 국제 투기 자본을 어떻게 장악할 것인가는 미국의 입장에서 보면 현실적으로 아주 가깝고도 중요한 문제다.

3) 국제 투기 자본의 소유자와 운용자

세계 경제를 주무르는 국제 투기 자본의 본질적 소유자는 누구인가? 여러 가지 견해가 있을 수 있지만 초과 공급된 국제 투기 자본의 성격은 미국의 누적 경상수지 적자가 가장 큰 비중을 차지한다. 따라서 정확한 측정은 어렵지만 경상수지 적자국인 미국 자본보다 경상수지 흑자국의 자본이 많다. 약 5조 달러에 이르는 미국의 누적 경상수지 적자 금액의 소유권은 미국과의 무역에서 흑자가 발생한 국가 소유이다. 즉 무역수지 흑자가 발생하면 이 자금은 주로 미국 금융 기관에 예치되어 미국의 국채, 주식 등에 투자된다. 그리고 이러한 자금 이외 나머지 국제 투자자금의 소유자는 미국의 개인과 기업들이다. 개인들은 자신의 미래를 위해 미국 금융 기관에 자금을 예탁한다. 따라서 미국이 전세계에서 독점 시스템 운용을 위해 사용되는 자금의 소유자는 미국의 개인 투자가와 기업, 그리고 미국과의 무역에서 흑자를 기록한 나라의 자본이다.

이 자본 중 미국 자금이 독점 시스템 유지에 사용됨은 인정할 수 있다. 그러나 미국 이외 국가의 자본은 미국 금융 기관을 경유해서 다시 해당 국가로 회귀, 독점 시스템과 미국 자본의 이해를 위해 사용된다는 것은 대단한 아이러니이며 모순이다. 즉 자본의 소유권을 가진 자들이 수익률에만 관심을 두기 때문에 이런 현상이 발생한다. 투자가는 자본 운용 과정에는 관심이 없다. 그러나 시간이 지날수록 국제 투기 자본의 소유권은 중요한 이슈가 될 전망이다. 예를 들어 최근 한국에서 문제가 된 소버린이나 론스타 등과 같은 투기 자본에 투자한 자금이 불공정한 이들의 행태를 볼 경우 추가적으로 이들에게 자본을 예치할 가능성이 낮은 것은 당연하다. 미국 내에서도 엄격한 윤리 기준에 의해 운용되는 자금들은 부도덕한 투기적 자산 운용을 일삼는 펀드에 대한 투자를 줄일 가능성이 높다. 자본의 소유자와 운용자(미국의 금융 자본)가 철저히 분리된 현재의 자산 운용 시스템은 반대로 운용자가 부도덕적이고, 과도한 위험에 노출되었을 때 투자가들은 언제든지 운용자를 외면할 수 있다.

　이런 위험성은 자본의 소유자나 운용자가 너무 편중적이라는 면에서도 위험성을 내포하고 있다. 현재 세계 자본 시장의 헤게모니를 거머쥐고 있는 축은 미국 월가이며 운용자는 유대계 금융 기관으로 압축할 수 있다. 자금의 소유자는 일본, 중국 등 동아시아계 자금과 미국 개인, 기업의 자금이다. 특히 중국은 2008년 베이징 올림픽을 전후해서 약 1조 달러가 넘는 외환 보유고를 가질 것으로 추정되고 있다. 또다른 소유자는 유가 급등에 따른 사우디 등의 오일 머니이다. 세계는 1980년대 일본달러 시대를 거쳐 이제는 차이나와 오일 달러 시대로 진입하고 있다. 물론 1970년대에도 오일 달러 시대가 있었지만 국제 투기 자본의 유동성과 투기성은 지금보다 매우 낮은 상태였다. 그러나 최근 한국의 주식 시장과 벤처캐피털에도 오일 달러가 유입되고 있을 정도로 이제 본격적인 오일 달러 시대에 돌입하고 있다. 당시에는 원유를 팔아 축적한 오일 달러가 국제 자본 시장으로 되돌아오지 않았다. 산유국의 산업 구조가 워낙 낙후된 상태였기 때문에 벌어들인 오일 달러로 투자할 곳이 마땅치 않았다. 내수 시장도 부실해서 방만한 재정을 통해 비효율적으로 소비되면서 오일 머니의 힘은 그다지 크지 않았다. 그러나 지금은 내수를 위한 수입 규모가 크게 늘고 있는 데다 오일 머니가 중동의 설비 투자 수요를 충당하고 남을 정도로 확대되고 있다. 이 결과 대규모 오일 달러가 미국 등 국제 자본 시장으로 흘러 들어가고 있다. 미국의 엄청난 경상수지 적자도 미국으로 흘러간 오일 달러가 상당 부분 메워주고 있다. 바로 이런 이유 때문에 최근 고유가에도 불구하고 1970년대 오일 쇼크 당시보다 세계 경제에 대한 타격이 적은 이유다. 국제 금융 연구소(IIF)에 따르면 향후 2년 동안 오일 머니의 전세계에 대한 투자

규모가 총 3,600억 달러에 이를 전망이라고 한다. 중국도 엄청난 무역 수지 흑자와 외국인 직접 투자 자금 때문에 달러 과잉에 시달리고 있다. 이 자금도 오일 머니와 같이 미국으로 대부분 흘러 들어가서 미국 경제 안정에 기여하고 있다.

대규모의 오일 달러와 차이나 달러는 아직까지 미국의 국채 등 채권 시장에 주로 투자하면서 재정 적자와 경상수지 적자 문제를 완화시켜 주는 긍정적 역할을 하고 있다. 반면에 미국인들이 직접 투자하는 자금들은 헤지펀드와 같은 투기성 상품에 투자하면서 국제 금융 질서를 혼란스럽게 만들고 있다. 따라서 크게 보면 국제 투기 자본이 모두 미국의 이해에 맞게 사용되는 것처럼 보이지만, 구체적으로 살펴보면 국제 금융 질서를 교란하는 투자자금의 소유자는 미국인들의 자금으로 규정할 수 있다. 결국 미국 이외 국가들이 미국의 경상수지 적자 금액을 보전해 준 결과 국제 금융 시장이 안정을 보여 미국인의 투기성 자금이 활동할 수 있는 토대를 만드는 모순적 구조를 이루고 있다. 이러한 국제 금융 시장의 모순적 구조는 경제 정의와 미국의 원죄론을 확산시키는 기반이 된다.

그러나 문제는 지금보다 미래에 있다. 고유가는 지속될 수밖에 없는 상황이기 때문에 오일 머니는 더욱 커질 전망이다. 세계 최대 원유 생산국인 러시아 경제도 고성장이 예상된다. 중국의 고성장에 대해 이의를 제기하는 사람은 아무도 없다. 따라서 현재 국제 정치 구조에서 미국에 가장 반감이 큰 국가들이 대부분 달러를 확보하고 있다. 아직까지는 달러의 소유권이 문제가 되지 않지만, 미국이 취약해질수록 달러의 소유권 문제는 국제 질서 구조를 근본적으로 흔드는 요인이 될 수 있다. 2005년 초반 미국이 중국 위안화 평가 절상을 요구할 때 중국의 인민은행장은 미국에 대해 "우리 문제(위안화 환율 문제)는 우리가 알아서 할 테니까 너(미국)나 잘해라!"고 일갈하면서 비교적 소폭인 2퍼센트의 위안화 절상을 단행했다. 중국의 이런 행태는 러시아, 중동의 국가들에게도 영향을 줄 수 있다. 특히 중동 국가들이 석유와 오일 달러에 대한 영향력이 커질수록 미국은 이런 한계를 극복하기 위해 중동 문제에 지속적으로 개입할 수밖에 없다. 이런 상황이 지속될수록 금융 시장에서의 독점 시스템은 약화되고, 미국 내부 체력도 저하될 전망이다.

4) 미국의 금융 자본에 대한 저항

금융 기관끼리 인수 합병하는 과정의 본질은 미국 이외 국가의 금융 기관에 미국의 이해를 이른바 '물타기'하는 것이다. 미국 자본이 전체 지분의 절반이 되지 않아도 미국식 경영 기법에 따라 미국인에 의해 운용되는 금융 기관은 미국의 금융 기관이다. 특히 글로벌화된 금융 기관의 문화는 철저히 미국을 옹호하는 차원에서 경영된다. 미국에서 교육받고 신자유주의의 전성기인 1990년에 미국의 소프트파워에 중독된 미국인이나 개도국 출신의 금융 기관 종사자들은 무의식중에 미국 중심의 사고를 가질 수밖에 없다. 한국의 경우에도 외국계 금융 기관에 근무하는 한국계 직원들의 의식 구조는 철저히 미국화되어 있다. 자본 시장에서 활동하는 필자조차도 적응하기가 어려울 정도다. 이들 중에는 미국의 이해와 글로벌 스탠더드를 동일어로 착각하는 사람들이 많다. 미국 문화에 대한 중독성이 강할수록 전문가로 인식하는 분위기도 팽배하다. 문제는 이들이 영어와 신자유주의를 절대적인 것으로 인식하면서 본사(미국)에서 제공하는 단편적 정보 이외에는 별다른 지식이 없다는 점이다.

그러나 IMF 위기 이후 한국 기업(특히 금융계)으로 이동했던 인물들의 경우 미국 중심의 편향된 시각의 한계와 미국 중심의 국제 금융 체제에서 미국의 파워가 약화되면서 서서히 수명을 다하고 있다. 현재 국내 금융 기관에서 외국계 출신들은 경쟁에서 도태되면서 서서히 시장의 뒷면으로 사라지고 있다. 한국의 대형 은행들이 대부분 국제 금융 자본으로 넘어감에 따라 정부는 은행을 규제하고 한국 자본의 비중이 큰 증권업을 육성하려는 장기 계획도 세우고 있다. 전세계 금융 기관의 경영권 확보는 미국의 입장에서는 독점 시스템 유지를 위해 생존권 차원에서 확보해야 한다. 그러나 한국에서도 나타나고 있듯이 점점 저항은 커지고 있다. 그리고 그 저항은 나름대로 실효성이 있다. 왜냐하면 금융업은 각국 정부가 면허를 부여하기 때문이다.

헤지펀드 = 미국

헤지펀드의 규모는 정확히 알 수는 없지만, 거의 8,000개 이상의 펀드 수와 2조 달러 정도로 추정되고 있다. 이는 전세계 금융 자산의 1퍼센트를 넘는 수준에 불과하지만 그 영향력은 가히 파괴적이라 할 정도로 크다. 미국이나 영국의 주식 시장에서 헤지펀드의 매매 규모는 하루 거래량의 45~50퍼센트(일부에서는 10~30퍼센트로 추정)에 이르는 것으로 추정되기도 하며, 2004년 기준으로 미국의 부실 자산(Distressed Debt) 시장 거래량의 82퍼센트, 정크본드 및 신용 파생 시장 거래량의 70퍼센트, 장내외 옵션 거래량의 50퍼센트. 선물 거래량의 1/3, 전환 사채(CB) 거래량의 70퍼센트를 차지하고 있는 것으로 조사되고 있다(국제 금융 센터). 이와 같이 헤지펀드는 이른바 돈 되는 것은 뭐든지 한다.

1990년대까지 헤지펀드는 고소득 개인들이 주로 투자했다. 그러나 지금은 빠른 속도로 보편적 투자 수단으로 자리잡고 있다. 현재 헤지펀드는 미국만의 전유물이 아니다. 아시아 각국을 비롯한 다양한 나라에서도 헤지펀드가 생겨나고 있다. 그리고 개인뿐 아니라 기관 투자가들도 헤지펀드 가입이 늘어나면서 그 영향력을 키우고 있다. 약 2조 달러의 헤지펀드가 2~3배의 자금을 차입한다면 그 규모는 거의 4~5조 달러에 육박한다. 그리고 이 자금이 전세계 금융 시장을 무정부 상태의 혼란으로 빠뜨린다면 헤지펀드는 핵폭탄보다 더 무서운 무기가 된다. 현재 지구상 어떤 나라도 헤지펀드의 공격을 막아낼 수 있는 나라는 없다. 이런 헤지펀드의 위험성 때문에 자연스럽게 헤지펀드에 대한 규제와 저항 운동이 활발해지고 있다.

　1997년 말레이시아의 마하티르 총리가 동아시아 외환 위기의 주범으로 헤지펀드를 공격한 것은 당시로서는 상당한 용기였다. 그러나 지금은 헤지펀드에 대한 시각이 보다 악화되면서 투기적 자본이 국경을 넘을 때 이를 규제하기 위한 토빈세(Tobin's tax)에 대한 논의가 꾸준히 진행되고 있다. 그리고 2005년 6월에는 독일의 슈뢰더 총리가 헤지펀드 규제를 위해 국제 공조를 촉구하기도 했다. 물론 미국은 적극적으로 반대 의사를 표명했다. 이런 움직임은 이제 독일만의 현상은 아니다. 전 세계 대부분의 국가에서 미약하나마 헤지펀드에 대한 규제를 시행하기 시작했다. 한국도 단일 외국인 지분이 5퍼센트를 초과할 경우 투자 목적인지, 경영 참여인지를 밝히도록 했다. 이에 대해 영국의 《파이낸셜 타임스》는 매우 강경한 어조로 한국의 행동을 성토하면서 한국의 헤지펀드 규제 움직임에 저항하기도 했다.

　이렇게 미국이 세계를 지배하는 직접적인 수단인 헤지펀드에 대해 저항이 커지고 있는 것은 장기적으로 미국의 독점 시스템을 이완시키는 역할을 한다. 그리고 미국의 모순이 깊어갈수록 헤지펀드에 대한 규제와 이에 대한 미국의 저항은 더욱 커질 수 있다.

마이크로크레디트 운동

마이크로크레디트(Microcredit)는 빈곤층 자활을 위한 무담보 소액 대출을 말한다. 쉽게 말해 돈이 궁한 사람에게 돈을 꿔주는 것이다. 언뜻 들으면 너무나 당연한 개념이다. 자금은 돈이 없는 사람에게 필요한 것이 아닌가? 그런데도 우리가 이 단어에 낯선 이유는 단 한 가지다. 우리는 소득이나 자산이 많은 사람에게 돈을 꿔주는 게 당연하다고 여기는 사회에서 살고 있기 때문이다. 돈이 궁한 사람에게도 돈을 빌릴 기회를 주자고 국제연합은 2005년을 마이크로크레디트의 해로 삼았다. 2003년은 물의 해, 2004년은 쌀의 해였다. 마이크로크레디트는 쌀이나 물만큼 중요한 이슈가 되었다. 방글라데시의 마이크로크레디트를 실천한 '그라민트러스트'는 방글라데시의 5만여 개 마을, 435만 가구에 평균 200달러의 대출을 제공해 10년 동안 그라민 회원 가구의 절반의 생활 수준을 빈곤선 이상으로 높이는 데 기여했다. 그리고 놀라운 사실은 그라민 은행의 대출금 상환율이 98퍼센트로, 70퍼센트대인 기존 은행보다도 훨씬 높았다는 점이다. 그라민트러스트의 라티프 총재는 "아직도 지구상엔 하루 1달러 미만으로 생계를 유지하는 사람이 12억 명이나 있다."며 최선의 빈곤 해소 방안은 빈곤층을 위한 고용 기회를 늘리는 것이며, 자기 고용은 고용 창출의 가장 쉽고 신속한 방법이라 주장했다. 마이크로크레디트는 창업 지원으로 자기 고용을 창출하면서 동시에 소득을 발생시킴으로써 가난한 사람들이 빈곤의 악순환을 끊자는 것이다(이경숙, 머니투데이 기자. blog.naver.com/nwijo/20012968698).

마이크로크레디트 운동의 본질은 지역화, 분권화다. 이것은 미국의 글로벌화가 이룬 독점과 착취에 대해 반대되는 개념이다. 질주하는 기관차(국제 투기 자본)는 먼 거리를 빠르게 이동하지만, 중간 정차역(지역 금융 기관)에는 서지 않는다. 인간의 삶에는 중간 정차역도 필요하고, 기관차도 필요하다. 마찬가지로 미국이 전세계 금융 기관을 장악한다고 해도 완벽할 수는 없다. 최근에 나라마다 지역 금융 기관이 활성화되고 있는 것은 금융을 통한 적극적인 부의 분배 노력이 커지고 있음을 의미하며, 미국이 세계 모든 금융 기관을 장악할 수 없다는 반증이 되기도 한다. 미국 자본이 특정 국가의 대형 은행만을 소유해도 미국의 이해는 충분히 지킬 수 있다. 미국에서조차 지역 금융 기관이 활기를 띠고 있듯이 대부분의 국가에서 대형 은행의 영향력이 줄어드는 추세이다.

5) 신자유주의적 개혁 → 투기 자본에 내성

한국의 경우 IMF 위기 이후 많은 기업들의 구조 조정(신자유주의적 경영 방식의 채택)으로 부채 비율이 현격히 낮아졌다. 이는 은행 등 금융 기관을 통해 특정 국가의 지배가 어려워짐을 의미한다. 만일 1990년대 중반 수준의 기업 경영 구조를 가진 상태에서 현재와 같이 한국의 대형 은행들이 모두 국제 투기 자본에 넘어갔을 경우를 상상해 보자. 이는 한국 전체가 국제 투기 자본에 넘어간 것과 동일한 상황이 될 수밖에 없다. 기업의 구조 조정은 주거래 은행의 허락을 받아야 하는데, 정부의 개입이 불가능해지면서 아마 한국의 많은 기업들이 해외에 매각되거나 가혹한 구조 조정을 추진해서 훨씬 많은 실업자가 양산되었을 것은 자명하다. 다행히 기업들의 자본력 확충으로 이런 점이 사전에 방지된 것은 그나마 불행 중 다행으로 판단된다. 한국과 유사한 상황이 동아시아 전체에 확산되고 있다. 많은 동아시아 기업들은 구조 조정을 통해 국제 투기 자본의 공격에서 방어하는 시스템을 마련해 가고 있다. 중국도 대규모 공적 자본과 해외 자본 개입을 규제하는 다양한 조치를 취하고 있다. 정도의 차이는 있지만 대부분의 동아시아 국가들은 시간이 지날수록 국제 투기 자본의 공격을 약화시키는 것을 목표로 재무 구조 개선, 소유 지배 구조의 투명화를 꾀하고 있다. 따라서 향후 시간이 지날수록 국제 투기 자본은 장기적으로 특정 국가를 요리하던 역할에서 포트폴리오 투자(단기간의 주식 투자 등)로 전환되어 단순 투자적 성격이 지금보다 짙어질 수 있다. 포트폴리오 투자는 직접 투자(FDI)와는 달리 모든 투자 자본들이 투자 위험에 공통적으로 노출된다는 특성과 투자 자본 간에 치열한 경쟁을 전제로 한다. 투자 자본 간의 수익률 경쟁은 스스로의 정치적 영향력을 약화시키면서 금융 시장에서의 헤게모니를 상실하게 만든다. 그리고 한국의 SK를 공략했던 소버린과 같이 해당 국가의 강력한 저항이 있을 경우 다른 국가에서 유사한 투기적 행태를 보일 수도 없게 된다. 이들의 부정한 행태가 노출될 경우 대부분의 개도국에서 소버린은 공동의 적이 되어 경계감을 높이기 때문이다. 결론적으로 시간이 지날수록 국제 금융을 지배하는 자본은 소버린과 유사하게 변화되면서 스스로 영향력이 축소될 전망이다.

총독(總督) 각하

안중근 의사가 이토 히로부미(伊藤博文)를 살해할 수 있었던 것은 하얼빈에서 성대하게 이토 히로부미 환영식이 있었기 때문이다. 혼란한 틈을 노린 안중근 의사의 쾌거였는데, 만약에 그가 조용히 비밀리에 방문했다면 아마 거사는 성공하기 어려웠을 것이다. 이런 점은 윤봉길 의사도 마찬가지다. 점령군이 의기양양하게 식민지에 입성하면서 위세를 한껏 부리는 것은 이토 히로부미뿐 아니라 로마나 대영 제국의 역사를 통해 빈번히 발견된다. 이런 현상은 승리자의 공통된 특성이다.

로마, 영국, 그리고 일본의 식민지 지배의 원천은 군사력이었다. 전쟁을 통해 무력으로 식민지를 접수한 후 2차적으로 경제적 수탈을 자행했다. 그러나 20세기 이후 최대 제국인 미국은 군사력보다는 경제력, 특히 다국적 기업과 금융기관을 통해 몇몇 선진국을 제외한 나라들을 간접 통치하면서 미국 대사를 제치고 새롭게 총독으로 부상하고 있다.

이미 한국은 1997년 외환 위기를 통해 자본 시장을 완전 개방했다. 그 결과 유가증권 시장의 외국인 투자 지분율은 40%에 달하고 있다. 그리고 그 중에는 미국 자본이 압도적 영향력을 발휘하고 있다. 미국의 자본 중 캐피털 그룹은 운용 자산이 900조 원에 이르는 거대 펀드인데, 한국 다수의 우량 기업에 5% 이상의 지분을 가지고 있다. 2004년 9월 중반 한국을 방문한 캐피털 그룹 이사회 멤버들은 100년 전의 이토와 유사한 행태를 보였다. 우선 이들은 정부의 공직자들을 직위 고하를 막론하고 만날 수 있었으며, 세계적인 한국의 기업들을 줄 세워서 면담했다. 신한지주를 시작으로 삼성전자, 현대차, SK 등 기업들의 총수급 고위 경영자를 면담하면서 도를 넘는 경영 간섭을 했다.

철저한 보안에서 진행된 면담이었지만 이 과정에서 캐피털 그룹의 칭찬을 들은 굴지 기업의 총수는 이를 외부에 자랑하면서 행복해하는 모습을 보이기도 했다. 또한 국내 법규를 위반하면서 모든 면담 내용을 비공개로 진행해서 빈축을 사기도 했다. 이후에도 캐피털 그룹은 국민은행장 인선 문제에 개입하기도 하고, 몇몇 기업에는 배당률 상승 압력을 넣기도 했다. 이런 캐피털 그룹의 행보를 보면서 그들이 묵었던 특급 호텔은 조선총독부로, 그들은 총독 각하처럼 인식된 것은 지나친 민족주의일까?

6
자원 전쟁

    천연자원의 가장 큰 한계는 지구가 유한하듯이 소비할수록 고갈된다는 점이다. 특히 경제가 성장할수록 유한한 자원의 소비는 늘고 천연자원 가격은 상승할 수밖에 없다. 이런 천연자원의 특성 때문에 미국은 독점 시스템 유지를 위한 중요한 수단으로 천연자원의 독점적 지배를 추구하고 있다. 독점 시스템 유지뿐 아니라 미국은 건국 이후부터 자원에 대해 강한 집착을 보인 역사를 가지고 있다. 이런 면에서 미국 역사는 자원 개발과 소비의 역사로도 볼 수 있다. 여러 가지 천연자원 중 가장 먼저 고갈 위험에 직면한 자원은 원유이다. 원유 소비는 세계 경제가 성장할수록 그리고 생활 수준이 높아질수록 증가한다. 최근에는 성장의 중심축이 미국과 유럽에서 중국 등 BRICs와 제3세계 국가로 이동함에 따라 원유 소비가 급속히 증가하면서 에너지 자원에 대한 중요성이 상대적으로 커졌다. 따라서 에너지 등 천연자원을 지배하는 것은 세계 경제를 실질적으로 지배하는 것과 동일한 효과를 가진다.

세계 최대의 에너지 소비 국가인 미국은 고갈 위기에 처한 국내 채굴을 자제하는 대신 중남미와 중동 지역에서 수입해서 수요를 충당하고 있다. 현재 미국은 자체 수요 원유의 66퍼센트를 해외에서 수입하고 있다. 미국의 에너지 정책은 국내 수요를 감당하기 위해서도 중요하지만 원유를 통한 세계 지배도 중요한 목적이었다. 석유 메이저가 미국 기업이기 때문에 이들의 이익을 지켜주는 것도 이유가 될 수 있다. 그러나 미국이 원유를 장악한다는 것은 경제적 요인보다 국제 정치적 의미가 더 강하다. 왜냐하면 새롭게 부상하는 공업국이나 기존의 선진국들은 대부분 원유를 수입하는 국가이기 때문이다. 또한 이들 국가는 미국과의 교역에서 무역흑자가 발생하고 있기 때문에 이 자금을 미국으로 재

[표 2-6] 주요국의 에너지 조달 구조(2001년)

		전세계	일본	미국	독일	프랑스	영국	중국
1차에너지 전세계 대비 점유율(%)		100.0	5.1	22.4	3.5	2.6	2.3	11.2
에너지원	석탄	23.0	19.2	23.9	24.2	4.8	16.9	55.9
	석유	35.8	49.2	39.6	38.3	35.3	34.6	19.9
	천연가스	20.9	12.4	22.7	21.5	13.8	36.9	2.8
	원자력	6.8	16.0	9.2	12.7	41.3	10.0	0.4
	수력	2.2	1.4	0.8	0.5	2.4	0.1	2.1
	재생 에너지	11.3	1.7	3.8	2.6	4.6	1.0	19.0
석유의 수입 의존도(%)		-	99.7	59.8	97.1	98.1	▲49.4	28.1
원유 수입의 중동 지역 의존도(%)		-	85.7	22.8	10.7	28.6	5.6	56.2

주: ▲는 석유수출
자료: IEA

유입시키기 위한 압박 수단으로도 원유의 생산과 소비 과정을 지배하는 것은 유용한 수단이 된다. 이라크 전쟁에 반대했던 프랑스 독일 등 유럽 국가들도 미국의 눈치를 봐야 원유를 얻을 수 있다. 일본, 중국 등 동아시아 국가들은 상태가 더 심각해서 미국의 영향력 아래에서 원유를 조달하고 있는 것이 현실이다.

원유 확보는 안보 문제

미국의 원유 지배를 위한 노력은 가히 눈물겨운 상태다. 미국이 원유 통제권을 상실할 경우 미국은 어떤 대가도 감수하면서 원유를 재확보하기 위한 노력을 기울인다. 최근의 이라크 전쟁이나 중앙아시아를 바라보면 미국이 얼마나 에너지 자원의 지배를 갈망하는지 여실히 알 수 있다. 현재 미국의 군사력은 중국의 포위와 원유의 안전 확보에 집중되어 있다. 이런 상태에서 원유 소비가 가장 빠르게 증가하고 있는 중국은 풍부한 외환 보유고를 바탕으로 2005년에 중국해양석유유한공사(CNOOC)를 앞세워 미국 9위의 석유 업체인 유노칼 인수를 추진해 왔다. CNOOC는 2005년 1월 유노칼 인수 계획을 밝힌 데 이어 6월 185억 달러를 제시했다. 그것도 전액 현금 지불 조건이었다(경쟁자인 셰브론은 이보다 11억 달러가 적은 174억 달러를 현금과 주식으로 지불한다는 조건). 그러나 유노칼이 중국 기업에 넘어가는 것이 거의 기정 사실화되었을 때 미국의 정치권에서는 '중국 위협론'이 거세졌다. 특히 미국 의회는 CNOOC의 유노칼 인수를 120일간 유예하는 법안을 통과시켰는데 원인은 미국 대통령 자문위원회(CFIUS)가 유노칼의 해외 매각이 국가 안보에 위해가 되는지 조사하도록 하기 위해서였다. 결국 CNOOC는 유노칼 인수를 포기할 수밖에 없었다. 미국 9위 업체가 중국에 매각

된다는 것을 국가 안보와 연결시킨 것은 미국이 원유 통제에 얼마나 고심하고 있는지를 보여준다. 즉 에너지 자원의 독점이 독점 시스템을 유지시키는 근간임을 미국의 정치권이 스스로 자인한 셈이다. 이를 일부에서는 부시 대통령과 체니 부통령이 석유 기업 출신이라는 특성에서 찾기도 한다. 그러나 원유의 중요성 때문에 민주당 정부가 들어서도 현재의 부시 행정부와 유사한 정책을 펼 수밖에 없는 상황으로 판단된다.

자승자박(自繩自縛), 테러의 원인은 자동차

미국의 역사는 거리와 시간을 축소시키는 과정으로 볼 수 있다. 메이플라워호를 타고 미국으로 이주를 시작한 이래 다양한 나라에서 유입된 이민자들은 그 먼 거리와 시간 때문에 국가 성립 초기부터 태생적으로 교통에 집착할 수밖에 없었다. 이후 이민자들은 서부와 남부로 이주하면서 마차와 말이 중요한 교통 수단이 되었고, 이어 철도가 개설되면서 철도 공황을 발생시킬 정도로 많은 철도를 건설했다. 20세기 초반 포드에 의해 자동차가 상용화되면서 미국인들은 개인당 1대의 자동차를 보유하게 되었다. 지금까지 미국은 비행기, 우주선, 항공모함 등 거리를 소멸시키는 분야에서는 한번도 1위를 넘겨준 적이 없다.

미국에 두 번 있었던 경제 공황이 철도(1890년대)와 자동차 산업(1929년)에 의해 일어났음은 미국과 교통수단 간을 연결시켜 주는 또다른 증거이다. 물론 세계 최대의 단일 시장을 1개 국가가 형성시킨 미국의 역사는 교통의 발달이라는 환경이 없었으면 불가능했을 것이다.

이제 보편적 개인 이동 수단이 된 자동차는 미국 개인주의의 상징이 되고 있다. 누구에게도 간섭받지 않는 공간에서 넓은 고속도로를 달리는 것은 인간의 기본 욕구로 볼 수 있다. 그러나 미국은 이러한 기본 욕구를 뛰어넘는 속도와 편리함을 추구하면서 전세계의 짐이 되고 있다.

고유가에도 미국의 자동차 판매는 줄지 않고 있고, 미국은 유사한 크기의 자동차 중 연료 소모량이 훨씬 많은 차량을 사용한다. 한국에서 2,000cc인 소나타가 미국 수출품은 3,000cc를 넘는다. 미국은 전세계 인구의 5%에 불과하지만, 원유 소비량은 20%가 넘을 정도로 낭비가 심하다. 그리고 전세계 휘발유 소비량의 1/6이 미국의 고속도로에서 소모되고 있다. 미국에서 여름 휴가 시즌이 오면 기름값이 상승한다. 그 결과 미국 텍사스 수송연구소에 따르면 도시 지역의 교통체증으로 인한 시간·연료비용이 2003년 630억 달러(약 63조 원), 시간은 37억 시간, 87억 리터의 기름이 추가로 소모되고 있다고 분석하고 있다. 한편 미국 주(州)고속도로·교통협회(AASHT)의 2002년 조사에 따르면 미국의 교통 문제 해결을 위해서는 향후 6년간 4,600억 달러가 필요할 것으로 추산된다.

따라서 미국이 석유 소비를 줄이지 않는 한 국제 유가가 안정되기 어렵고, 미국 내 원유 고갈로 미국의 산유국에 대한 간섭은 더욱 늘어날 전망이다. 미국의 이라크 전쟁이 원유를 확보하기 위한 전쟁임은 다 아는 사실인데, 미국이 추구하는 거리와 속도의 소멸이 완화되지 않는 한 전세계 원유 고갈은 빨라지고, 세계 평화는 그만큼 어려울 수밖에 없다.

1_ 러시아와의 자원 쟁탈전

러시아는 구 소련 붕괴 이후 내부 수습에 10여 년의 세월을 보냈다. 내부 정비 기간 중 러시아는 푸틴의 독재로 오히려 민주주의는 퇴보하고 있다. 그러나 시장 경제로의 체제 전환 과정에서 강력한 리더십은 민주주의의 정착 여부를 떠나 사회적 혼란을 빠르게 수습시키는 것이 일반적이다. 또한 미국이 이라크 등 중동을 공격하면서 발생한 고유가 때문에 러시아는 2004년 무역수지 흑자가 600억 달러 이상을 기록하는 어부지리도 얻어 체제 안정 속도를 높이는 행운을 얻었다. 아이러니컬하게도 러시아가 빠른 체제 안정에 이르게 된 것은 경쟁국인 미국의 도움 즉, 고유가 때문이다. 미국이 의도하지는 않았지만 최근의 고유가는 미국이 원유를 독점토록 해서 독점 시스템을 강화하는 명분이 되었다. 또다른 결과로 미국의 강력한 경쟁자인 러시아가 도약하는 계기를 마련해 주었다.

러시아는 천연자원이 매우 풍부한 나라다. 그동안 경제 침체로 풍부한 자원을 개발하지 못했지만 러시아가 자본을 축적할수록 천연자원 시장에서 목소리를 높일 것은 자명하다. 이미 독일 등 서유럽은 러시아산 천연가스를 파이프라인을 통해 공급받고 있다. 유럽이 미국의 독점 시스템에 제한적으로나마 저항할 수 있는 것도 에너지의 러시아 의존도가 높기 때문으로 판단할 수 있다. 미국은 이런 러시아의 존재 때문에 카스피해나 중앙아시아의 원유와 천연가스 송유관을 러시아의 영향력이 적은 국가를 통과하도록 많은 노력을 기울이고 있다. 그러나 러시아를 회피한다고 해도 송유관을 유지하기 위해서는 시리아, 이란 등 반미 성향의 많은 나라들을 미국 휘하에 두어야 한다는 외교적 부담과 함께 동시에 대규모의 군사력을 동 지역에 주둔시켜야 한다. 따라서 때로는 이라크와 마찬가지로 직접 전쟁을 벌일 준비도 해야 한다. 이러한 사실 자체가 미국에는 큰 부담이 된다. 즉 미국은 러시아와 원만한 관계를 유지하든지, 아니면 중동의 반미 국가들을 친미화시켜야 하는 선택에 봉착해 있다. 물론 어떤 선택이든지 상당한 경제적·군사적 손실은 불가피하다.

카스피해를 잡아라

현재 확인된 원유 매장 지역은 중동을 제외할 경우 카스피해 근처의 중앙아시아가 가장 큰 규모다. 카스피해 부근에는 2,000억 배럴의 석유

(세계 전체의 18퍼센트)를 포함해서 추정하기 어려울 정도로 많은 천연가스 매장이 추정되어 제2의 중동이나 21세기 마지막 자원보고로 각광받고 있다. 그러나 이들 지역은 다양한 인종이 섞여 살고 있으며 종교적으로도 이슬람 교도의 비중이 매우 높다. 따라서 카스피해 근처의 풍부한 석유를 어떻게 안전하게 지중해로 가져오느냐는 중요한 과제가 된다. 최근에 미국 주도로 아제르바이잔의 바쿠~그루지야 트빌리시~터키 세이한을 잇는 1,760킬로미터의 송유관 사업(BTC 라인)이 완공되었다. 그리고 터키 에르주룸으로 향하는 BTE 송유관도 2007년 완공 예정이다. 또한 가스관도 카스피해~투르크메니스탄~아프가니스탄~파키스탄~인도양 노선을 추진 중에 있는데 이러한 송유관이나 가스관이 완성될 경우 미국은 실질적으로 전세계 에너지를 통제할 수 있게 된다.

그러나 이런 계획에 대한 부담도 만만치 않다. 중앙아시아의 에너지 자원이 모두 미국의 통제 아래에 들어간다면 반미 성향이 강한 이 지역의 정치적 상황은 지금보다 악화될 수 있다. 미국은 이런 한계를 감안해서 송유관 보호를 위해 불안정한 카스피해 지역에 군대를 추가적으로 배치해야만 한다. 2001년 10월 우즈베키스탄 하나바드 공군 기지에 진주한 이래 키르기스스탄의 마나스 공군 기지에도 미군 3,000명이 배치되어 있다. 당초 아프가니스탄 전쟁 이후 철수하겠다던 약속과는 달리, 병력 증강, 시설 현대화를 명목으로 협상을 통해 25~30년간 장기 임대계약 체결을 추진 중이나 여의치 않은 모습이다. 그루지야에는 군사 고문단(500명의 특수부대)이 주둔 중이며 아제르바이잔에도 미군 기지 건설을 위해 협상이 진행 중이다.

불안정한 지역 정서를 친미적으로 변화시키기 위해 미국은 중앙아시아에 민주주의의 바람을 퍼붓고 있다. 우크라이나를 출발로 대부분의 중앙아시아 국가는 시민혁명이 진행 중이다. 이 과정에서 미국은 공공연히 민주혁명 세력을 지원하면서 중앙아시아의 정치 권력을 친미화해서 에너지 자원을 통제하려는 시도를 감추지 않고 있다. 그러나 미국이 시도하는 자원 독점 정책은 주요 산유 지역인 중동이나 중앙아시아의 복잡성 때문에 점점 균열의 조짐이 나타나고 있다. 러시아 경제가 회생하면서 러시아마저 자원 확보 경쟁에 뛰어들게 되자 미국의 자원 독점은 점차 힘들어지고 있다. 지금까지 중앙아시아의 정치적 판도는 미국의 의도대로 진행되어 왔다. 그러나 러시아의 입장에서는 구 소련 영토이면서 인종과 문화적 유사성이 강한 중앙아시아를 미국에 넘겨주는 것은 자원 문제가 아니라 안보 문제가 된다. 중앙아시아는 유럽, 러시아, 중동, 중국의 완충 지대라는 지정학적 특수성 때문에 가장 가까이 위치한 러시아로서는 절대 포기할 수 없는 지역이다. 따라서 향후 중앙아시아는 미국의 독무대가 되기는 어렵다.

자원을 통한 러시아의 동아시아의 세력 균형 추구

러시아의 천연자원은 중앙아시아나 서부 지역에만 있지 않다. 넓은 시베리아 전체가 천연가스 등 다양한 자원이 풍부하게 매장되어 있다. 2005년 7월 8일 G8회담이 끝나는 자리에서 푸틴은 향후 동북아의 에너지 안보 및 지역 전략과 관련해 결정적 의미를 갖는 러시아 극동 송유관 노선을 중국 측에 우선적으로 배려한다는 내용을 공식 선언했다. 극동 송유관 라인 중 1단계로 연 공급량 3,000만 톤 규모의 노선(시베리아의 타이셰트~극동 스코보로디노)을 우선 건설해 2008년부터 매년 2,000만 톤의 석유를 중국의 다칭으로 수송하고, 나머지 1,000만 톤은 철로를 이용해 극동의 태평양 지역으로 실어 날라 일본 등지로 수출하겠다고 밝혔다. 송유관 노선은 단순한 에너지 안보의 문제가 아니라 향후 유라시아 지역에서 러시아가 중국 및 중앙아시아 그리고 남북한으로 이어지는 장기 세력 균형 체제 구상과 연계를 갖고 추진하는 것이기 때문에 이전부터 대단한 관심 사항이었다. 그러나 러시아가 중국에 우선권을 주는 송유관 노선을 확정하자 당사자인 일본뿐 아니라 미국도 큰 충격을 받았다. 만일 러시아의 송유관이 중국을 통과하게 된다면 일본은 여전히 중동에만 의존하는 에너지 조달 루트의 취약성을 해소할 수 없게 된다. 물론 미국의 입장에서는 일본이 중동의 에너지에 전적으로 의존하게 된다면 중동 원유를 장악한 미국과의 3각 동맹을 견고하게 유지하는 근간이 될 수 있다.

현재보다 에너지 가격이 추가적으로 오를 것이 필연인 상황에서 일본이 러시아의 원유와 천연가스를 쉽게 포기하지 않을 것임은 자명하다. 따라서 미국이 가장 우려하는 상황, 즉 일본이 에너지 확보를 위해 러시아나 중국과 결탁해서 미국이 동아시아에서 배제되는 상황은 언제든지 가능한 시나리오이다. 미국이 중동이나 중앙아시아에서 완전한 자원 지배권을 확보하지 못하면서 지금과 같이 에너지 가격이 급등한다면 일본이 러시아에 굴복할 가능성은 높아진다. 그리고 일본이 연해주나 사할린 가스전 개발을 위해 러시아와 결탁, 혹은 굴복할 경우 독점 시스템은 곧바로 와해된다. 따라서 미국이 에너지 자원을 완벽하게 독점하지 못할 경우 자원의 독점 추구 시도는 에너지를 보유한 강력한 대항 세력의 등장으로 오히려 독점 시스템을 약화시키는 반작용 역할을 할 것으로 보인다.

2 _ 벼랑 끝에 선 중국

중국은 원유 비축량이 20여 일분에 불과하다. 대부분의 산업국들이 100일 이상의 여유분을 가지고 있는 것과 비교해 볼 때 중국의 에너지에 대한 불안감과 집착은 충분히 이해가 된다. 이미 중국은 세계 2위의 석유 소비국이다. '마이카' 시대의 도래로 2000년 현재 2,000만 대 수준인 자동차 대수는 2020년에 1억 4,000만 대를 예상되고 있다. 에너지 효율성도 선진국에 비해 2~3배 낮다. 또한 지속적으로 고성장을 유지해야만 현재의 중국 정권이 유지될 수 있다는 한계 때문에 향후 지금보다 더 많은 에너지를 사용할 수밖에 없다. 현재 지구상에서 에너지 초과 수요의 주된 원인이 중국이기 때문에 중국은 생존권 문제로 에너지 확보에 열을 올리고 있다. [표 2-7]에서 보듯이 중국은 석탄 소비 비중을 줄이면서 석유와 천연가스의 사용 비중이 급속히 증가할 것으로 전망된다. 2000년 현재 석유와 천연가스는 전체 에너지 중 27퍼센트 정도 사용하고 있다. 그러나 2010년에는 32퍼센트, 2020년에는 37퍼센트 이상으로 사용 비중이 늘어날 것으로 전망되고 있다(2004년 세계 석유 소비 증가의 30퍼센트는 중국). 따라서 중국의 입장에서 에너지 자원의 확보는 경제 문제뿐 아니라 국내 정치와 안보 문제가 되어 중요성이 커지고 있다.

이런 상황을 감안해서 중국은 2005년에 중국해양석유유한공사(CNOOC)를 앞세워 미국 9위의 석유 업체인 유노칼 인수를 추진해 왔지만, 미국의 강력한 반발로 무산되었다. 그러나 유노칼 인수가 무산된 지 채 1개월도 되지 않아서 중국의 최대 석유 업체인 중국석유천연가스총공사(CNPC)가 인도의 경쟁 업체를 누르고 카자흐스탄의 '페트로카

[표 2-7] 중국의 에너지원별 비중 추이 및 전망

(단위: %)

	1980년	2000년	2010년	2020년	2030년
합계	100.0	100.0	100.0	100.0	100.0
석탄	74.2	70.5	62.5	56.2	51.4
석유	21.6	23.8	26.3	28.7	31.8
천연가스	2.9	3.0	5.6	7.8	9.2
원자력	0.0	0.5	2.2	3.0	3.3
수력	1.2	2.1	2.6	2.6	2.2
신에너지	0.1	0.4	1.1	1.8	2.1

자료: 일본 경제산업연구소

즈'를 41억 8,000만 달러에 인수했다. 페트로카즈는 카자흐스탄 3위 원유 생산 업체인데 중국은 거래 이전일 종가보다 무려 21퍼센트나 비싼 값에 페트로카즈를 인수했다. 인수 경쟁 업체였던 인도의 석유천연가스공사(ONGC)와 최대 철강 업체인 미탈스틸 컨소시엄이 제시했던 금액은 약 36억 달러였다. 여기서 중국의 에너지에 대한 집착이 확인된다. 유노칼 인수 추진시 공정 가격보다 훨씬 높은 가격을 제시했는데 페트로카즈 인수전에서도 경쟁자에 비해 10퍼센트 이상 높은 가격을 제시했다. 현재 중국의 입장에서는 유전의 인수 가격은 의미가 없다. 단지 유전을 확보했느냐, 못하느냐만 중요할 뿐이다. 한편 페트로카즈는 3억 9,000만 배럴의 석유 및 석유류를 보유해서 그리 큰 회사는 아니지만, 중국 원유 정제 시설과 페트로카즈 송유관이 연결되어 있다는 점에서도 주목된다. 중국의 입장에서 중동의 원유는 말라카 해협을 통과하는 긴 해상통로로 수입해야 한다. 그리고 운송 과정에서 미국과 일본의 군사력에 완전히 노출된다. 반면 중앙아시아 석유는 송유관으로 연결이 가능하기 때문에 가장 손쉽고 빠르게 중국으로 이동할 수 있다. 바로 이 점 때문에 중앙아시아에서 향후 미국과 중국은 많은 마찰이 예상된다. 러시아는 일단 중국 쪽에 가담한 상태지만 궁극적으로 러시아가 자국의 이해에만 관심이 있을 것은 당연하다. 유노칼이나 페트로카즈 인수에서 보여주듯이 중국은 어떤 희생을 치르더라도 에너지만은 확보하려고 노력 중이다. 따라서 위안화 평가 절상과 같이 중국 경제에 큰 부담이 되는 요구라 할지라도 에너지만 확보된다면 중국은 허용할 수밖에 없다.

만일 유가가 추가적으로 급등해서 중국 경제가 어려워지면 과연 미국에 도움이 될까? 군사적 측면에서는 중국 경제가 어려워지면 미국의 군사력은 보다 강력해진다. 그러나 세계 경제의 성장 동력인 중국 경제가 침체되면 미국 경제도 어려워진다. 중국의 위안화 평가 절상을 미국의 일부 경제 전문가들이 반대했던 것도 중국 경제의 침체는 미국 경제뿐 아니라 세계 경제 전체에 부담이 되기 때문이다. 미국의 입장에서 에너지 자원을 적절히 통제하면서 중국에도 일정 부분 숨통을 터줄 수밖에 없는 구조가 된 것은 상호 의존적인 세계 경제 체제의 특징 때문이다. 따라서 미국이 독점적 이익을 추구하기 위해 중국의 에너지 확보 노력을 완전히 중단시킬 수 없다. 반대로 이런 미국의 한계를 잘 인식하고 있는 중국은 시간이 지날수록 에너지 자원 확보를 늘리면서 미국에 도전할 가능성이 높아지고 있다.

[그림 2-17] 세계 원유 가채 매장량

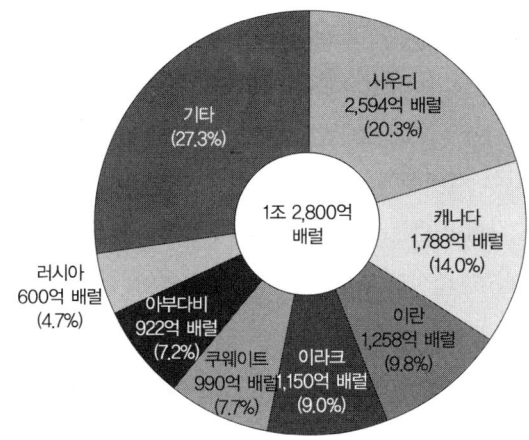

자료: 《석유가스저널》(2005. 1)

[그림 2-18] 세계 천연가스 매장량

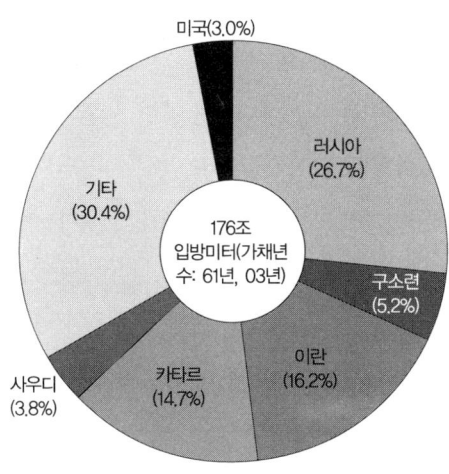

자료: 일본 에너지 경제 연구소

3 _ 이슬람권의 반미주의

미국이 중동을 포기할 수 없는 것은 석유 때문이다. 현재 전세계 원유 매장량은 압도적으로 중동에 위치해 있다. 새로운 유전도 중앙아시아 등 중동에 근접한 지역에서 발굴되고 있다. 또한 청정 원료로 세계적으로 수요가 증가하고 있는 천연가스도 중동과 러시아에 집중되어 있다. 미국 에너지부 조사에 따르면 아제르바이잔과 카자흐스탄에 1,300억 배럴의 석유 자원이 매장돼 있으며, '석유의 바다' 카스피해 해저에는 최대 2,430억 배럴 규모의 석유와 천연가스가 아직 손도 대지 않은 상태로 묻혀 있다고 밝히고 있다.

전략적으로는 현재의 석유나 천연가스 생산량보다는 매장량이 중요하다. 현재 에너지 매장량은 미국보다 미국에 적대적인 국가들이 대부분 보유하고 있다. 따라서 현재도 그렇지만 향후 광범위한 이슬람권의 반미주의는 미국의 에너지 통제권을 약화시키는 직접적 원인이 될 전망이다. 이슬람의 반미주의는 반기독교주의와 역사를 같이한다. 마호메트가 이슬람교 창립 이후 무려 1,300년 동안 서구와 이슬람은 끊임없이 대립해 왔다. 이 과정에서 이슬람권의 반서구와 반기독교 경향은 당연한 현상이다. 그러나 현대에 와서도 중동과 중앙아시아의 유전을 놓고 다양한 분쟁이 지속되면서 이슬람권의 반서구 정서는 과거보다 심화되고 있다. 식민지 지배와 파시즘을 통해 중동은 서구에 착취당했고, 서구가 유전을 장악하기 위해서 정통성 없는 왕권이나 정권을 지원하면서 이슬람 민중들은 유럽과 미국에 대한 적대감이 자연스럽게 커졌다. 또한 이스라엘의 건국과 이스라엘을 통한 미국의 중동에 대한 무력개입 때문에 이슬람의 반서구 감정은 역사적 차원을 떠나 실생활에서도 상시 존재하게 되었다. 문제는 최근에 와서 이슬람권의 반서구 정서가 반미주의로 단일화되고 있다는 점이 과거와의 차이이다. 그동안 이슬람권에 있어 반기독교, 반서구라 해도 그 실체는 미국과 유럽의 여러 나라로 분산되어 있었다. 그러나 1990년대를 고비로 이슬람권은 철저히 반미주의로 연대되어 가고 있다.

이런 연대의 결과 '이슬람 국가의 부도덕한 정권이나 왕권을 후방에서 지원하는 세력은 미국이다.' '경제적으로 어려운 것은 미국의 착취 때문이다.' 등 현실에서 발생하는 모든 어려움의 원인 제공자로 미국이 지목되고 있다. 이슬람의 입장에서 미국은 공공의 적이 되었다. 동시에 미국과의 저항 과정에서 상호 결속력을 높여 이슬람 근본주의를 강화시키는 악순환 구조에 이슬람 사회와 미국, 이스라엘이 동시에 빠져 있다. 그동안 이슬람권은 통일된 목소리를 내지 못할 정도로 분열되어 있었다. 그러나 이슬람권은 미국을 통해 단결하고 있다. 문제는 이런 단결이 테러를 통해 표출된다는 점이다. 이라크뿐 아니라 인도네시아나 영국의 이슬람인들이 테러를 자행하면서 전세계 이슬람권은 미국과 대립하고 있다. 한편 러시아나 중국은 이러한 이슬람의 반미 감정을 후방에서 지원하면서 자원 쟁취 경쟁에서 교두보를 마련하고자 노력하고 있다. 유럽도 유로화의 사용이나 에너지 자원의 미국 독점을 제어하기 위해 중동 문제만큼은 적극적으로 개입하면서 미국과 대립각을 세우고 있다. 러시아·중국·유럽 등이 암암리에 이슬람권의 반미주의를 조장하고 있는 것이 냉정한 현실이다.

미국은 그동안 이스라엘을 통해 중동 분쟁에 개입해 왔다. 미국 전체 인구의 3퍼센트에 불과한 유대인들이 미국의 경제를 실질적으로 지배하면서 미국은 편향적인 중동 정책을 펼쳐 왔다. 따라서 미국이 이스라엘을 지원할수록 이슬람권의 반미 성향은 강화될 수밖에 없다. 이런 상태에서 1967년 6일 전쟁 중 쟁취한 가자 지구에서 이스라엘이 철수했다. 팔레스타인과도 부분적으로 화해하는 분위기다. 이스라엘로서는 국토를 줄이는 대단한 결정이었다. 이러한 이스라엘의 결정은 미국의 중요한 중동 정책 변화로 이해된다. 그리고 미국이 무력에 의지해서 중동을 지배하기가 어려워지고 있다는 반증으로도 보인다.

이슬람의 반미주의가 팽배한 상태에서 중동과 중앙아시아의 에너지 자원을 미국이 완전히 지배할 수는 없다. 중동의 산유 시설은 언제든지 테러의 대상이 된다. 이슬람 국가의 부도덕한 정권에 대한 적대감도 반미로 연결될 수 있다. 따라서 이슬람권이 불안정하다는 것은 미국의 자원 통제권 또한 불안정하다는 의미이다. 그러나 이를 해소할 유일한 방법은 미국이 중동과 중앙아시아에서 철수하는 방법뿐이다. 그리고 자원 사용 대가를 미국이 충분히 지불하는 방법 이외에는 달리 대안이 없어 보인다. 왜냐하면 미국이 이슬람 지역에 개입 정책을 강화할수록 이슬람 근본주의는 더욱 강화될 수밖에 없고, 자원의 독점을 추구하는 비용이 자원의 적정한 시장 가격을 초과할 수 있기 때문이다. 미국의 맹방인 터키가 친이슬람화될 가능성은 항상 존재한다. 이슬람권의 강국인 이란이 핵무기를 보유할 경우 미국의 이슬람 통제권은 현저히 감소할 수 있다. 파키스탄 정권은 비민주적이지만, 아프가니스탄 전쟁을 통해 미국과 결탁해서 이익을 챙기고 있다. 미국이 중국 견제를 위해 인도와 친밀해질수록 인도와 적대관계인 파키스탄은 미국에 등을 돌릴 수 있다. 파키스탄의 예에서 보듯이 중동의 반미 감정 때문에 자원 지배권과 미국의 지정학적 이해는 서로 상충 작용을 일으킨다. 이렇게 복잡한 자원 독점 비용을 미국이 언제까지 부담할 수 있는가?

4 _ 중동과 중앙아시아의 정치적 세력 균형

에너지 자원과 송유관 보호를 위해 미군은 중앙아시아에 대규모로 진주하고 있다. 그리고 중앙아시아 정권을 시민혁명으로 포장해서 친미 세력으로 변화시키고 있다. 현재 중앙아시아의 정권은 구 소련 당시 지방 관료 출신들이 대부분 장악하고 있다. 따라서 이들 정권의 정통성은 낮지만 정권 안보 차원에서 미국, 러시아, 중국, 유럽과의 세력 균형을 추진하면서 독자 생존을 추구하고 있다. 중앙아시아 국가 입장에서는 당장 미국에 협조하는 것이 정권 안보에 유리할 수 있다. 그러나 자생력이 낮아서 세력 균형을 추구하는 국가는 특정한 국가에 대해 의존도가 높으면 해당 국가나 정권의 안정성은 취약해진다. 예를 들어 우즈베키스탄의 카리모프 대통령은 2005년 동부 안디잔의 시위를 유혈 진압해서 국제 사회의 비난을 받았다. 그러나 민주주의와 인권을 강조하는 미국은 침묵할 수밖에 없었다. 왜냐하면 중앙아시아 최대 미군 기지인 하나바드 공군 기지의 장기 임대 협상이 진행 중이었기 때문이다. 또한 카리모프가 중국과도 우호적인 관계를 유지하고 있었기 때문에 미국의 대응은 형식적 수준에 머물렀다. 이웃 나라 타지키스탄에는 러시아군 주둔 기지가 건설 중이다. 즉, 중앙아시아 나라들은 자국 이익의 극대화와 정권 안보를 위해 대부분 미국, 중국, 러시아를 대상으로 중립적인 등거리 외교 노선을 추구하고 있다. 이런 지정학적 특성 때문에 중앙아시아의 어떤 국가도 완전히 미국의 지배를 받기 어렵다. 그리고 중앙아시아나 중동의 자원도 완벽히 미국 소유가 될 수 없다.

키르기스스탄은 정부가 정치적 안정과 주요 산업 시설 보호를 위해 중국 정부에 인민해방군 파견을 요청하고 있는데 이미 미국은 키르기스스탄에 군대를 주둔시키고 있다. 미국이 야심적으로 추진 중인 BTC 송유관이 지나가는 아제르바이잔은 2003년 10월 알리예프 대통령 사망 후 아들에게 정권이 상속되어 있다. 그리고 2005년 11월 총선시 부정선거로 정국이 불안정한 상태이다. 만일 아제르바이잔에 반미 정권이 출현한다면 미국은 불가피하게 개입해야 한다. 그렇다면 중동에 이어 중앙아시아에서도 미국은 적으로 간주될 수밖에 없다. 또한 미국은 송유관 보호를 위해 러시아군이 송유관이 지나가는 그루지야나 몰도바 등에서 철수하면 철수 비용을 부담하겠다고 밝히고 있다. 중앙아시아의 독재 정권이 조만간 종말을 고할 것은 역사적 필연이다. 그리고 미국이 배후에서 탄생시킨 정권이건, 친러시아 정권이건 간에 당분간 중앙아시아의 정권은 유동적이면서 정통성이 약한 정권이 될 전망이다. 따라서 이 지역에서 진정한 인권, 자유, 평등에 의한 민주주의 국가가 탄생하려면 10년, 아니 더 오랜 시간이 필요할 수 있다. 한편 이들 국가가 정당한 자신들의 목소리를 낼 때 중앙아시아에서 미국의 입지는 본격적으로 약화될 전망이다.

중동과 중앙아시아에서 미국은 지도보다 나침반이 필요하다. 동 지역의 지도는 유동적이다. 국민 국가적 관점에서 동 지역에 접근하면 해답이 보이지 않는다. 미국이 확고한 원칙(나침반)을 가지고 지도를 넘어선 정책과 철학으로 접근해야 한다. 물론 나침반은 일방적인 자원의 독점이 아니라 주변국과 동 지역 국가들 간의 조화로운 최대공약수를 찾아가야 한다. 지도에 연연할 때 동 지역은 화약고로 돌변할 수 있다. 그런데 미국은 지금 화약고를 관리할 능력이 없다.

5 _ 자원 민족주의

미국에 대한 저항은 중동이나 중앙아시아만의 문제가 아니다. 미국의 석유 수입 중 상당 부분을 차지하는 중남미도 미국에 호의적이지는 않다. 그동안 미국은 중남미를 자신들의 안방으로 간주하면서 철저히 관리해 왔다. 특히 에너지와 원자재는 거의 미국 자본이 통제하면서 중남미 경제는 침체가 지속되어 왔다. 일찍부터 사회주의 실험이 중남미 전체를 통해 행해졌고 이때마다 미국은 다양한 방법을 통해 사회주의의 확산을 막으면서 자원을 독점해 왔다. 이런 역사적 경험으로 중남미의 사회 시스템은 분배가 강조된 사회민주주의 형태를 띠고 있다. 따라서 미국과 미국 자본에 대한 적대감은 매우 높은 상황이다. 중남미에서 미국에 대한 적대감은 자원 민족주의 형태로 나타나고 있다. 에콰도르는 외국 석유사에 대해 반발하는 기색이 역력하다. 남미 두 번째의 천연가스 생산국인 볼리비아에서는 에너지 국유화 시위가 자주 발생하고 있다. 미국이 자신들의 안방처럼 유럽의 중남미 진출을 막아왔지만 자생적으로 미국에 대한 저항 세력이 탄생하고 있다. 이러한 저항 세력들은 커피만이 아니라 에너지를 가지고 있으면서 사회주의적 성향이 강하다. 플랜테이션 농업을 통해 서구 사회의 착취에 대한 전통적 반감이 높다. 빈부 격차도 크다. 중남미가 진정으로 미국의 우방이 될 수 없는 것은 바로 이런 과거와 미국 자본에 의한 천연자원의 지배에 있다. 사회주의 성향이 강한 사회 분위기와 이런 성향을 이용하려는 제2, 제3의 차베스는 언제든지 탄생이 가능하다.

자원 민족주의는 중남미만의 상황이 아니다. 미국이나 유럽이 수백

년에 걸쳐 농업과 천연자원을 수탈한 결과 대부분 제3세계 국가는 서구 문명에 대해 피해 의식이 강하다. 특히, 20세기 후반 이후에는 정보통신의 발달로 제3세계 국가의 상황 인식이 급속히 향상되고 있지만, 미국은 과거와 거의 동일한 방법으로 제3세계 국가의 자원을 이용하고 있다. 따라서 절대적 빈곤 상태뿐 아니라 상대적 차별에 대한 높은 인지도 때문에 제3세계의 자원은 민족주의와 결합되어 반미적 성향으로 진화할 가능성이 농후하다. 물론 종교적 차이는 반미 성향의 촉매 역할을 할 전망이다. 바로 이 점이 자원 문제에 있어 미국이 향후 부딪칠 중요한 고민이다.

지금 미국은 고달프다. 에너지 자원을 통제하기 위한 미국의 외교적 경제적 노력은 상상을 초월할 정도다. 특히 지정학적 요충지인 중동과 중앙아시아 국가들이 미국, 유럽, 러시아, 중국 사이에서 세력 균형을 추구하면서 미국의 독점 시스템은 큰 상처를 입고 있다. 미국이 세계적 차원에서 자원 통제의 어려움을 겪고 있는 상황에서 달러가치 하락과 허리케인 피해로 유가가 급등하자 2005년 9월 부시 대통령은 이례적으로 연방정부 공무원들에게 카풀과 대중교통수단 이용을 호소했다. 부시의 호소가 미국이 독점 시스템 유지뿐 아니라 내부적 희생을 추구하는 신호가 될지 매우 궁금하다.

[그림 2-19] 주요 산유국의 석유 생산 비중 비교(2003년)

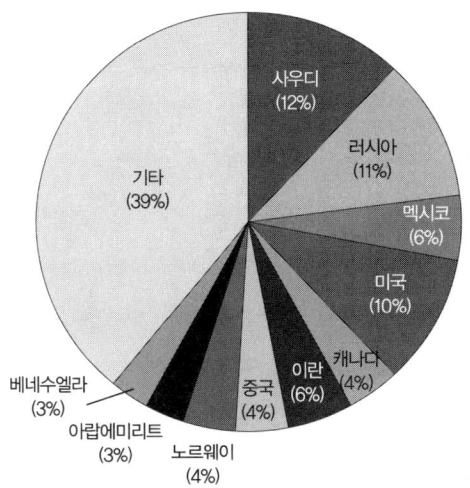

자료 : IMF

[그림 2-20] OPEC의 에너지 관련 개발 자금 수요(2005~2008년) 전망

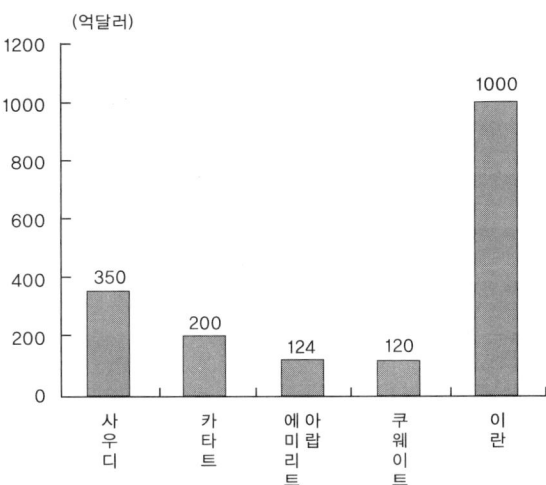

주: 1) 2005년 에너지 개발 자금 수요: 150억 달러
    2) 이란 2010년까지
자료: 아랍 석유 투자 회사(APIC)

[그림 2-21] 지역별 천연가스 소비량(2004년)

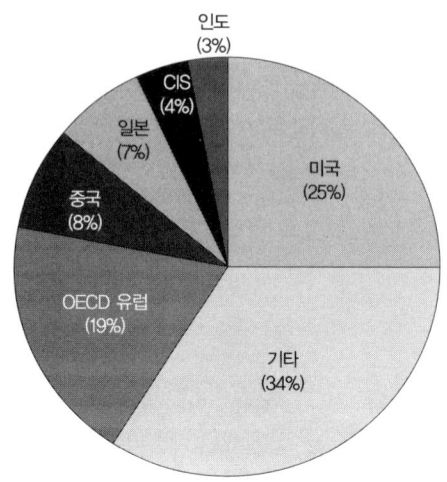

자료: IMF

[그림 2-22] 사우디의 원유 생산능력 확충

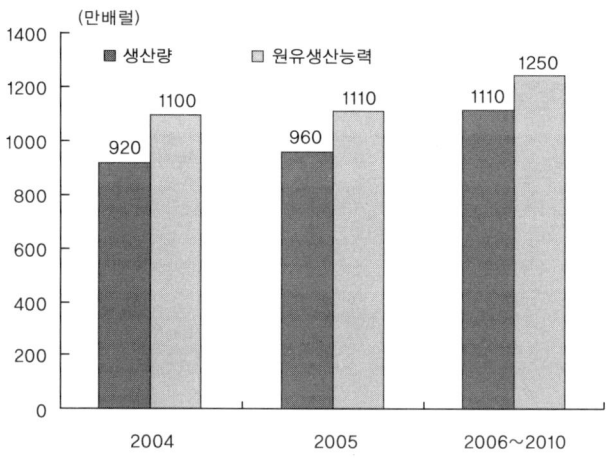

자료: OPEC

[그림 2-23] 산유국들의 원유 생산단가 비교

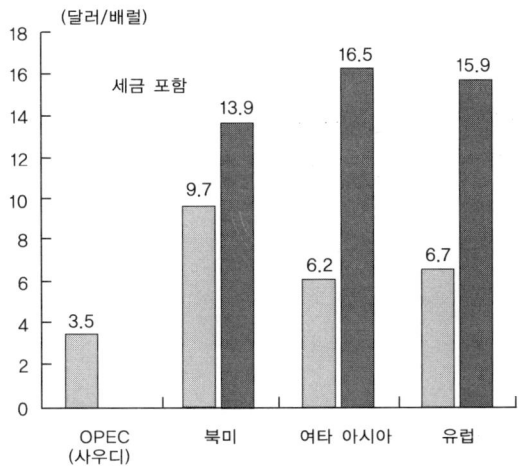

자료: IMF

[그림 2-24] 한국의 1차 에너지원별 소비 비중(2004년)

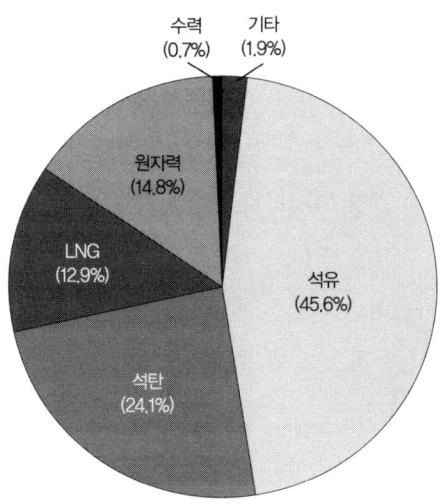

자료: 에너지 경제연구원

7
제3의 민주주의

　미국이 없었다면 지금과 같은 인권과 민주주의를 인류가 누릴 수 있을지 궁금하다. 초기 이민자들이 미국으로 건너간 후 작성한 유명한 메이플라워 호 서약(1620년 12월)에서 미국인들은 "우리 자신의 바람직한 질서 수립과 보존 그리고 이를 추진하기 위해 신 앞에서 엄숙히 서약하고 시민적 정치 통일체로 결속한다. 그리고 이를 바탕으로 식민지의 일반 선을 위해 가장 적절하다고 여겨지는 정의롭고 공평한 법률. 법령. 조례. 헌법. 관직을 수시로 제정, 조직하기로 서약한다."라고 밝히고 있다. 물론 이들이 인디언을 박해한 무자비한 사람들이었지만 다른 한편으로는 역사상 최초로 민주주의를 중심으로 형성된 국가를 창조했다. 이와 같이 미국 역사는 민주주의 발전의 역사와 맥을 함께한다. 이후 산업화 과정에서 미국은 차근차근 민주주의를 단계적으로 발전시켜 나갔다. 프랑스의 역사학자인 알렉시스 드 토크빌(Alexis de

Tocqueville)은 1830년대 미국을 방문한 후 미국 사회의 역동성과 민주주의를 보고 역사의 방향은 민주주의로 흘러가는 것이 필연이고, 자발적 시민 사회인 미국에 대해 칭찬을 아끼지 않았다. 새로운 평등의 이념이 지배하고 있는 미국의 정치 제도와 현대 민주주의의 기본 원칙인 국민 주권을 바탕으로 국가가 유지되고 있었다는 점을 그는 주목했다. 이와 같이 미국은 역사상 처음으로 평등, 국민 주권, 시민 사회 등 인권과 민주주의를 제도화한 나라였다. 물론 미국도 식민지 확보를 위해 많은 전쟁을 치렀고, 남북전쟁이라는 씻을 수 없는 상처를 남기기도 했다.

미국은 19~20세기 초반까지 다른 제국주의 국가들과는 달리 식민지 정책에 소극적이었다. 이는 미국 내부적으로 개발이 종료되지 않았다는 시간적 특성과 중남미를 보호하려는 미국의 고립주의가 주요인이었다. 미국의 의도 여부를 떠나 고립주의는 제3세계 국가 입장에서 보면 제국주의적 수탈 수준이 가장 약한 국가로 인식되었다. 또한 민주주의와 기독교를 추가적으로 전파하면서 상대적으로 온건한 이상적인 민주주의 국가로 여겨졌다. 한국의 경우에도 당시에 한국에 진출했던 미국인들은 주로 기독교 전파에 앞장섰기 때문에 한국의 기독교 전통은 미국과 유사한 뿌리를 갖게 되는 원인이 된다. 교육·의료 사업으로 한국을 계몽하고자 하는 노력도 꾸준히 추진했는데, 미국의 이런 행태는 한국뿐 아니라 여러 식민지 국가에서 목격된다. 이 결과 미국은 내부적인 민주주의의 성숙을 외부에 전파하면서 세계 대부분의 나라에서 온화로운 민주주의 국가로 인식되었다.

미국 민주주의의 변화

온정적이었던 미국 민주주의는 제1, 2차 세계대전을 고비로 변하게 된다. 고립주의를 채택하던 시기의 미국은 국내에서 거의 모든 것이 해결되는 자급자족의 거대한 경제 공동체였다. 그러나 19세기 말부터 생산력이 비대해지는 동시에 교통·통신의 발달로 국가간의 교역이 발달하면서 미국은 고립된 자급자족의 독립된 경제 체제로 존재하기가 어려워졌다. 그리고 19세기 말부터 세계 경제는 주기적으로 디플레이션에 시달리면서 미국도 해외 시장에서 영국, 일본의 공산품과 치열한 경쟁이 불가피해졌다. 국내적으로도 남북전쟁 이후 토지의 무상 배분이 완료됨에 따라 침체된 내수 경기를 부양할 필요가 발생했다. 이런 상황 변화 때문에 미국은 고립주의에서 개입주의로 군사력과 외교력의 중심을 전환시킨다. 제2차 세계대전 이전까지 미국의 개입주의와 식민지 정책은 여타 제국주의 국가의 식민지 정책보다 훨씬 온건했다. 그리고 상대적 관점에서 미국의 온건한 식민지 정책은 적어도 1970년대까지 이어진 것으로 평가된다. 그러나 냉전 체제의 치열한 경쟁 속에서 미국의 민주주의는 조금씩 퇴보하기 시작한다. 우선 미국 경제가 어려워지고 소련과의 경쟁이 보다 중요한 쟁점이 되자 미국의 민주주의는 미국의 입장을 반영한 제3의 민주주의로 변화하고 있다.

자유민주주의의 세계적 차원의 실현이라는 목표 달성을 위해 미국은 민주주의의 완전한 구현을 1980년대까지 유보시킨다. 레이건 대통령이 민주주의보다 소련과의 체제 경쟁에서의 승리와 신자유주의적 개혁을 더 시급한 과제로 선정하면서 민주주의를 우선 순위에서 낮췄다. 레이건의 정책이 성공을 거둬 소련이 몰락했지만 미국은 독점 시스템이 필요할 정도로 허약해졌다. 이런 상황 때문에 현재의 미국 민주주의는 오히려 독점 시스템 구축을 위해 왜곡의 단계로 진입하고 있다. 미국은 냉전시대에 자유민주주의의 결속력을 높인다는 명목으로 칠레 등 남미 국가의 정치에 깊숙이 개입하기도 했다. 경제 개발과 자유 민주주의를 지킨다는 명목으로 수많은 독재 정권을 지원해 왔다. 광주 민주 항쟁시 미국의 어정쩡한 태도와 같이 미국은 냉전시대에 많은 국가에서 민주주의를 희생 또는 유보시켰다. 그러나 당시에는 냉전시대라는 특수성 때문에 민주주의의 유보는 어느 정도 용납되는 분위기였다. 사회주의와의 체제 경쟁이 대부분의 나라들에서는 안보 문제 이상의 생존권 문제였기 때문이다. 또한 당시에는 냉전에서 승리한 이후에는 완전한 민주주의가 실시될 것이라는 기대감이 저변에 깔려 있었다.

전략 무기로 변한 민주주의

그러나 냉전 종식의 결과 민주주의는 더 많이 후퇴되었다. 미국이 냉전에서 승리했지만 경제 전쟁에서는 패배했다. 냉전 종식 후 미국이 얻은 것은 과거 사회주의 경제권에서 수출되는 저가 공산품의 무차별 융단 폭격이었다. 이 결과 냉전 종식 후 미국의 민주주의는 퇴보의 길을 겪게 된다. 미국이 민주주의를 앞세워서 인류 역사상 가장 위대한 제국으로 성장했지만, 냉전 이후 미국의 민주주의는 자유, 평등, 인권의 민주주의 원칙을 크게 훼손하는 제3의 민주주의로 변화했다. 이는 미국이 독점 시스템 유지를 위해 민주주의를 전략 무기화했기 때문이다.

미국은 민주주의를 미국에 대항하는 전제주의 정권을 내부에서 공격하는 수단으로 사용하고 있다. 현재도 중앙아시아에 대한 영향력 증대를 위해서 시민혁명으로 포장된 민주주의 폭탄을 투하하고 있다. 우크라이나 시민혁명의 주동자인 유슈첸코 대통령은 미국통이다. 그리고 그는 시민혁명으로 집권하자마자 각종 스캔들에 시달리고 있다. 미국 민주주의의 대리인인 유슈첸코는 우크라이나에 민주주의를 도입해서 발전시키는 것이 아니라 자신의 정권 안정을 미국에 의탁하는 친미 정책을 펴고 있다. 우즈베키스탄의 경우에도 미국은 카리모프 정권의 폭력에 대해서는 미온적 태도를 보인다. 대규모 학살에도 불구하고 미군 기지를 지키기 위해서 외면하고 있다. 아마 미국은 지금 카리모프를 대체할 정권 창출을 위해 다양한 시도를 모색 중일 가능성이 크다. 친미 인사가 정권을 잡도록 하는 것이 미국의 유일한 최종 목표이기 때문이다. 중동의 많은 독재 정권들에 대해서 미국은 민주주의를 거론하지 않고 있다. 이런 중동 국가들은 왕족들만이 석유 판매대금을 독점하고 있다. 민주주의 수준이 가장 낮은 사우디에 대해서는 한마디도 못한다. 중남미도 비슷하다. 친미 성향의 국가들은 정권의 독재 여부를 가리지 않고 지원한다. 강경파 네오콘인 로버트 카플란(Robert Kaplan)은 라틴 아메리카, 이집트, 사우디가 공명선거를 실시하면 미국의 이해가 심각하게 훼손된다고 공공연히 주장하고 있다. 중앙아시아, 중동, 남미에서 확인되듯이 이제 미국의 입장에서 중요한 것은 미국 이외 국가의 민주주의 실현이 아니라 미국의 이해를 대변할 수 있는 정권이다. 그리고 그 정권이 친미적이면 민주주의 국가이고, 반미적이면 독재 정권으로 간주한다.

　냉혹한 국제 정치 구조 속에서 민주주의보다 국익이 앞서는 것은 어쩌면 당연할 수 있다. 특히 전세계 경제 구조가 제로섬 구조에 진입하고 있기 때문에 국가간의 생존 경쟁은 모든 원칙을 초월할 수 있다. 그러나 미국은 국가간의 경쟁에 앞서 민주주의를 무기로 상대 국가의 전열을 흩트려 놓은 후 경쟁에 돌입한다. 중국도 민주주의를 놓고 미국과

팽팽히 접전 중이다. 중국의 민주주의 수준은 매우 낮다. 따라서 미국이 인권 등 민주주의 원칙을 중국에 강요하거나 분리 독립 세력에게 민주주의의 바람을 불어넣을 경우 중국의 권위주의적 체제는 매우 불안해질 수 있다. 중국 당국의 집계에 따르면 2004년 중국에서 발생한 시위는 모두 7만 4,000건으로 2003년에 비해 28퍼센트가량 늘었다. 따라서 중국의 입장에서 미국이 민주주의 기운을 중국에 전파하는 것은 가장 위험한 전략 무기가 된다. 냉전시대에 민주주의는 양대 진영 간의 생존권 차원의 경쟁 때문에 민주주의는 대의 명분에 불과했다. 한국의 박정희·전두환 정권의 독재를 한반도의 전략적 가치 때문에 묵과한 것과 마찬가지로 미국의 입장에서는 이념보다 전략적 이해가 보다 중요했다. 오히려 민주주의는 보조 수단에 불과했고 다른 국가에 대한 민주주의의 요구는 의례적 수준에 불과했다. 그러나 소련이라는 전략적 상대가 사라지면서 민주주의는 그 자체보다 미국에 저항하는 독재 국가를 공격하는 수단으로 변질되었다.

21세기 들어 신보수주의자들이 미국의 정권을 획득한 후 이제 민주주의는 핵폭탄과 유사한 공격 무기가 되었다. 신보수주의의 실질적 수장인 폴 울포위츠(Paul Wolfwitz) 세계은행 총재는 중국을 방문한 자리에서 "지역단위에서의 의사결정 과정 참여는 발전 과정에 대단한 도움을 준다."면서 중국에 대해 "지속적인 경제 성장을 위해서는 국민들에게 더 많은 발언권을 줘야 한다."고 주장했다. 미국의 관료 신분이 아닌 중립적이어야 할 세계은행 총재가 주권 국가를 방문한 자리에서 해당 국가의 민주주의에 강력한 충고를 하는 것을 중국은 어떻게 해석할까? 중국의 입장에서 미국의 민주주의 강요는 엄청난 체제 위협이 된다. 이제 전세계 독재 정권들은 군사력뿐 아니라 미국의 민주주의 폭탄이라는 강력한 무기에 위협을 느끼고 있다. 물론 민주주의 수준에 대한 판단은 민주주의의 실현 여부보다 미국에 얼마나 종속되는가 여부이다.

민주주의의 돌연변이

미국은 표면적으로 민주주의 원칙을 주장하지만 이면에서는 보편성을 상실한 민주주의를 그들은 민주주의라고 명명한다. 예를 들어 과거 침략 행위에 대한 진정한 반성을 통해 세계의 신뢰를 회복한 독일의 UN 안보리 가입을 반대하고, 오히려 과거 침략 행위 합리화로 주변국의 거센 반발을 사고 있는 일본의 UN 안보리 가입에 찬성한다는 것은 민주주의를 절대적인 과제로 내세우는 국가의 견해가 될 수 없다. 이런 미국의 행태는 민주적으로 운영되어야 할 UN 안보리를 미국의 의도대로 움직일 수 있는 국가만 상임이사국으로 임명하려는 속내를 보여주고 있다. 그동안 이라크 침공에 반대하거나 미국 자본에 부정적 시각을 보여준 독일을 배제하는 대신, 미국의 안보 우산 속에 있는 일본이 UN 안보리에 들어간다면 미국은 UN과 일본 양쪽을 지배할 수 있다. 그러나 미국의 이중적 태도에 대해 비난이 쏟아지자 미국은 현재 UN 안보리 진입을 추진 중인 독일, 일본, 브라질, 인도 등 모두의 가입을 반대하고 있다. 자신이 먹을 수 없다면 남이 못 먹게 하는 것이 정글의 법칙이다. 그런데 보다 본질적인 문제는 미국의 독점 시스템과 세계적 차원의 민주주의의 결합은 논리적으로 맞지 않는다는 점이다. 강력한 군사력을 가진 국가가 독점적 이해를 취하는 상황에서 어떻게 민주주의가 가능한가?

미국은 이른바 '예방 전쟁'의 개념을 도입해서 미국이나 중요 동맹국에 테러 위협이 있을 경우 선제 공격이 가능하도록 전략을 수정했다.

이라크 전쟁이 대표적인 사례다. 그러나 예방 전쟁은 장래 발생할 더 큰 희생을 줄일 수 있다는 미국의 주장에도 불구하고 자체적으로 모순이 있다. 우선 선제 공격하는 것이 과연 민주적인가에 대해 정당성 논란이 있을 수 있다. 폭력을 먼저 사용한다는 것은 어떤 이유로도 합리화될 수 없다. 또한 적성 국가의 공격 의사 파악방법에 문제가 있다. 적성 국가의 특정한 정권에 대한 공격 의지인가 아니면 국가 전체의 의지인가에 대해 명확히 구분이 어렵다. 이라크 전쟁의 경우 미국이 선제 공격한 명분은 대량 살상 무기의 존재였다. 그러나 그 증거는 3년이 지나도록 찾지 못하고 있다. 그리고 피해는 후세인보다 평범한 이라크 국민들이 입게 되었다. 이와 같이 예방적 선제 공격은 중대한 인권 침해가 되며, 신보수주의자들의 종교적 근원인 기독교 원리에도 어긋난다. 따라서 미국의 민주주의는 그 순수성에 의심받을 수밖에 없다. 2005년 11월 부시 대통령은 의회에서 추진 중인 포로고문금지법안에 대해 미국은 고문을 하지 않기 때문에 이 법안에 찬성할 수 없다는 견해를 밝혔다. 이런 부시의 태도는 민주주의를 제도화하지 않겠다는 의미를 내포하는 동시에 표면화되지 않는다면 앞으로도 고문을 계속하겠다는 뜻으로 이해된다. 또한 반전설교를 한 성공회 교회에 대해 국세청이 면세 혜택을 박탈하겠다고 으름장을 놓을 정도로 미국의 민주주의는 모순적으로 변해 가고 있다. 지금까지 미국의 역사는 민주주의 발전의 역사였다. 그러나 이제는 퇴보의 역사로 전환되고 있다.

미국 내 민주주의의 왜곡

미국 민주주의 왜곡은 국제 정치 구조에서만 나타나는 것이 아니다. 9·11 테러를 고비로 미국 내에서도 심각한 민주주의 퇴보가 나타나고 있다. 애국법(Patriot Act)은 9 · 11 테러 사건 직후 테러 및 범죄 수사에 관한 수사 편의를 위하여 시민의 자유권을 제약할 수 있도록 새로 제정된 미국 법률이다. 이 법은 테러와의 전쟁이라는 대의명분 아래에서 미국인의 기본권의 일부를 유보시킨 법이다. 애국법에 따라 미국 내에서 민주주의의 심각한 훼손이 발생하고 있다. 그중 몇 가지 내용을 살펴보면 다음과 같다.

① **결사의 자유**: 정부는 범죄 행위의 증거가 없어도 종교 단체와 정치단체를 감시할 수 있다.

② **신체의 자유에 관한 권리**: 미국인은 기소되지 않은 단계, 혹은 불리한 증언에 반론을 제기할 수 있는 기회를 갖기 전에라도 구금당할 수 있다.

③ **불법 수사로부터의 자유**: 정부는 테러리즘에 대한 수사를 위해서 상당한 근거가 없이도 미국인의 서류나 소유물을 수색 · 압수할 수 있다.

④ **언론의 자유**: 정부는 도서관 직원이나 전기통신회사의 직원 등 테러리즘 수사와 관련된 기록의 제출을 요구하는 소환장을 받은 자가 이를 받은 사실을 누설한 경우 그 자를 기소할 수 있다.

⑤ **법적 대리에 관한 권리**: 정부는 구치소에서의 변호사와 의뢰인 간의 접견을 감시할 수 있다. 또한 죄를 범한 것으로 인정되는 미국인과 변호사와의 연락을 불허할 권한을 갖는다.

⑥ **신속하게 공개재판을 받을 권리**: 정부는 재판 없이 미국인을 무기한으로 구치할 수 있다.

이러한 애국법의 내용은 박정희 정권 당시 '긴급조치'나 '계엄령'을 연상시킬 정도로 민주주의의 기본 원칙에서 벗어나 있다. 그리고 이 애국법을 지금의 미국을 탄생시킨 워싱턴, 제퍼슨, 링컨이 보았다면 어떤 생각이 들지 심히 궁금하다. 애국법은 한국의 국가보안법과 거의 유사하다. 미국을 세운 선조들이 만들어 놓은 민주주의의 대원칙인 3권 분립은 파괴되었다. 어떻게 이런 국가가 민주주의를 타국에 강요할 수 있는가? 미국의 세계 전략에 동참해서 제3세계 국가의 착취에 앞장섰던 존 퍼킨스(John Perkins)가 집필한 『경제 저격수의 고백』에서 그는 개발 독재 시절 한국에서 불온 선전물을 출판하는 것과 유사하게 다국적 기업에 소속되지 않은 좀 더 용감한 출판사를 선택해서 책을 출판했다고 밝히고 있다. 미국의 치부를 적나라하게 드러낸 이 책이 미국 정부나 다국적 기업의 방해와 위협으로 발간이 어려웠다고 그는 밝히고 있다.

애국법 실행은 테러 예방이라는 명분에서 별다른 비판 없이 받아들여지고 있다. 또한 애국법의 본질이 테러 방지를 목적으로 이슬람 출신자를 감시하기 위한 법률임은 누구나 추측할 수 있다. 현재 미국 내에서는 광범위하게 이슬람 출신이나 소수 민족들이 애국법에 따라 차별받고 있다. 그리고 미국 민주주의 변질은 미국의 동맹국에도 유사하게 확산되고 있다. 2005년 7월 런던에서는 이슬람계 출신이라는 이유로 지하철에서 테러 용의자로 몰려 사살된 사건이 있었다. 특히 브라질 출신인 그를 조준 사살한 사실 때문에 영국은 브라질뿐 아니라 세계 대부분의 국가에서 많은 비난을 받았다. 경찰의 조준 사격은 어느 나라나 경찰 입장에서는 금기 사항이다. 경찰의 총기 사용은 엄격히 규제됨에도 불구하고 세계 경찰 간부 모임인 국제경찰본부장협회(IACP)는 1차 런던 폭탄 테러 발생 이후 자살 폭탄 테러 용의자 대처 방법으로 머리에 조준 사격하라는 새로운 내용의 테러 대응 지침을 내놓았다. 그리고 2005년 10월부터는 미국 현지서 머물 주소를 사전에 미국 정부에 신고하지 않으면 미국행 여객기를 탈 수 없다.

정치 사상 기고가인 에릭 슐로서(Eric Schlosser)는 캘리포니아의 딸기밭 계절 노동자의 반인권적 상황을 고발한『불법의 제국』이란 책에서 미국 민주주의의 왜곡과 착취를 비판했다. 딸기밭 계절 노동자들은 현재 100만 명 이상으로 추정되는데 30~60퍼센트가 불법 이주 노동자들이다. 이들의 임금 수준은 1980년 이후 50퍼센트 정도 하락한 것으로 조사되었다. 평균적으로 멕시코에서 태어난 29세의 남성으로 1년에 25주일 일하고 7,500달러를 벌어들이며, 평균 수명은 49세에 불과할 정도로 임금 착취와 인권의 사각지대에서 일하고 있다. 고용은 일간 단위로 재계약하는 일용직인데 이들에게 있어 딸기는 '악마의 과일'로 일컬어진다. 이들 중 일부는 미국과 멕시코 사이를 계절에 따라 이동하지 않고 캘리포니아에 정착하면서 직접 농업에 종사하기도 한다. 이들은 소작농 형태로 발전했으나 많은 부채와 세금 체납에 시달리면서 21세기의 새로운 노예로 떠오르고 있다. 그리고 딸기 농사뿐 아니라 대부분의 과일과 채소농사에서도 노동과 인권 착취가 다반사로 벌어지고 있다. 물론 농장주의 반인권적 태도를 감시하기 위해 근로기준법 담당관이 200명 있다. 그러나 100만 명에 이르는 개인 농장 고용주에 비하면 터무니없이 적다. 또한 적발되어도 벌금은 1회에 250달러, 3회에도 3,000달러다. 현재 유사한 대우를 받는 미국의 불법 노동자들은 약 700~800만 명으로 추산되고 있다. 또한 메릴랜드, 버지니아 등 많은 주에서는 불법 이민자의 건강과 복지, 다른 형태의 서비스를 금지하는 법안을 통과시켰다. 이런 식의 민주주의 후퇴가 독재 국가가 아닌 미국 내에서 지금 벌어지고 있지만, 많은 미국인들은 당연한 사실로 받아들이고 있다.

미국의 비민주주의적 행태는 대외적으로 많은 문제점을 노출시키고 있다. 한국에서 문제가 된 소파(SOFA) 협정과 같이 미군이 주둔하는 국가에서 미군의 우월적 지위에 대한 저항이 거세지고 있다. 또한 국제형사재판소 협정 반대, 온실가스 감축을 위한 교토의정서에 비준을 거부하는 대신 미국의 이해를 대변할 새로운 온실가스 감축 기구를 설립하는 등 미국은 민주주의 원칙을 철저히 무시하면서 자국의 이익만을 추구하고 있다. 이처럼 미국인들은 자신들의 편의에 따라 이중적으로 민주주의를 행사하고 있다. 예를 들어 미국인의 71퍼센트는 국제형사법원 설립 조약의 비준에 찬성한다는 조사결과가 있다. 그러나 국제형사법원에서 미군이 전범으로 재판받는 것을 미국 대중이 허용하리라고는 상상조차 하기 어렵다. 미국인들은 오직 세금 문제나 실업률에만 관심이 있을 뿐이다. 미국의 민족주의적 애국심과 민주주의에 대한 열망은 개인 소외, 빈부 격차의 고착화 등으로 이제는 종교적 근본주의로 대체되고 있다는 표현이 어울릴지 모른다. 이런 미국인의 인식 변화는 과거 민주주의의 전도사였던 미국인이 아님을 나타내 준다. 그들은 민주주의가 국가, 종교, 민족을 초월하는 절대 가치라는 사실을 버렸다.

민주주의가 미국을 공격한다

민주주의의 본류인 미국에서 억압과 반인권이 공공연히 시행되면서 민주주의 훼손이 영국과 일본 등 미국의 동맹국으로 확산되고 있다. 이런 현상은 미국 민주주의가 인류를 발전시킨 등불에서 오히려 퇴보와 혼란을 가중시키는 요인으로 변화하고 있음을 시사한다. 국제 질서에서 미국이 민주주의를 선택적·차별적으로 사용됨에 따라 많은 나라들은 미국에 대한 존경을 철회하고 있다. 반대로 반미 감정이 미국 동맹국 내부까지 확산되면서 약하지만 아주 조금씩 반미 전선이 결속되고 있는 모습이다. 정치적으로 미국에 대항하기 위해 러시아, 중국, 중앙아시아가 결속하고 있고, EU도 미국과 분명한 선을 그으려는 움직임이 나타나고 있다. 미국이 수립한 중앙아시아의 친미 정권들은 매판적 성격 때문에 시간 문제일 뿐 또다시 '민족주의' 정권으로 전환되는 혁명이 예상된다. 왜냐하면 이들 정권은 민주주의 원칙에 입각한 민족의 이해보다는 정권 탄생을 지원한 미국의 이해를 반영하는 한시적 정권으로 판단되기 때문이다.

    미국의 독점 시스템은 적을 필요로 한다. 적이 없으면 독점 시스템은 존재할 수 없다. 따라서 테러가 발생할 때마다 부시 대통령과 블레어 총리의 지지율은 상승한다. 외부의 공격이 있으면 해당 국가의 내부 결속력이 높아지는 것은 당연하다. 미국과 영국의 내부 결속력 증가의 대가는 현 정권의 안정성을 일시적으로 높이지만 민주주의 희생을 전제로 하고 있다. 과거 미국의 민주주의는 미국 이외 국가를 자발적으로 굴복시키는 정신적 토대가 되었다. 그러나 1990년대 말부터 민주주의를 미국의 이해에 맞게 선택적으로 사용함에 따라 지금은 민주주의가 미국을 위협하는 수단으로 떠오르고 있다. 미국의 힘이 약화되는 여러 가지 요인 중 민주주의 퇴보도 매우 큰 역할을 하고 있다. 동시에 미국이 민주주의의 이중잣대를 사용함에 따라 반미 감정을 강화시키는 중요한 명분이 되기도 한다. 또한 미국 내부적으로도 비민주의 표상인 인종 차별주의가 확산되고 있다. 신보수주의자인 후쿠야마도 "국가만 할 수 있고 국가만 해야 하는 것이 있다. 그것은 바로 정통성 있는 합법적 권력을 취합하여 목적에 맞게 배치하는 일이다. 합법적 권력이 있어야 국내적으로는 법치를 시행할 수 있고 국제적으로는 세계 질서 유지에 기여할 수 있다."고 주장했다. 미국은 점점 민주적 합법성을 상실하고 있다. 미국 내에서 정치 권력의 정당성도 낮아지고 있다. 이런 이유 때문에 시간 문제일 뿐 미국 내에서 민주화 요구가 커질 경우 비민주 근원인 신보수주의가 약화되고 독점 시스템도 위기에 처할 수 있다.

미국의 부정적 사회 통계
*미국을 비판하는 진보주의 계열의 학자들 견해를 종합한 내용임

앵글로색슨 민주주의 국가들(미국, 영국, 캐나다, 호주, 뉴질랜드)은 모두 하층 40%의 소득 비중이 OECD 평균을 밑돌고 있다. 미국의 빈곤층 비율은 18.1%, 결손 가정의 빈곤층 비율은 53.3%나 된다(임혁백, 『세계화 시대의 민주주의』).

대학 4학년을 대상으로 한 역사 설문조사 결과 35%만이 한국전쟁 발발 당시 미국 대통령을 알고 있다(찰스 A. 쿱찬, 『미국 시대의 종말』).

미국 법무부 형사통계국에 따르면 2003년 6월 말 현재 재소자는 207만 8,570명이며, 남성 75명 중 1명꼴로 수감되어 있다. 이는 주민 10만 명당 715명으로 멕시코의 169명, 러시아의 584명보다 많다. 특히 20대 흑인 중 12%가 구금 상태인데, 같은 연령대에서 히스패닉은 3.7%, 백인은 1.6%에 불과하다. 재소자 중 흑인 비율은 1950년에는 35%에서 현재 65%로 늘어났다. 특히 1985년에서 1991년까지(레이건 시절) 흑인 재소자는 450% 증가했다.

미국의 48개 주는 수감된 범죄자에게는 투표권이 없다. 37개 주는 가석방으로 출소 중인 자에게도 투표권이 없다. 14개 주는 전과자에게 영구히 투표권을 제한하며, 공직에 출마할 수도 없다. 특히 남부를 중심으로 한 일부 주에서는 흑인 남자 가운데 30~40%가 수감 기록으로 인해 투표권을 제한 받아 2000년 대통령 선거 당시 플로리다 주에서는 흑인 4사람 중 1명이 투표권이 없었다. 만일 이런 조치가 없었으면 2000년 대통령 선거에서 앨 고어가 이겼을 것이다(2000년 선거에서 부시는 플로리다에서 537표 차이로 승리해서 선

거인단 25표를 차지했다)(시어도어 로작, 『세계여 경계하라』).

유아 사망률은 1997년에 백인은 1,000명당 6명이고, 흑인은 14.2명이다. 그러나 1999년에는 백인은 5.8명으로 줄어들었지만, 흑인은 14.6명으로 증가했다(엠마뉘엘 토드, 『제국의 몰락』).

미국인의 48%는 미국이 하나님의 특별한 보호를 받고 있다고 믿는다. 82%의 미국인이 천국의 존재를 믿으며, 63%는 자신이 천국에 갈 확률이 높다고 생각한다. 자신이 지옥에 간다고 믿는 사람은 1%에 불과하다.

2003년 미국인의 57%가 복권을 구입했고, 지난 10년 동안 미국의 도박 산업은 연간 9%씩 성장했다. 2002년 미국인들은 합법적 도박에 680억 달러를 지출했다. 47개주가 도박을 합법화했다. 미국국립연구위원회(NRC)는 300만 명 이상의 미국인들이 "평생" 병적인 도박꾼이라고 추정했다.

미국인의 인생관과 가치관 조사에 따르면 "원하는 것을 얻기 위해 폭력 사용이 용인될 수 있는가?"라는 질문에 1992년에는 10%만이 그렇다고 대답했으나, 1996년에는 18%, 2000년에는 24%가 대답했다.

8세 이상의 어린이들이 혼자 TV를 보는 시간은 전체 TV 시청 시간의 최대 95%에 이르며, 2~7세의 경우 그 비율이 81%였다(제러미 리프킨, 『유러피언 드림』).

1980년 기업 최고 경영자 보수는 노동자 평균에 비해 42배나 높았으나, 2001년에는 그 배율이 400배로 10배나 증가했다.

OECD에 따르면 미국에서는 1년에 빈곤층의 46%만이 빈곤에서 탈출하는 데 비해 영국은 45%, 독일은 53%, 캐나다는 56%가 탈출했다. 빈곤을 탈출했던 이들 가운데 다시 빈곤층으로 전락한 비율은 미국이 19%나 되지만 영국은 10%, 캐나다는 7%였다(더그 헨우드, 『신경제 이후』).

8
소프트파워와 미국 문화의 균열

연성 권력(軟性權力)이라는 소프트파워는 영어의 세계 공용어화, 미국식 교육의 보급, 미국 상업 문화의 세계 지배 등으로 요약할 수 있다. 소프트파워는 원래 미국만의 독특한 문화였다. 개발시대와 냉전시대를 거치면서 형성되었던 미국만의 문화가 제2차 세계대전 이후 미국이 세계를 제패하면서 미국 이외 국가에 자연스럽게 전파되었다. 특히 마셜 플랜에 의해 미국의 원조를 받아야만 했던 세계 대부분의 국가들은 경제적 도움과 안보 우산을 제공한 미국 문화를 우월한 보편적 진리로 인식했다.

소프트파워의 세계화

1960년대까지 미국의 일방적인 경제력과 군사력 때문에 전세계 엘리트들이 미국으로 유학을 오면서 미국의 소프트파워는 보편화 단계에 진입한다. 국가마다 미국에서 교육받은 인재들이 해당 국가의 파워엘리트로 성장하면서 미국 문화는 자연스럽게 보편성을 지닌 세계의 문화가 된다. 프랑스의 언론인인 이그나시오 라모네(Ignacio Ramonet)는 소프트파워를 "미국이라는 최면술사는 우리 마음으로 들어와 우리 것이 아닌 사상을 우리 마음에 심는다. 미국은 이제 힘과 명령이 아니라 주술과 우리의 자발적인 동의를 통해 우리를 굴복게 하려 한다."고 묘사한다.

1980년대까지 치열한 냉전 구조에서 소프트파워는 민주주의와 마찬가지로 미국이 영향력을 넓히는 중요한 수단으로 사용되었다. 그리고 냉전 종식 이후에는 미국의 일방주의 시대가 도래하면서 소프트파워는 세계 공통의 문화로 자리잡게 된다. 1990년대 이후 소프트파워의 세계화가 진전되면서 군사력 즉 하드파워보다 강한 미국의 전략 무기로 소프트파워는 등장한다. 한국의 경우에 미국에 간다는 표현을 "미국에 들어간다."라고 한다. 미국에서 온다는 표현도 당연히 "나온다."라고 한다. 즉 사고의 중심이 미국이라는 표현이 된다. 어린이들의 생일 잔치도 대부분 KFC, 맥도날드, 버거킹 등 미국식 패스트푸드 가게에서 치르고, 좋은 데이트 코스로 할리우드 영화를 보는 것이 손꼽힌다. 미국의 프로 스포츠를 밤새워보는 것도 직장인 사이에 일반화되고 있다. 그러나 이런 현상은 한국만의 현상이 아니다. 세계가 동시에 미국의 소프트파워를 모방하고 있다. 이런 현상을 르네 지라르는 "모방 박테리아는 여러 인종들을 모방경쟁에 뛰어들게 하면서 숙주인 미국의 위치는 더욱 강화되고 있다."고 표현한다. 어려서부터 미국 문화에 중독된 세계의 젊은이들은 무의식중에 미국을 선망하게 되고 어릴 때 추억이 서려 있는 맥도날드 매장처럼 가장 가고 싶은 나라도 미국이다. 항상 미국이 악당과 외계인을 드라마틱하게 물리치는 할리우드 영화의 영향으로 미국은 선한 국가로 인식된다. 미국만이 가질 수 있었던 독특하고 예외적인 문화가 이제 세계의 보편문화가 되었다.

약화되는 미국 문화

최근 역사학계에서는 미국과 로마의 유사성에 대한 탐구가 활발하다. 영국 《가디언》 기자인 조너선 프리들랜드(Jonathan Freedland)는 모든 길이 로마로 통하듯 정보고속도로를 미국이 지배한다는 공통점과 강한 군사력과 부드러운 제국주의(로마 문화의 확산)를 동시에 구현하면서 궁극적으로 그들의 역사를 '신화로 만든다'는 공통점을 제시했다. 또한 몰락 과정의 유사성에 대한 탐구도 활발하다. 특히 『미국 문화의 몰락』의 저자인 모리스 버먼(Morris Berman)은 사회 경제적 불평등의 가속화를 미국 몰락의 주된 원인으로 삼고 있다. 사회 경제적 문제를 해결하기 위한 투자 증가, 사회 보장 제도의 한계, 전체적인 지적 수준의 급격한 저하 등으로 정신적인 죽음 단계에 현대 문명, 특히 미국 문화가 처해 있다고 그는 주장한다. 또한 문화의 실질적인 내용이 사라지는 대신 저급한 수준의 문화로 재가공하는 것을 현재 미국 문화의 본질로 보고 있다. 미국인들은 평균적으로 지적 수준이 매우 낮다. UN에 소속된 158개국 중 글을 읽고 쓸 수 있는 지적 능력으로는 49위, 성인 가운데 60퍼센트가 전혀 책을 읽지 않는다. 6퍼센트만이 1년에 책을 1권 읽는다. 12세가 넘는 미국 인구의 1/3이 적어도 한 번쯤은 마리화나를 피웠고, 200만 명 이상은 매일 마리화나를 피운다. 헤로인, 코카인과는 달리 미국에서 소비되는 마리화나는 1/4~1/2 정도가 미국 내에서 재배된다.

이런 통계를 기반으로 추론해 보면 미국은 점점 미개한 국가로 향하면서 정신적 토대가 약화되고 있다. 이런 상태임에도 불구하고 미국의 독점 시스템은 그동안 소프트파워를 바탕으로 정신적으로 세계를 지배해 왔다. 그러나 소프트파워 위력은 점점 약화되고 있다. 미국 내에서도 소프트파워를 떠받치던 문화적 토대가 약화되고 있다. 소프트파워의 약화는 지나친 상업성과 선정성에서도 찾을 수 있다. 예를 들어 포르노 업계 출판물인 《성인 비디오 뉴스》에 따르면 1985년~1992년 사이에 하드코어 포르노 비디어 대여수는 7,900만 개에서 4억 9,000만 개로 증가했고, 다시 2001년에는 7억 5,900만 개로 증가했다고 한다. 현재 하드코어 성인 오락물에 연 80~100억 달러를 소비하는 것으로 추산되는데 미국은 매주 211개의 하드코어 비디오를 만들어 낸다. 그리고 포르노 사이트는 30만 개로 추정된다. 여러 분야에서 미국의 위치가 흔들리고 있지만, 향락 산업만큼은 아직도 강한 지배력을 가지고 있다.

소프트파워에 대한 저항

그동안 소프트파워에 의식을 지배당했던 세계가 이제 미국 문화에 서서히 저항하는 기류가 나타나고 있다. 소프트파워에 대한 저항은 국가나 사회적 차원보다는 개인적 차원에서 나타나고 있기 때문에 감지하기 어렵지만 미국 문화에 대한 반작용이 보편화되면서 소프트파워는 자체적으로 약화되는 동시에 저항의 조짐마저 보이기 시작하고 있다. 편협한 국수주의(國粹主義) 차원에서의 저항이 아니라 본질적으로 소프트파워를 재해석하면서 비판 수위가 높아지고 있다. 특히 미국식 민주주의에 대한 저항이 소프트파워에 대한 저항으로 이어져 사회 하부구조로 확산되고 있다. 영어의 공용화는 더욱 진전되고 있지만, 소프트파워의 핵심으로 규정되던 미국의 대중 문화, 교육, 패스트 문화 등 실생활과 관련된 미국의 소프트파워 영향력은 점차 줄어들고 있다.

1_ 반미주의는 소프트파워를 약화시킨다

소프트파워의 가장 큰 특성은 미국 이외 국가가 자발적으로 미국의 소프트파워를 받아들인다는 점이다. 이러한 자발성 때문에 미국 문화의 권위도 자연스럽게 정착되었었다. 그러나 미국이 소프트파워를 독점 시스템 유지의 주요한 수단으로 사용하면서 소프트파워는 미국 이외 지역에서 미국의 나쁜 상징으로 받아들여진다. 소프트파워란 용어를 처음 사용한 조지프 나이(Joseph S. Nye)는 다른 나라들이 미국을 모방한 정책을 스스로 채택할 수 있도록 미국이 강요보다는 자발성을 유발시키기 위해 노력해야 한다고 주장했다. 그러나 미국의 정책은 자발성을 유도하기보다 미국의 뜻에 따를 것을 강제하고 있다. 따라서 이러한 강제의 증거인 독점 시스템을 미국이 추구할수록 반미 감정은 소프트파워를 우선적으로 약화시킨다.

독점 시스템과 소프트파워는 양립할 수 없다. 미국의 공격성을 찬양하던 영화들은 세계 시장에서 참패를 면치 못하고 있다. 007 시리즈나 람보 시리즈와 같이 미국이나 영국에 적대적인 국가를 대상으로 통쾌하게 무찌르던 영화가 사라진 지 오래되었고, 미국의 적은 마약업자나 외계인 등으로 대체되었다. 미국은 이제 특정 국가를 적으로 여기지 않아도 될 만큼 강력한 국가가 되었지만, 역으로 세계 모든 나라의 지지를 받아야만 존재하는 취약한 국가로 전락하고 있다. 맥도날드는 전세계 많은 나라에서 거부당하고 있다. 자국 농산물을 먹자는 캠페인과 '웰빙' 붐으로 대량 생산된 패스트푸드는 인체에 유해한 것이 상식화되고 있다. 한국의 TV 오락 프로에서는 코카콜라로 세차를 하면 차가 깨끗해진다는 프로그램이 방영되고, 미국 차를 타면 덜 세련된 것으로 인식되고 있다. 대부분의 NGO들도 반미 성향이 강화되고 있다. 맥아더 장군의 동상 철거 논란이 일고 있고 선진국일수록 미군 주둔에 반대하고 있다. 이렇게 미국에 대한 반미 감정이 커지면서 소프트파워는 파워를 상실해 가고 있다.

2 _ 상업주의에 대한 반란

제러미 리프킨은 상품화된 사회 관계를 비판하면서 "모든 사람이 임대, 가입, 등록, 수임료 등을 통해 이런저런 형식으로 거미줄처럼 연결된 네트워크 안에 들어가 있을 때 모든 시간과 관계는 영리적 시간이 되어 버린다."면서 "문화적 시간은 기울고 인류는 영리적 고리를 통해서만 문명을 지탱할 수밖에 없게 되었다. 그리고 이것이 탈근대 사회의 위기이다."라고 규정한다. 결국 탈근대의 특성은 상업주의와 순수 문화의 충돌로 요약할 수 있다. 상업주의는 미국이 냉전 종식 후 원초적 자본주의, 즉 신자유주의를 강하게 추진하면서 세계 전체로 확산된다.

상업주의의 문제는 전세계 공통의 문제다. 국가와 개인 사이에 기업과 시민 단체가 존재하는 것이 정상적인 국민 국가 내부의 모습이다. 그러나 국가, 국경, 시민 단체, 노동자의 단체 행동을 배격하는 신자유주의는 중간에 위치하던 시민 단체와 노동계를 모두 무력화시켰다. 그리고 그 공백을 독점적 기업이 모두 장악했고, 이제는 기업이 국가와 개인을 지배하는 상황으로까지 진전되고 있다. 특히 세계적 독점을 추구하는 미국 기업들은 미국 이외 국가에서 해당 국가와 국민들을 상업주의로 장악하고 있다. 이들의 지나친 상업주의에 대한 반동은 반대로 소프트파워를 거부하게 만든다. 사실 디플레이션 사회에서의 생존법은 세계적 차원에서 독점을 형성하는 것이다. 독점 시스템도 미국이 세계적 차원의 독점을 형성하는 것이고, 인텔 · MS · 나이키 · 맥도날드 · 코카콜라도 세계적 차원의 독점을 유지하기 때문에 높은 수익을 얻을 수 있다. 이런 현상 때문에 대부분의 국가들은 생존권 차원에서 자국 기업이 세계적 독점을 형성하기를 은근히 지원한다. 그러나 독점을 이루는 과정에서 사회의 보편가치가 기업을 중심으로 변화할 수밖에 없다. 인간은 없고 기업의 이해로 국가가 운영되면서 상업주의는 지금 극한을 향해 치닫고 있다.

미국은 이제 상업주의가 완전히 지배하는 국가가 되었다. 기업의 의도대로 후발국에 진출하고 외교 정책도 기업의 입맛에 맞춰 요리되고 있다. 미국의 대외 정책은 이제 민주주의나 소프트파워의 구현이 아니라 상업적 차원에서만 정당성을 갖는다. 미국의 소프트파워가 번성했던 국가에서 반미 감정이 강해진 것이 미국의 소프트파워의 지배에서 상업적 지배로 정책 방향이 급속히 전이되는 과정에서 발생한 것으로 판단된다. 미국은 모든 정부를 악으로 규정하면서 교도소 운영도 민간 기업이 하고 국가 기간 산업도 거의 민영화되었다. 야구나 농구와 같이 광고 시간이 많은 스포츠가 방송사의 의도대로 교묘하게 인기몰이를 하면서 철저하게 인간이 배제되고 있다. 이 결과 '인간성의 회복은 곧 소프트파워의 극복'으로 인식되는 지경에 이르렀다. 소프트파워가 상업성이라는 변화에서 탈출하지 못할 경우 철학적으로 탈근대의 모든 병리적 현상의 주범은 미국이 될 수밖에 없는 상황이다. 결국 산업 국가 전반에 나타나고 있는 인간성 상실과 상업 문화 준동의 모든 책임을 미국이 뒤집어쓰고 있다.

3 _ 다양성의 상실

미국 문화의 본질적인 힘은 다양성에 있다. 다양한 문화를 포용할 수 있는 능력은 미국 이외 국가에서 발견하기 어렵다. 인종적으로도 많은 인종이 모여 살지만 강한 인종 간의 갈등 없이 기회의 평등을 제공하는 국가도 거의 미국이 유일하다. 종교적 측면에서도 미국에는 세계의 모든 종교가 모여 있다. 또한 이들을 잘 관리할 수 있는 법 체계를 갖춰 제도화 시켜 놓았다. 이렇게 미국은 문화의 용광로가 되어 그 부산물인 소프트파워를 세계에 접목시켰다. 지금까지 미국이 다양성을 인정할수록 미국의 파워는 더욱 커지는 문화적 선순환 구조로 소프트파워는 형성되어 왔다.

그러나 독점 시스템 구축을 위해 미국식 세계화를 강요하면서 미국의 다양성은 상실되어 가고 있다. 특히 미국 내 인종 차별과 종교 차별이 확대되면서 극단적인 국가주의가 미국 사회를 지배하고 있다. 과거보다 더 많은 성조기가 미국을 뒤덮고 있으면서 다양성은 편협성과 공격성으로 대체되고 있다. 예를 들어 이라크 전쟁을 반대한 프랑스를 공격하기 위해 '프렌치파이'를 '아메리칸파이'로 바꿔 부르자던 운동, 세계 각국의 스크린 쿼터 제한과 같은 독자 문화를 지키려는 움직임에 미국이 강력히 대응하는 것은 미국이 다양성을 포기하고 있다는 구체적 증거이다. 이슬람 교도를 박해하고 기독교 근본주의로 미국이 급속히 전향하는 것도 다양성을 상실한 소프트파워의 위기이다. 올림픽에서 야구가 제외된 것을 미국인들은 어떻게 생각하고 있을까? 미국이 문화적 획일성을 추구하면서 자발성에 기반했던 소프트파워의 약화로 연결되고 있다.

4 _ 교육 문제

치열한 경쟁 속에서 최고를 지향하는 미국의 교육 제도는 전세계에서 가장 우수한 것으로 알려져 있다. 이 결과 많은 국가의 인재들이 미국으로 몰려 들면서 미국은 유학생들의 천국이 되고 있다. 미국의 전체 입학생 중 외국인의 비율은 1980년대에는 2퍼센트 미만이었다. 그러나 소프트파워의 영향력이 커진 1990년대 이후 미국 유학생은 급속히 증가해서 5퍼센트대에 육박하고 있다.

특히 명문대학일수록 유학생 비중이 증가하고 있다. 2002년 버클리 대학에 입학한 신입생 가운데 45퍼센트 이상이 아시아계였다. 흑인은 3퍼센트, 히스패닉은 15퍼센트, 유럽계는 30퍼센트에 불과하다. 이렇게

[표 2-8] 미국 대학의 전체 입학생 중 유학생의 비율

연도	54~55	64~65	74~75	84~85	94~95	01~02
비율%	1.4	1.5	1.5	2.7	3.3	4.3

자료: 브레진스키, 『제국의 선택』.

[표 2-9] 미국 대학 박사학위 취득자의 출신 학부(1999~2003년)

박사 취득자의 학사 취득 학부(전체)	박사 숫자	박사 취득자의 학사 취득 학부(유학생)	박사 숫자
U. of California at Berkeley	2,175	Seoul National U.(South Korea)	1,655
Seoul National U.	1,655	National Taiwan U.(Taiwan)	1,190
U. of Michigan at Ann Arbor	1,537	Peking U.(China)	1,153
Cornell U.	1,499	U. of Science and Technology of China	988
U. of Illinois at Urbana-Champaign	1,420	Yonsei U.(South Korea)	720
U. of Texas at Austin	1,330	Fudan U.(China)	626
Harvard U.	1,290	Chulalongkorn U.(Thailand)	466
U. of California at Los Angeles	1,287	Korea U.(South Korea)	445
Pennsylvania State U.	1,250	Middle East Technical U.(Turkey)	421
U. of Wisconsin at Madison	1,249	Nankai U.(China)	392

자료: The Chronicle of Higher Education

대부분의 명문 대학에서 유학생, 특히 미국과의 경쟁 관계가 심한 아시아 국가의 유학생이 점증하고 있다. 1999~2003년 사이에 박사 취득자 중 한국의 서울대학 출신자 숫자는 무려 1,655명으로 미국 대학 박사 취득자의 출신 학부 중 2위에 해당한다. 그리고 중국 비중이 매우 높다는 사실도 주목할 만하다. 이런 현상을 소프트파워를 강조하는 학자들은 미국의 교육 제도의 우월성과 미국에 호의적인 인재들을 대규모로 양산한다는 점에서 미국에 도움이 되는 것으로 인식한다. 본국의 개발 여건이 어려운 아프리카나 남미의 유학생들은 학위 취득 후 대부분 미국에 머무르면서 학계나 미국 기업에 취업한다. 그러나 고성장 지역이면서 유학생 비중이 높은 동아시아의 본국 기업은 미국에서 보다 훨씬 높은 보수를 지급하면서 다양한 취업 기회를 제공한다. 특히 유교적 성향 때문에 가족과 민족, 그리고 국가 의식이 강한 아시아 지역의 유학생들의 꿈이 '금의환향(錦衣還鄕)'인 것은 한국만의 현상은 아니다.

최근 미국의 신보수주의 정책으로 미국 유학생이 감소하는 현상도 목격된다. 비자 발급 받기가 까다로워지면서 미국 대학으로의 유학은 점점 어려워지고 있다. 2004년 기준으로 미국 대학원에 입학하기 위한 외국 학생의 신청 건수는 28퍼센트 감소했고, 실제 등록한 학생 수도 6퍼센트나 줄었다. 대학원 입학 학력시험인 GRE 응시자 수의 경우 2002년 대비 인도 출신자는 56퍼센트, 중국은 51퍼센트, 한국도 28퍼센트나 줄어들었다. 또한 미국이 독점한 유학을 통한 소프트파워의 고양과 경제적 이익을 나눠 갖기 위해, 다른 국가들도 저렴한 비용과 우수한 강사진을 유치해서 미국 대학과 경쟁하고 있다. 미국 대학에 대한 유학생의 감소와 대체할 수 있는 대학의 출현 때문에 독점 시스템 유지의 가장 중요한 문화적·정신적 토대가 약해지고 있다.

한편 미국 내부적으로도 공교육과 사교육의 괴리도가 커지면서 학생들의 학습 능력도 차별화되고 있다. '국제 성인 문자 해독력 조사' 결과에 따르면 초등학교에서 중학교 수준까지의 미국 어린이들이 '거의 모든 나라의 어린이들보다 뒤지는 것'으로 나타났다. 이렇게 미국의 교육은 완전히 양극화되어 있다. 우수한 인재와 외국 유학생 그룹이 사회를 이끌고 있지만 평균적으로 미국인들의 교육 수준은 점점 낮아지고 있다. 그리고 이런 현상은 더욱 강화될 전망이다. 미국도 고령화 사회 진입을 눈앞에 두고 있는데, 사회 보장 비용의 증가와 더불어 단기의 경기 부양을 위한 감세 조치로 미국의 교육비는 감소할 수밖에 없다. 따라서 미국 공립학교 교육의 질이 낮아질수록 새로운 소프트파워를 창출하지 못하면서 동시에 기존의 소프트파워마저 약화시킬 수 있다. 가난하고 교육을 못 받은 사람들이 범죄자가 되면서 1980년 캘리포니아의 교도소 운영 예산은 전체 예산의 2퍼센트였다. 1995년에는 9퍼센트, 2002년까지는 18퍼센트로 예상되는데, 이 금액은 고등 교육 예산보다 많다. 이민자들의 증가로 많은 사회 문제가 도출되면서 '인종의 도가니'였던 미국에서 인종 간의 적대감이 가시화되고 있다. 엠마뉘엘 토드의 분석에 따르면 현재 결혼한 흑인 여성의 98퍼센트는 흑인 남성과 살고 있다. 다른 인종간의 결혼의 경우에도 55세 이상은 12.6퍼센트, 35~54세는 19.0퍼센트인 데 반해 25~34세는 17.2퍼센트, 15~24세는 15.5퍼센트로 인종 융합이 감소하고 있다. 젊은층의 인종간 결혼 비율이 감소하고 있는 것은 소프트파워의 약화와 미국 내 분열을 상징한다. 이런 나라에서 어떻게 소프트파워로 세계를 지배할 수 있을까?

5 _ 패스트푸드와 할리우드

맥도날드의 피해에 대한 서적이 여러 권 발간되었다. 맥도날드로 대표되는 미국의 패스트푸드 산업은 미국 문화의 상징이 되었다. 그러나 기계적인 생산 과정, 단순한 섭취 과정과 빠른 제조 속도 등으로 맥도날드는 문화적 획일성의 대표적 개념이 되고 있다. 맥도날드와 할리우드에 대해 조 킨첼로(Joe Kincheloe)는 맥도날드를 전세계가 동시에 같은 메뉴와 가격으로 판매된다는 점에서 다양성을 거부하는 음식 문화로 규정한다. 그는 또 맥도날드가 '디즈니'나 '코카콜라'와 동시에 소비된다는 면에서 엔터테인먼트에 기반하고 쾌락을 생산하는 새로운 형태의 기업 권력을 대표하는 것으로 인식한다. 맥도날드로 대표되는 미국의 패스트푸드와 할리우드는 전세계 인류의 머릿속을 지배하면서 '소비를 통한 착취'를 시행하는 문화 권력으로 킨첼로는 비판하고 있다. 이 결과 9·11 테러 당시 맥도날드의 각 지역본부는 문을 닫고 철수할 정도로 이제 맥도날드는 미국의 상징으로 인식하고 있다. 1970년대 불과 60억 달러이던 패스트푸드 소비는 20세기 말에 1,000억 달러 이상으로 신장시켜 미국 경제에도 많은 도움이 되고 있다. 맥도날드의 강한 문화적 영향력은 자연스럽게 미국에 대한 반감으로 자리잡고 있다. 패스트푸드의 유해성은 이미 상식이 되면서 현대 문명의 비판 도구가 되고 있다. 2004년 맥도날드 매장 수 증가가 감소한 사실은 미국의 패스트 문화에 대한 커다란 경종으로 파악된다.

한편 할리우드 영화는 지나친 폭력성과 오락적 상업성, 그리고 미국을 우상화한다는 비판에 처해 있다. 할리우드 영화 스토리는 미국 신보수주의자들의 사고의 복사판이다. 액션물의 경우 대부분의 스토리는 과거에 엄청난 능력이 있었으나 지금은 평범하게 사는 미국인이 미국의 사회를 공격하는 국가, 테러 단체, 우주인과 단독으로 싸워서 이들을 물리친다는 내용이다. 물론 전투 과정에서 무고한 많은 시민들이 희생되지만 미국의 가치를 지키기 위해서 어쩔 수 없다는 영웅신화 스토리가 대부분이다. 할리우드 영화의 태반을 차지하는 이런 무용담은 영웅인 자신들은 절대 희생당하지 않는다는 점, 적의 존재가 없이는 영화 전개가 어렵다는 점, 스토리 전개 과정에서 희생당하는 사람들의 인권은 전혀 고려하지 않고 적의 격퇴에만 관심이 있다는 점과 이럼 용감한 행동을 오직 미국인만이 할 수 있다는 것이 공통의 스토리이다. 마치 현재의 신보수주의자들의 사상과 거의 유사하다. 세계 경찰인 미국의 위치를 할리우드 영화에 중독된 세계인에게 미국의 가치를 따를 것을 무의식중에 세뇌하는 것이 할리우드 영화의 본질이라 할 수 있다. 이는 마치 할리우드 영화가 독점 시스템의 교사 역할을 하는 것처럼 느껴진다. 액션물 이외의 할리우드 영화는 오락과 성(性)에 집착되어 상업 문화의 홍보 도구로밖에 볼 수 없다.

  그러나 할리우드 영화의 전성 시대는 서서히 막을 고하고 있다. 할리우드에 동양의 자본과 예술인들의 참여가 늘고 있고, 뻔한 스토리에 싫증을 느낀 영화 관객들은 서서히 등을 돌리고 있다. 부모들은 자녀들의 건강을 위해 맥도날드와 콜라를 먹이지 않고 할리우드 영화를 보지 못하도록 교육하고 있다. 그만큼 미국에 대한 환상이 약해지고 있음을 의미한다. 또한 할리우드 영화의 주 관객층인 아시아권은 자체 영화 제작 붐이 불면서 다양성을 시도하고 있다. 할리우드의 열기가 시들해지자 이제는 더 야만적인 '프로 레슬링', '이종 격투기' 등을 새롭게 부각시키고 있다. 그러나 미국이라는 영웅만 존재하는 영화나 미국의 프로 스포츠가 반복될 경우 이는 세계를 지배하던 문화가 아니라 단순 반복적인 게임이나 오락으로 볼 수밖에 없다. 어떻게 단순한 게임이나 오락을 소프트파워라고 볼 수 있는가? 미국 영화의 중독에서 세계가 벗어나면서 미국의 소프트파워는 미국 이외 국가에서 조금씩 지워지고 있다.

  다른 한편에서 미국의 소프트파워에 대한 맞대응이 활발하다. 잘 알려진 대로 프랑스 등 유럽 대륙의 반미 감정은 미국에 대한 문화적 우월성에 기초하고 있다. 이런 상태에서 미국의 소프트파워에 대해 유럽은 지속적으로 이의를 제기하고 있다. 예를 들어 미국 최대의 인터넷 포털인 구글은 전세계 도서관을 연계해서 모든 서적을 구글의 인터넷에 올리려는 엄청난 시도를 하고 있다. 당연히 저작권 분쟁이 치열할 수밖에 없는데, 구글의 공세에 유럽 국가들은 공동 대응하고 있다. 저작권뿐 아니라 언어와 역사, 그리고 문학 분야마저도 미국에 빼앗길 수 있다는 위기감이 이들을 결속시키고 있다. 미국이 소프트파워를 내세울수록 대항 문화는 더 강화되는 동시에 미국과 독점 시스템에 대한 거부감도 따라서 증가하고 있는 상황이다.

조너선 프리들랜드는 "미국은 소프트파워를 통해 전세계를 간접 통치해 왔지만 현재는 간접 통치(소프트파워)가 한계를 보임에 따라 직접 통치(군사력)의 단계로 진입하고 있다."고 주장한다. 군사력, 자본, 소프트파워의 3각 편대가 미국의 최대 무기였다. 그러나 이제 무기들이 녹슬고 있다.

맥도날드화(McDonaldization)

2005년 창립 50주년을 맞는 맥도날드는 전세계 패스트푸드를 장악하면서 코가콜라와 함께 미국의 상징으로 대두되고 있다. 현재 맥도날드는 121개국에 2만 9,000여 개의 매장을 운영 중이다. 맥도날드는 이른바 맥월드(McWorld)라 하여 동일한 세계 문화를 창출하고 있는데 미국인 노동자의 1/8은 맥도날드에서 일한 경험이 있을 정도이다.

맥도날드는 독점 그 자체이다. 원자재 조달의 경우 육류 가격을 낮추기 위해 육가공 업체를 압박하면서 양계, 감자 등 주요 원자재 생산 농가를 실질적으로 맥도날드가 지배한다. 농가들은 맥도날드가 원하는 가격에 납품가를 맞추기 위해서 질 낮은 사료를 쓸 수밖에 없다. 노동비를 절감하기 위해 불법 이민자와 같이 신뢰성이 약한 사람들을 주로 고용한다. 미국 쇠고기에서 아직도 '광우

병'이나 'O157'과 같은 전염병에서 자유롭지 못한 것은 질 낮은 사료와 불결한 축사에 기인하는 것으로 보는 시각도 있다. 결국 맥도날드는 농가들을 착취해서 지사의 브랜드 가치 증대와 이익만을 추구한다.

맥도날드의 생산 방식은 완전히 기계화·표준화되어 있다. 인류의 문화적 차이를 고려하지 않고 효율성만을 극대화된 음식을 다른 공산품과 유사하게 제조, 판매하면서 인류와 여타 동물체와의 차별성을 상실시킨다. 미국 내 맥도날드 노동자의 연간 이직률은 300~400%에 이를 정도로 높은데, 이는 대량 생산 방식을 취함에 따라 매장에서 숙련직이 필요 없기 때문이다. 맥도날드에서 리콜은 없다. 음식물의 특성상 섭취한 후 리콜은 불가능하기 때문에 판매 후 책임을 지는 다른 공산품과 차별화된다. 미국이 주는 대로 받아 먹을 수밖에 없다. 맥도날드의 수익의 대부분은 미국 내에서보다는 해외에서 발생한다. 제품 판매 이익뿐 아니라 매장의 부동산 투자로 얻는 이익이 더 크다는 아이러니한 현상이 발견된다.

맥도날드는 전세계를 동일한 방식으로 경영하면서 해당 지역에서의 착취로 주주만 이익을 보는 시스템이다. 미국은 인체에 해롭고 중독성이 강한 패스트푸드, 무기, 담배 등 인류에게 가장 해로운 산업에서만 경쟁력이 강한 나라가 되었다. 미국의 소프트파워가 맥도날드와 코카콜라로 상징되고 있지만, 이 제품들은 인체에 해로운 식품이며 인류 전체에는 큰 도움은 되지 않는다. 미국 내에서도 패스트푸드의 만연으로 2,000만 명이 당뇨병을 앓고 있는데 더 큰 문제는 미국의 10대 중 약 200만 명이 비만과 운동 부족으로 당뇨병 전조 증세가 나타나고 있다는 점이다. 미국의 민주주의도 인본주의에서 미국 근본주의로 변화시키면서 맥도날드나 코카콜라와 유사한 신세가 되었다. 다행히 한국에서는 최근 맥도날드 매장이 줄어들고 있다고 한다.

제3부 저항과 배신

- 독점 시스템은 저항을 유발한다
- 분열과 배신의 연쇄 작용

세계 질서 속에서 완벽한 것은 없다. 완벽한 것은 오직 신의 영역뿐이다. 미국이 완벽을 추구하는 독점시스템도 많은 허점과 문제점을 가지고 있다. 문화적 다양성이나 경제적 차이를 고려하지 않는 독점시스템은 시스템의 참여자가 물질적 존재가 아닌 인류이다. 따라서 다양성과 창조성이라는 인류 고유의 특성과 어떤 시스템도 완벽할 수 없다는 보편성의 한계에 독점시스템이 맞부딪쳤을 때 분열과 저항은 자체적으로 내포하게 된다. 그러나 저항이 직접적인 행동으로 나타나는 것은 미국과 독점시스템에 대해 신뢰가 약화되었을 때에나 비로소 가능해진다. 독점시스템의 모순과 한계가 증가해서 독점시스템에 속해 있는 것보다 더 나은 대안이 있을 때와 독점시스템이 자신들의 운명에 결정적인 방해 요인이 되는 상황이 발생할 때 한계 상황에 직면한 독점시스템 참여 국가는 저항할 수밖에 없다.

독점시스템의 객체인 미국 이외 국가들이 저항하는 것은 외부적 문제이다. 그러나 배신은 미국 내부 참여자의 저항이고 현실 개척 노력으로 볼 수 있다. 냉정한 국제 관계에서 볼 때 이제는 '저항의 시대'이다. 저항의 강도가 커질수록 미국과 독점시스템에 대한 미국 내부의 배신 가능성도 감안해야 한다. 향후 독점시스템이 한계를 보일 경우 미국에 대한 외부적 저항과 미국 내부의 배신이 결합된다면 인류 역사는 또 한 번의 커다란 굴곡이 불가피하다.

자체 모순: 신보수주의와 신자유주의의 충돌

독점 시스템의 이념적 기둥인 신보수주의와 신자유주의는 상호 논리적 모순을 내포하고 있다. 신자유주의와 세계화는 물리적 국경을 없애고 모든 재화가 어떠한 규제도 없이 자유롭게 이동하면서 시장 참여자 간의 공정한 무한경쟁을 보장해야 한다. 신자유주의에 기반한 미국이 세계에 대해 규제와 장벽을 없애라고 주장할 경우 미국도 동등한 조치를 취해야 한다. 그러나 독점시 스템은 미국만의 이익을 추구하기 때문에 당연히 미국의 대외개방은 제한적이고 미국 이외 국가보다 개방 폭이 작다. 특히 미국은 자신들의 제조업 경쟁력 약화를 보완하기 위해 타국에 대해 덤핑으로 수시로 고발하면서 고율의 관세를 물리고 있다. 2002년에만도 약 800억 달러 이상의 자금을 농업 보조금으로 지원하면서 다른 국가의 농업 보조금에는 이의를 제기한다. 따라서 신자유주의에 대한 저항은 미국에 대한 저항으로 연결될 수밖에 없다. 미국이 선의를 가지고 세계적 차원의 호혜적 이익을 추구할 경우 신자유주의를 거부할 명분은 없다. 그러나 "미국은 다르다."는 전제 하에 미국만의 이익을 추구할 때 세계 경제 구조는 왜곡되면서 자체적인 모순 축적이 발생한다. 자본주의 원리에 따라 움직이는 재화의 자연스런 흐름에 세계 최대 국가인 미국만이 예외적으로 참여하지 않고 있다는 것은 시장 경제의 기본 룰이 지켜지지 않는다는 의미이다. 동시에 이런 시스템은 자체 분열의 위험을 내재적으로 가질 수밖에 없다.

미국은 신자유주의를 추진하기 위해 강력한 군사력으로 폐쇄적인 대항 세력을 위협하는 신보수주의를 병행 추진하고 있다. 그러나 신자유주의 정책은 미국 경제를 불가피하게 외부 세계에 노출시키며 미국 이외 지역과 상호 의존적 경제 관계를 유발시킨다. 따라서 미국 이외 국가의 경제적 변동에 미국도 동시에 노출된다. 이 결과 미국이 강력하게 무력을 행사할 수 있는 국가는 미국 자본의 진출도가 낮은 제3세계 몇몇 국가에 한정할 수밖에 없는 한계를 가진다. 예를 들어 미국이 중국에 위안화 평가 절상이나 반덤핑 제소와 같이 다양한 압력을 가하고 있지만 미국 기업의 중국 진출이 늘면서 중국에 대해서는 신보수주의적 접근 방법이 통하지 않는다. 왜냐하면 중국에 진출한 미국 기업들이 다양한 로비 활동을 벌여 미국의 강력한 대응을 사전에 무력화시키기 때문이다. 미국이 무력 개입을 포함한 강력한 신보수주의적 대응을 할 수 있는 국가가 줄어들면서 신보수주의의 칼날은 무뎌지고 있다. 미국은 무기고의 무기를 보여주기만 할 뿐 무기를 사용할 대상은 점점 사라지고 있다.

또한 미국 이외의 국가와 소수 민족을 적으로 규정하면서 미국 내 단결을 꾀하려는 신보수주의 정책은 국내적으로도 시행하기가 어려워지고 있다. 많은 이민자들은 본국과 활발한 교류를 통해 세계화된 이민자로 변모하고 있다. 이민자들의 정치적 영향력 확대와 경제력의 향상 때문에 본국에 대한 강력한 개입주의 정책은 미국 내에서 반발을 살 위험을 안고 있다. 박빙의 민주·공화 양당의 세력 판도를 감안할 경우 어떤 정당도 이민자들의 투표권을 무시할 수 없는 상황이다. 신보수주의의 원칙은 미국 이외 국가, 민족, 종교에 대해 수단과 방법을 가리지 않고 강력함을 유지하는 것이다. 그러나 미국이 만든 세계화 때문에 미국의 적은 미국 이외 지역에만 있는 것이 아니라 미국 내에서도 이민자들과 같이 다양한 형태로 존재하고 있다. 따라서 신보수주의와 신자유주의는 시스템으로 공존할 수 없는 이율 배반적 성향을 자체적으로 가지고 있다. 이런 자체 모순은 독점시스템의 존속 기간을 단축시키는 논리적 원인이 된다.

1
독점 시스템은 저항을 유발한다

독점 시스템은 완벽해 보이지만 장기적 관점에서 보면 결함투성이이다. 미국이 세계 패권 유지를 위해 자체적으로 혁신과 변화를 추구하는 것이 아니라, 미국 이외 국가를 제어해서 미국만의 이익을 추구한다는 본질적인 결함이 있다. 역사상 자기 반성과 혁신 없이 존재하는 사회의 지속 기간은 매우 짧았다. 따라서 시간 문제일 뿐 미국에 대한 저항과 자체 붕괴는 불가피하다. 미국 내의 혁신과 개혁을 수반하지 않기 때문에 자체적으로 침몰할 수 있는 유전자를 보유한 시스템이 독점 시스템이다.

1_상호 연결성의 위험

미국이 구축한 독점시스템의 10가지 각 요인들은 상호 연결된 그물망 구조를 이루고 있다. 따라서 10가지 요소 중 단 한 가지라도 약화되면 나머지 9가지 요인들도 동시에 붕괴되는 특성이 있다. 예를 들어 미국의 경제가 더 어려워지거나 미국 내에서 이라크 전쟁에 대한 반전 분위기가 고조된다면 독점시스템의 군사적 근간인 국방비 감축이 불가피해진다. 이런 상태가 되면 강력한 국방력을 유지할 수 없다. 미국의 군사력이 약화되면 자원의 통제권도 유지하기 어렵다. 경상수지 적자가 더욱 늘어나면서 달러 가치가 하락한다면 미국 내 기업들과 금융 자본은 더 이상 미국에 머물지 않고 미국에서 탈출을 시도할 수 있다. 따라서 미국의 희생과 개혁 없이 독점시스템을 지속적으로 추구할 경우 상호 연결된 10가지 시스템은 스스로 붕괴될 처지에 있다. 그리고 미국의 대항 세력들은 미국의 독점시스템 중 단 하나라도 허술해질 경우 약화된 부분을 집중적으로 공격할 수 있다. 특정 분야만 공격해서 전체를 무너뜨릴 수 있다면 정말 훌륭한 계책이 아닐까? 이런 상호 연결된 독점시스템의 한계 때문에 미국은 세계의 모든 문제에 개입해야만 한다. 그러나 개입의 강도가 커질수록 허점이 생기는 것은 불변의 진리이다. 자연계에서 완벽한 것은 오직 신밖에 없기 때문이다.

2_신자유주의와 세계화의 역풍

독점시스템의 주된 경제 전략인 신자유주의와 세계화가 오히려 미국 경제를 더욱 악화시키고 있다. 제2부 2장 '약화되는 미국 경제'에서 살펴보았듯이 세계적 차원의 경쟁에서 미국 기업들은 탈락하고 있다. 국가간의 무역과 경상수지에 높은 영향을 주는 제조업의 경우 미국은 이미 경쟁력을 상실하고 있다. 최근의 GM, 포드뿐 아니라 웨스팅하우스, 제니스 전자 등 인류 역사에서 가장 중요한 역할을 했던 미국 기업 중 제대로 명맥을 유지하고 있는 기업은 극소수에 불과하다. 물론 화이자, 노바티스와 같은 생명공학이나 인텔, MS와 같은 일부 IT 업체들은 여전히 세계를 장악하고 있지만 독점적인 이들 기업도 치열한 경쟁자를 물리쳐야 하는 부담을 안고 있다. 인건비가 저렴한 중국 등 구 공산권의 공산품이 대량으로 미국으로 수입되고 있지만 수입 제한시 물가 상승 우려 때문에 미국은 무차별적인 저가 공산품의 수입을 막을 방법이 없다. 소비자 단체들은 미국의 보호무역으로 물가 상승을 우려하고 있다. 물가가 상승하면 정치권은 '표'가 날아간다. 2005년 중국의 위안화 절상 압력시에도 미국의 소비자 단체와 중국에 투자한 미국의 다국적 기업들은 위안화 평가 절상을 반대했었다. 지금까지 미국은 자체 생존을 위해 신자유주의를 추구했다. 그러나 그 결과 미국의 일부 다국적 기업과 동아시아 국가만 이익을 봤을 뿐 미국이 얻은 실익은 거의 없어 보인다.

만일 미국의 의지처럼 완벽하게 세계화가 진행된다면 미국은 지금보다 더 위험해진다. 이런 상태가 된다면 미국 기업들은 본사를 미국보다 세금이 싼 지역으로 재빨리 이전시키고, 생산비를 낮추기 위해 추가적으로 생산 기지를 동아시아나 동구권으로 옮길 것이다. 최근 유로 헌법이 프랑스에서 부결된 것은 EU의 확대로 서유럽 기업들이 폴란드, 헝가리 등 인건비가 싸고 근로자의 수준도 높으면서 많은 세제 혜택을 주는 지역으로 이동하는 것을 막기 위한 불가피한 선택이었다. EU는 미국이 추구하는 '전지구적 차원의 세계화'보다 대상이 좁은 '유럽만의 세계화'를 추구하고 있다. 좁은 유럽 내에서도 금융과 재화는 비용과 생산성에 따라 빠르게 이동한다. 따라서 미국이 전세계를 대상으로 세계화와 신자유주의적 시스템을 구축할 경우 미국 경제는 장기적으로 회생이 불가능해질 수 있다. 아마 이런 시기가 된다면 미국은 단지 패스트푸드, 할리우드, 섹스 산업, 마약과 같은 인류의 정신 세계를 피폐하게 만드는 산업과 IT, BT, NT와 같은 첨단 산업만이 존재하는 불균형 국가가 될 것이다. 그런데 문제는 이들 산업이 고용 창출이 안 된다는 점이다. 그런데 이민자는 몰려오고 실업률은 지금도 높다.

　이렇게 미국이 총체적인 저항의 위기에 처한 것은 미국이 전세계를 하나의 네트워크로 만든 후 자신들이 네트워크 구성원이 된 것이 아니라 CPU가 되었기 때문이다. 이 현상을 이해하기 위해서는 먼저 그 세부 요소와 전체와의 관계부터 알아야 한다. 독자적으로 존재하는 것 없이 모든 것이 상호관계를 형성함으로써 존재하는 네트워크 구조에서 미국은 보조 장치를 무시하고 실행 파일을 구동하려 한다. 주변 장치들이 약해질 때 CPU는 쓸모 없게 된다. 세계가 변화하듯이 CPU도 주변 장치의 변화와 동일한 보조를 맞춰야 한다. 386 CPU로 펜티엄급 PC를 구동할 수는 없다. 이런 PC는 에러가 자주 발생하고 바이러스에 취약하다.

3 _ 공공의 적

사실 미국도 억울한 점이 많다. 현대 산업 문명을 실질적으로 미국이 창조하고 보급시켰고, 산업 사회의 병리적 현상(물질 만능, 인간성 상실, 환경오염 등)이 발생하고 있는 것도 전세계 공통의 현상이다. 그리고 이런 현상은 미국 이외 국가의 책임도 상당히 크다. 그러나 미국이 독점시 스템을 추구하면서 포스트모던의 모든 문제는 미국이 유발한 것으로 인식되고 있다. 교토의정서 가입을 미국이 미루고 있지만 중국과 같은 후발 공업국의 이산화탄소 배출량은 빠르게 미국을 추월하고 있다. 범죄율은 러시아가 더 높다. 미국의 선택적 민주주의보다 부시 대통령을 '살인 마피아 두목'이라고 야유했던 차베스가 더 야비한 독재자이다. 미국에서 사용되는 마약도 미국 이외 지역에서 밀수로 유입되는 것이 대부분이다. 따라서 산업 사회의 병리적 현상만을 분리해서 보면 많은 사회적 모순에도 불구하고 미국은 평균적인 국가 이상의 안정된 나라다. 그러나 미국이 독점시 스템을 장기간 유지하면서 모든 문제는 미국이 유발시킨 것으로 간주하는 경향이 일반화되어 미국은 '공공의 적'으로 평가받고 있다. 세계는 미국에 대해 존경을 철회하고 있다. 독점시 스템에 대한 반감이 높아지면서 대부분의 국가에서 미국에 대한 저항과 비판은 민주적이며 민족주의적인 것으로 간주되고 있다.

아직까지는 미국에 대한 저항이 체계화되지 않은 상황이다. 그러나 독점시 스템의 자체 결함과 이를 유지하기 위한 미국의 비합리적 정책의 결합은 충분히 예상된다. 따라서 시간이 흐를수록 저항의 빈도와 강도는 커질 수밖에 없다. 이후 산발적인 저항이 임계치를 통과할 경우 저항은 조직화, 체계화될 수 있다. 문제는 자연스런 저항에 대해 미국이 강력한 맞대응 전략을 구사하고 있다는 점이다. 미국의 대외 정책에 가장 중요한 이론을 제공한 브레진스키조차도 미국의 한계 때문에 '협력'이나 '국제 공조'가 불가피하다고 역설하고 있지만 미국에서 긍정적인 변화를 찾기는 아직 일러 보인다. 이는 미국인 모두가 "세계는 미국이다."라는 사실이 거짓임을 인지할 때나 가능해 보인다.

2
분열과 배신의 연쇄 작용

역사는 작용과 반작용의 반복되는 변증법 원리의 지배를 받는다. 따라서 영원한 파워는 없다. 독점적인 이익을 추구하는 제국도 역사의 '돌연변이'로 볼 수 있다. 제국이 추구하는 독점성이 초기에는 제국 구성원 모두에게 보편적 이익으로 분배된다. 그러나 보편적 이해는 인간의 원초적 한계인 이기심과 우월 욕망 때문에 자체적으로 반작용을 유발시킨다. 반작용은 혼돈을 초래하고 다시 이 혼돈을 극복하면서 세계는 과거와 다른 차원으로 진화한다. 이런 과정은 인류 역사뿐 아니라 모든 생물계의 보편 진리이다. 이런 역사의 보편성이 지금 미국이 마주한 최고의 난제다. 외부 저항은 무력과 외교를 통해 어느 정도 대응할 수단이 있다. 그러나 미국 내부의 자체 분열은 대응이 불가능하다. 어떤 대안도 분열을 근본적으로 치유할 수 없고 단지 증상을 완화시키는 수준에 그치는 한계를 가진다. 상호 연결된 독점시스템의 취약성 때문에 부분적인 미국 내부의 저항과 배신은 독점시 스템 전체를 급속히 약화시키는 전염성을 내포하고 있다.

1_확대되는 빈부 격차

세계화가 전세계적 차원에서 빈곤을 추방했는가, 아니면 빈부 격차를 심화시켰는가에 대한 해석을 둘러싸고 사회 과학계는 뜨거운 논쟁을 벌이고 있다. 2005년 UN이 발표한 '불균형의 빈곤' 보고서 작성을 주도한 브라질인 로베르토 기마랑이스 유엔 경제사회국(DESA) 국장은 경제 성장을 통해 빈곤을 줄일 수 있다는 세계화 전략은 불가능하다고 비판하면서 "사회적 불균형은 빈곤보다 훨씬 더 심각하며, 이는 빈곤 국가들만의 문제가 아니라 미국, 캐나다, 북유럽 국가 내에서도 불균형이 심화되고 있다."고 지적했다. 그는 "13억 인구를 가진 중국이 놀라운 경제 성장을 통해 자국 내 빈곤층을 줄이면서 전세계적인 빈곤 수준을 감소시키는 효과를 가져왔지만, 이는 하루 수입 1달러 이하 빈곤층을 감소시키고 하루 수입 2달러 이하 빈곤층을 늘린 것에 불과할 뿐 진정한 의미에서 빈곤이 감소했다고 할 수는 없다."고 지적했다. 로베르토 기마랑이스의 견해대로 현재 세계화에 대한 시각은 빈곤층의 절대 인구는 감소했지만 해당 국가 내에서 빈부 격차 확대가 보편화된다는 것에 대해서는 어느 정도 의견의 일치를 보고 있다. 따라서 빈부 격차 문제는 국가간의 문제인 동시에 국가 내부의 문제로 구조화되고 있다. 물론 미국도 빈부 격차 확대 문제가 매우 중요한 사회 불안이 요인으로 등장하고 있다.

아메리칸 드림의 상실

미국 내 빈부 격차가 확대되는 가장 큰 이유는 과학기술 발달과 세계화에 따른 생산성 증대로 일자리가 감소하는 현상과 전세계적 차원의 디플레이션으로 수요는 감소하고 공급은 증대하는 21세기 세계 공통의 위기 때문이다. 특히 미국은 고용의 중심이 제조업에서 서비스업으로 변화하면서 고용 규모의 감소와 고용의 질이 급속도로 악화되어 빈부 격차 확대가 구조화되고 있다. 미국 내에서 일자리 증가는 추세적으로 감소하면서 직업을 가진 자와 실업자 간, 대기업 근로자와 서비스업 종사자 간의 빈부 격차는 더욱 확대되고 있다. [그림 3-1]에서 보여주듯이 미국은 경기가 나빠질 경우 노동자 해고는 과거와 유사하게 이루어지고 있다. 그러나 경기가 호전되어도 신규 채용은 훨씬 적게 하고 있다. 이런 현상이 지속적으로 나타날 때 미국의 빈부 격차는 극복하기

[그림 3-1] 구조적으로 감소하고 있는 미국의 일자리

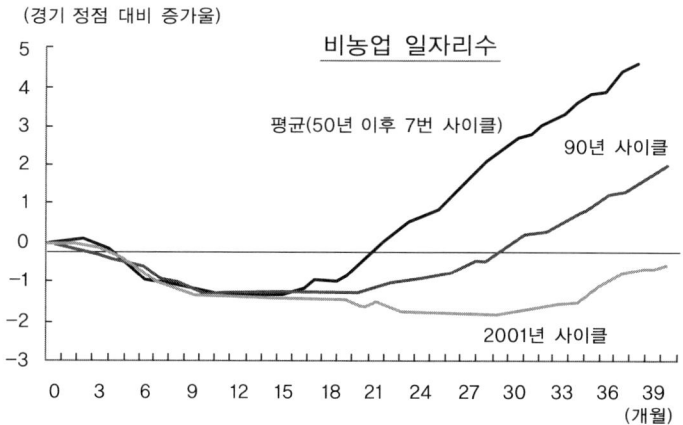

자료: Thomson Datastream

어려워진다. 동시에 항상 일자리가 열려 있다는 아메리칸 드림은 상실되는 대신 빈민 계층의 미국에 대한 충성심은 약화될 수밖에 없다.

시카고 연방준비은행은 1963~1968년에 태어난 사람들의 출신 가정과 1995~1998년의 소득을 비교 분석한 결과는 미국의 가장 큰 장점이었던 계층 간의 이동이 매우 어려워지고 있다는 분석 결과를 얻었다. 1963~1968년에 소득이 하위 25퍼센트인 가정에서 출생한 사람이 성인이 된 1990년대 중반에 소득이 전체의 절반 이하에 속할 확률이 68퍼센트인 반면, 절반 이상에 속할 확률은 32퍼센트에 그쳤다. 반대로 출신 가정의 소득이 상위 25퍼센트에 든 사람 중 소득이 절반 이상에 속할 확률이 65퍼센트, 절반 이하에 들 확률이 34퍼센트였다. 또한 사회 계층 간 이동도 인종 별로 차이가 있는 것으로 나타났다. 미시간 대학이 32년간 추적해 온 6,273가구의 소득 상황을 분석한 결과 소득이 하위 10퍼센트에 속하는 가정 출신 가운데 백인은 17퍼센트만이 여전히 같은 하위권에 머문 반면 흑인은 자식 세대에서도 하위 10퍼센트를 벗어나지 못하는 경우가 42퍼센트에 달한 것으로 조사되었다. 또한 잘사는 부모는 건강한 자식을 낳을 확률이 많고 어릴 때 건강했던 사람은 성인이 돼서도 건강할 가능성이 높다는 연구 결과도 있다. 태도나 성격 등이 유전되면서 궁극적으로 가난이 대물림되고 있다는 연구도 많이 나오고 있다. 누구나 능력에 따라 열심히 일하면 성공할 수 있다는 아메리칸 드림이 상실되면서 빈부 격차는 급속히 확대되고 있다.

가난한 나라 미국

본 글에서는 국가간 소득 불균형에 대해서는 고착화 정도가 심하기 때문에 언급하지 않는다. 미국의 빈부 격차가 심해질수록 미국 내부의 분열과 미국인들의 애국주의가 얼마나 손상을 입고 있는지에 대한 것이 논점이기 때문이다. OECD에 따르면 미국은 GDP의 11퍼센트만을 소득 재분배에 사용하는 반면 유럽은 26퍼센트 이상을 할애한다. 1990년대 미국의 합법적 최저 임금은 평균 임금의 39퍼센트에 불과하지만 EU는 53퍼센트였다. 또한 미 상무부 산하 센서스국의 연례 보고서에 따르면 미국 인구 중 빈곤층 비율이 4년 연속 높아져 2004년 12.7퍼센트로 조사되었다. 이는 빈곤 인구가 무려 3,700만 명이라는 것이며 절대 빈곤 인구수가 2003년보다 110만 명 늘었고 비율은 0.2퍼센트 높아진 결과다. 이 조사에서 빈곤층은 가구 구성원 수에 따라 설정된 소득 기준에 미치지 못하는 인구를 말한다. 한편 아시아계 주민의 빈곤 비율은 2004년 9.8퍼센트(전년도 11.8퍼센트)로 낮아져 유일하게 빈곤층이 감소한 인종으로 나타났다. 이와 같이 미국의 소득 불평등은 미국 경제가 성장할수록 확대되고 있다. 또한 빈곤층은 주로 히스패닉과 흑인에 집중되어 미국의 소득 불균형은 경제적 문제를 넘어 인종적·사회적 문제로 확산되고 있다.

세계 최고의 강국인 미국에서 의료보험을 적용받지 못하는 인구가 전체 인구의 15.6퍼센트인 4,500만 명에 이르고 있다. 선진국 가운데서 모든 국민들에게 의료 서비스를 제공하지 않는 나라는 미국과 남아프리카공화국뿐이다. 반면에 CEO나 간부들의 급료, 비영리 부문에서 활동하거나 자유 전문직에 종사하는 사람들의 소득은 서유럽이나 일본 기업보다 미국 기업이 훨씬 높다. 현재 미국의 슈퍼 CEO들은 그들만의 이익을 위해 해외 아웃소싱, 스톡 옵션에만 관심이 있다. 자신의 이익을 챙긴 후 다른 회사로 이동하는 것이 그들의 처세술이다. 이들에게 국가와 노동자는 안중에도 없다. 경영 혁신의 귀재로 알려진 GE의 잭

[표 3-1] 2003년 미국의 건강보험 적용·비적용 인구 현황

(단위 : 천 명, %)

구분	건강보험 적용인구								건강보험 비적용 인구 (B)	총인구 (A+B)
	민간보험 적용			공공보험 적용				합계 (A)		
	고용 관련	개인별 구입	소계	메디 케이드[1]	메디 케어[2]	군인	소계			
인구수	174,020	26,486	197,869	35,647	39,456	9,979	76,755	243,320	44,961	288,280
총인구 대비비율	60.4	9.2	68.6	12.4	13.7	3.5	26.6	84.4	15.6	100.0

주: 1) 건강보험 적용 인구 소계·합계 등은 보험 중복적용자를 제외한 수치임
    2) Medicaid1(저소득 가구·장애인 의료부조), Medicare2(65세 이상 노인 의료보험)
자료: 국제금융센터

웰치는 이런 면에서 '킬러 CEO'나 '중성자탄 잭'이란 비아냥을 듣고 있다. 그가 집필한 책은 『끝없는 도전과 용기』『좋은 기업을 넘어 위대한 기업으로』 등이다. 이를 재해석하면 끝없이 구조 조정을 하고 인건비를 감축하는 도전을 해서 위대한 기업으로 GE가 성장했지만 그 과실은 잭 웰치와 주주들만 취한다고 볼 수 있다. 은퇴 후에도 잭 웰치는 GE로부터 많은 혜택을 받고 있다. 반면에 노동자나 미국의 국가 이익은 철저히 소외되면서 궁극적으로 빈부 격차가 확대되고 있다.

부채 경제가 초래하는 빈부 격차

미국의 빈부 격차 확대의 또 다른 요인은 미국 경제가 부채에 대한 의존도가 높기 때문이기도 하다. 국가가 엄청난 부채 속에 파묻혀 있지만 눈앞의 경기 부양을 위해 정치권은 민간소비 부양에만 열을 올리고 있다. 9·11 테러 이후 부시는 감세와 저금리로 경기를 부양했다. 그러

나 감세 효과는 세금을 많이 내는 부유층에게만 유리한 조치이다. 또한 저금리로 주식 시장이 활황을 보이면 이 역시 주식 투자가에게만 혜택이 돌아간다. [표 3-2]에서 보듯이 인구의 상위 10퍼센트가 미국 전체

[표 3-2] 미국의 소득 불균형

계 층	하위 50%	중간(50~90%)	상위 10%
순자산	2.8	27.4	69.9
자산	5.6	29.9	64.6
유동자산	6.0	32.7	61.3
금융자산	2.5	25.4	72.1
주식	0.5	11.4	88.1
뮤추얼펀드	0.9	20.5	78.6
연금/신탁	0.3	13.0	86.6
퇴직계정	3.3	36.4	60.3
생명보험	7.2	46.5	46.2
비금융자산	7.8	33.1	59.1
주거용 주택	12.3	50.6	37.1
추가 보유 주택	1.9	26.8	71.3
부채	25.9	47.9	26.1
주거용 주택 관련 부채	23.5	51.7	24.9
추가 보유 주택 관련 부채	4.2	40.2	55.6
할부 부채	48.0	37.5	14.5
크레디트 카드	49.8	41.6	8.6
주식(직접+간접)	1.4	21.7	76.9
주식 평균 보유액(달러)	3,049	57,730	30만달러이상
소득	22.9	38.1	39.0
평균 소득(달러)	31,868	12,377	27만달러 이상
비주거용 순자산	1.8	21.5	76.7
비주거용 순자산 평균액(달러)	11,254	170,148	74만달러 이상

자료: Doug Henwood, After The New Economy
주: 전체 자산 중 계층 별 보유 비중임.

자산의 약 70퍼센트를 소유하고 있다. 특히 주식이나 투자용 부동산의 보유 비중은 매우 높다. 따라서 부채 경제 구조 하에서의 단기 경기부양책이 남발됨에 따라 자산소득이 많은 부유층으로 사회의 부가 집중되어 빈부 격차를 확대하고 있다.

거지에게 면허를……

미국 미네소타 미니애폴리스 시 경찰 당국은 거지들의 공격적인 구걸 행위를 좀 더 쉽게 관리하기 위해 거지 면허를 발급할 계획이라고 발표했다. 이 계획에 따르면 거지들은 매년 정부 당국에 등록을 하고 사진을 찍어야 한다. 또 면허증을 달고 다니지 않으면 30일간 철창 신세를 지고, 심지어 벌금을 물게 될 수도 있다. 윌리엄 맥매너스 시 경찰청장은 "이 계획은 거지들을 벌주거나 떠나게 하려는 것이 아니라 이들의 구걸 행위를 시 차원에서 관리하기 위한 방법"이라고 말했다. 만약 이 법안이 통과되면 미니애폴리스는 신시내티, 댈러스 등 거지에게 면허를 주는 몇 안 되는 도시 중 하나이다. 미니애폴리스 시 당국은 이미 현금 인출기와 버스 정류장, 화장실 앞의 구걸 행위를 금지하고 있다.

한편 뉴욕에서는 후진국에만 발생하는 '빈대와의 전쟁'이 벌어지고 있다. 2002년에는 빈대 신고가 불과 2건이었지만, 2005년 7월부터 11월까지 449건이나 신고가 들어왔다.

이민자와 흑인의 급증으로 빈곤층이 대부분 이들 유색인종에 국한되면서 미국 내부로부터 결속력의 약화를 가져오고 있다. 미국의 가장 큰 장점이었던 기부 문화와 자선 문화가 사라지면서 미국 사회의 정신적 기반이 약화되고 있다. 이런 현상은 자본주의의 원칙에 충실한 신자유주의와 철저한 개인주의가 결합된 것을 원인으로 보고 있다. 이제 미국은 부의 재분배를 통한 경제 정의를 거의 포기한 모습이다. 거지가 너무 많아서 면허를 부여해 관리하는 나라가 어떻게 사회적 통합을 이룰 수 있을까?

제조업 포기의 대가

다국적화된 기업들이 생산성이 높은 지역으로 생산 기지를 옮기면서 미국 내 일자리가 줄고 있다. 현재 미국의 실업률 증가의 원인은 공장 자동화나 해외로 생산 기지를 이전시키는 구조적인 요인이 전체 실업의 80퍼센트 이상으로 추정되고 있다. 이 결과 미국 내 높은 실업률은 고착화되면서 고용은 임시직 위주로 재편되고 있다. 일자리가 줄어들고 고용의 안정성이 낮아지면서 미국인들은 실업의 공포에 완전히 노출되어 있다. 또한 미국 경제가 서비스업 중심으로 재편되면서 고용의 안정성이 낮아지고 있다. 패스트푸드 가게 근무와 같은 저급한 일자리마저도 이민자들이 차지하면서 기존 미국 빈민들의 일자리는 줄어들고 있다.

자본주의의 구조적 모순?

신자유주의는 자본주의 원칙에 가장 충실한 경제 논리다. 그러나 완전 경쟁이 초래하는 자본주의의 공격성 때문에 자본주의는 자체적으로 파괴적 본능이 있다. 국가간 관계에 있어서 자본주의 체제는 자국 이외 모든 국가는 적이 된다. 허약한 국가는 어떤 형태로든지 자연스럽게 지배당하는 것이 보편적 상황이다. 이런 무자비한 자본주의이지만 신경제 논객들은 자본주의에 세계화가 접목되면서 자기 수정과 오류를 치유하는 시스템을 자체로 보유했기 때문에 가장 이상적인 경제 체제라고 주장한다. 그러나 실제로 나타난 현상은 정반대이다. 신경제와 세계화가 결합되면서 자본주의의 공격성과 자기 파괴성은 오히려 증대되었다.

문제는 국경 없는 경쟁이 지속되면서 허약해진 미국이 점차 자본주의의 먹잇감이 될 수 있다는 점이다. 앞서 살펴본 대로 경제는 기력을 상실해 가고 있다. 빈곤층은 더욱 빈곤해지고 부자는 과거보다 부유해졌다. 이를 수정할 수 있는 정치는 소득 불균형과 같은 근본적 문제에는 관심이 없다. 오죽했으면 2001년 《뉴욕타임스》에는 아래와 같은 광고가 게재되기도 했다. 미국의 억만장자 200여 명이 미국을 지키기 위해 상속세가 필요하다고 주장한다. 그러나 부시는 2009년까지 상속세를 완전 폐지할 계획을 가지고 있다.

미국에서는 67만 5,000달러 이상의 재산에만 상속세를 부과한다. 지금까지 미국에서 상속세를 내는 대상은 연간 사망 인구의 2퍼센트에 불과한 4만 8,000명, 연간 세액은 300억 달러에 불과하다. 500만 달러 이상의 거액을 자식에게 상속하는 사람은 4,000명에 불과하지만 이들은 전체 상속세의 절반을 차지하고 있다. 미국 내 4위의 부자인 워렌 버핏은 상속세 폐지시 미국의 정치·경제 권력이 0.1퍼센트에 집중될 것으로 예상하고 있다. 2011년까지 감세 예상액은 무려 1조 6,000억 달러에 달하고 있는데, 상속세 감소분만도 2,362억 달러로 추산되고 있다. 우태현 한국노총 정치부장은 이런 미국의 모순적 현상을 '미국을 파괴하는 부시와 이를 거부하는 억만장자가 공존하는 사회'로 묘사하고 있다. 일반적으로 어느 나라든지 세금이 많아지면 세금 회피를 위해 문화 예술이나 자선단체에 기부금이 증가한다. 그동안 미국에서는 기부 문화가 활성화되면서 세금을 내는 대신 기부를 통해 부의 분배 과정에 부자들이 직접 개입해서 사회가 균형 있게 발전하는 데 큰 영향을 주었다. 그러나 현재 미국의 세금은 독점시스템 유지에 주로 사용된다. 사회의 빈민층을 도와줄 자금도 의욕도 없다.

> ## 우리는 상속세 폐지를 반대한다
>
> '상속세가 폐지된다면 누군가 다른 사람이 그만큼의 세금을 더 낼 수밖에 없다. 상속세를 폐지하거나 세율을 내린다면 결국 덕을 보는 것은 억만장자의 자녀들뿐이며, 동시에 미국 사회의 오랜 전통인 자선문화가 파괴될지도 모른다. 그러므로 우리는 미국 민주주의와 국가 경제에 해를 끼칠 것이 분명하므로 상속세 인하에 반대한다.
> 서명자: 빌 게이츠, 조지 소로스, 존 록펠러, 애그니스 군트, 폴 뉴먼 등 미국의 억만장자 200명.

대두되는 미국의 분배 갈등

빈부 격차의 확대와 신경제가 낳은 과도한 경쟁으로 미국 노동자들은 과거보다 일을 많이 하고 있다. 클린턴 정부 당시 노동부 장관을 지낸 로버트 라이시(Robert B. Reich)는 신경제가 만든 인류의 모습을 '부유한 노예'로 묘사하고 있다. 그는 갑자기 노동부 장관직을 사임하고 신경제의 비정함을 폭로하면서 빈부 격차 축소를 위해 노력해야 한다고 지적한다. 그의 지적대로 부자는 더 많이 얻기 위해서, 그리고 빈자는 생존하기 위해서 확실히 과거보다 일을 많이 하고 있다. OECD 통계에 따르면 프랑스 근로자들은 연간 1,562시간 일하는 데 반해 미국 근로자들은 연간 1,877시간 일했다. 또한 주주 자본주의 영향으로 미국에서 생산성 증대에 따른 기업이익 증가 금액이 노동자에게 분배되는 비율이 줄어들고 있다. 이런 현상은 신자유주의를 채택한 대부분의 국가에서 발견된다. 이는 기업 경영이 주주 이익의 극대화라는 원초적 자본주의(신자유주의) 상태로 회귀한 결과다. 따라서 분배 문제가 미국 사회에서도 본격적으로 대두될 가능성이 높다. 결과적으로 미국이 다른 나라에 대해 쳐놓았던 덫, 즉 '세계화의 덫'이 과거에는 제3세계 국가를 덮쳤지만 이제는 미국을 압박하고 있다.

그동안 미국에서의 분배 문제는 시장의 '보이지 않는 손'에 의해 이루어지는 것으로 인식되었다. 그러나 시장이 세계적 차원으로 확대되면서 분배 문제는 국내적으로 해결될 수 없는 상황이 되었다. 완전 경쟁적인 세계 시장에서 미국 기업이 살아남아야만 미국의 분배 문제는 개선될 수 있다. 현재와 같이 미국 경제가 약화된다면 소득 계층 간 갈등은 해결이 불가능해진다. 이럴 경우 살기 힘든 미국을 탈출하든지 아니면 애국심을 철회할 가능성은 언제든지 예상 가능한 시나리오이다. 빈자들은 미국이 자신들의 빈곤을 해결해 주지 못할 경우 세계 최고 수준인 미국의 애국주의는 축소된 이기주의로 변화할 수 있다. 뉴올리언스에서 허리케인 카트리나가 엄청난 피해를 주었을 때 약탈을 감행한 부류들은 미국이 자신들을 구제해 줄 수 없다는 극한 심리 상태에서 약탈을 자행했을 것이다. 그리고 약탈당한 중산층들도 자신들의 안전을 정부가 책임지지 못했다는 실망 때문에 미국의 애국주의에 커다란 손상을 입혔다. 허리케인 카트리나 피해의 교훈은 미국 빈민층이 언제든지 체제 불만 세력으로 성장할 가능성을 보였다는 점이다. 반면에 자산이 많은 부자들은 자신들의 재산을 미국뿐 아니라 해외 주식이나 부동산에도 많은 투자를 하고 있다. 미국의 미래가 어둡고 독점시 스템에 금이 갈 경우 이들은 달러 약세가 뻔한 상태에서 더 많은 자금을 해외로 보낼 것이다. 이 결과 미국 경제가 추가로 어려워지는 악순환 구조에 빠진다면 독점시 스템은 스스로 붕괴된다. 미국에 대한 미국인들의 신뢰가 떨어질 때 미국인들은 애국자에서 배신자가 될 수 있다.

[그림 3-2] 미국 근로자 연간 노동시간 추이

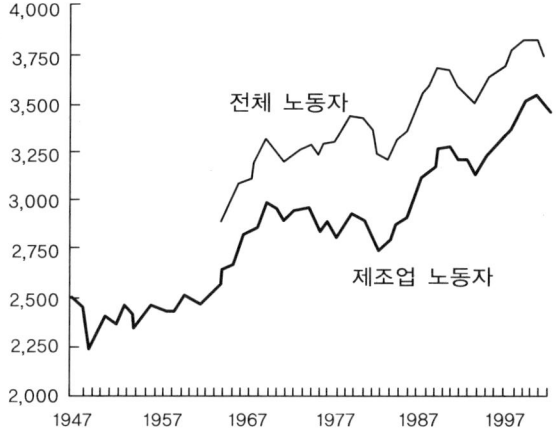

자료: Doug Henwood, 『After The New Economy』

[그림 3-3] 감소하는 노동자 분배율

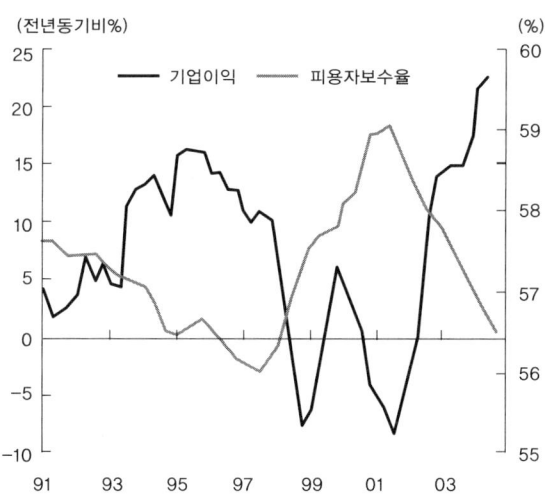

자료: Thomson Datastream

2 _ 신인종주의

　세계화는 경제와 정보의 통합을 촉진시키지만 다른 측면에서는 분열의 싹을 키우기도 한다. 국가간의 완전 경쟁 때문에 세계의 빈민들은 돈이 있고 일자리가 있는 곳이면 어디든 찾아간다. 따라서 세계화가 초래한 '일자리의 세계화'는 필연적으로 이민 문제와 인종주의 문제를 내재하고 있다. 아직까지 대부분의 국가에서 이민 문제는 국내적 문제에 국한된다. 그러나 생산성 증대에 따른 일자리 감소로 노동 시장의 경쟁도가 높아지고 있는 상황과, 세계화로 국경의 개념이 약화되면서 노동자들은 일자리가 있으면 어디라도 이동한다. 한국의 경우에도 이미 남부아시아뿐 아니라 중앙아시아, 러시아 및 중남미의 노동자들이 대거 유입되면서 외국인 노동자 문제가 사회 문제화되고 있다. 외국인 노동자들은 노동 시장 참여자를 증가시켜서 국내적으로 실업률을 높이지만 낮은 인건비 때문에 생산비가 하락해서 물가 안정과 기업 이익 증대에 긍정적인 영향을 준다. 대부분의 국가에서 외국인 노동자들은 상대적 빈곤, 차별과 인권유린에 시달리고 있다. 반대로 불평등에 대한 저항으로 외국인 노동자들은 범죄와 같은 사회 문제를 유발시킨다. 그렇지만 외국인 불법 노동자 문제는 이들이 항구적으로 정착하는 것이 아니기 때문에 법률로서 어느 정도 완화시킬 수 있다. 반면 이민자들은 해당국 시민권을 가진 상태에서 장기간 거주하기 때문에 국내 문제가 된다.

불법 이민자 문제
　독일의 경우 이민자의 비율이 전체 인구의 9퍼센트에도 못 미치지만 수감자의 33퍼센트가 외국인이다. 프랑스도 외국인이 전체 인구의 8퍼센트에 불과하지만 수감자의 26퍼센트가 이민자이다. 이렇게 외국인 이민자들이 범죄에 노출된 것은 실업률이 높기 때문인데, 이민자 문제는 2005년 11월 프랑스 폭동과 같이 선진국 공통의 골칫거리가 되고 있다. 신보수주의 계열의 사회학자인 새무얼 헌팅턴(Samuel P. Huntington)은 이민 문제를 경제적 측면보다는 미국 사회 통합을 저해하면서 동시에 미국 사회를 해체시키는 원인이 될 것으로 본다. 그는 사회 안보는 무엇보다 정체성, 그러니까 한 사회의 사람들이 자신들의 문화, 제도, 그리고 삶의 방식을 유지하는 능력과 관련이 있다고 언급하면서 이민자의 비중이 늘어나면서 미국 사회의 동질성이 급속히 저하되고 있다고 주장한다. 헌팅턴의 고민대로 1990년대의 미국으로 유입된 총 이민자 수가 900만 명에 달하면서 미국의 주류 보수층의 고민은 커지고 있다.

차별은 빈곤과 소외를 낳고 사회적 불안을 부추기는 악순환의 고리를 만든다. 이민자가 급속히 증가하면서 미국은 이민자 개인적 차원의 빈곤과 소외 문제를 넘어 사회적 불안을 야기시키는 중요 변수로 등장하고 있다. 1990~1998년 유럽으로 유입된 순수 이민자의 비율은 총 인구의 2.2퍼센트에 불과했다. 반면 미국은 3퍼센트, 캐나다는 6퍼센트였다. 이렇게 다수 유입된 이민자들은 주로 히스패닉 계열과 아시아 계열이 주종을 이룬다. 이민자 중 히스패닉 계열은 아시아 계열과는 달리 불법 이민자가 대부분이다. 그리고 이들은 빈곤과 소외를 미국 내에서 급속히 부각시키고 있다.

이중적인 이민자들

미국에 체류하고 있는 외국인 노동자들은 초기 이민자의 경우 후손들에게 더 나은 세상을 만들어 주기 위해 자신을 기꺼이 희생하려 했다. 이는 히스패닉뿐 아니라 아시아계 이민도 유사한 형태를 띤다. 그러나 불법 이민이건 합법 이민이건 간에 미국에 정착한 이민자 비중이 커지면서 이들은 미국의 주류 문화인 앵글로색슨 문화와 기독교 정신을 약화시키고 있다. 통신과 운송 수단의 발전으로 이민자들은 동시에 모국과 미국 두 세계에서 살 수 있게 되었다. 고국의 텔레비전을 하루 24시간 시청할 수 있게 되면서 민족주의적 경향이 사라지지 않고 있다. 바로 이 점이 과거의 이민과 현재의 이민 간의 차이다. 과거의 이민자들은 일정 시간이 경과하면 미국 문화에 동화되었다. 이들은 고국의 언어와 문화를 버리고 새로운 미국인이 되었다. 그러나 현재의 이민자들은 이중적이다. 완전히 미국 문화에 동화되지 않고 있다. 물론 미국 사회가 이민자를 평등하게 대한다면 큰 문제는 발생하지 않을 수 있다. 그러나 미국에서 실업률이 올라가고 독점시스템의 부작용이 커지면서 사회의 빈부 격차가 확대되고 노동 시장에서의 경쟁도 치열해지면서 자연스럽게 이민자들은 차별을 받게 되었다. 이제 인종간의 갈등은 무시할 수 없는 사회 불안 요인이 되고 있다.

    제러미 리프킨은 미국 이민자들이 모국으로 송금하는 액수가 연간 1,000억 달러가 넘는 것으로 추정하고 있다. 그중 60퍼센트는 개도국으로 송금된다. 이 금액은 제3세계에 대한 미국의 공식 개발 원조비를 능가하는 금액이다. 1990년대 이민자 등 소수 인종들의 구매력은 연간 1조 달러로 추산되고 있다. 이들을 고객으로 잡기 위해 미국 기업들은 약 20억 달러에 이르는 광고비를 지출하고 있다. 멕시코 이주자들의 경우 2001년에만 송금액이 90억 달러를 넘을 것으로 추정된다. 이는 석유 수출에 이어 멕시코의 두 번째로 큰 외화 조달의 원천이 되고 있다. 이민자의 송금이 고국 경제에 공헌하는 방식은 엄청난 금액의 송금만이 아니라 투자를 통해서도 이루어진다. 또한 일부는 고국 정부의 다양한 정책에도 영향을 행사한다. 예를 들어 이민자들은 독립 국가를 만들기 위해 싸우는 동포들에게 돈, 무기, 인력, 그리고 외교적·정치적 지원을 제공하기도 한다. 대표적으로 이슬람 이민자들은 미국에 대한 충성심이나 연대감이 다른 지역 이민자보다 매우 약하다. 그들이 미국과 이슬람 국가들 중에서 어디에 더 충성심과 연대감을 느끼는가를 물었을 때 45퍼센트는 이슬람 국가, 10퍼센트는 미국, 32퍼센트는 거의 같다고 얘기했다. 물론 보수적인 헌팅턴이 의도적으로 이런 수치를 부풀렸을 수도 있다. 그러나 정도의 차이일 뿐 이제 워싱턴의 정치 구조는 본국 정부와 이민자들이 고국의 이익을 도모하는 경기장이 되고 있다. 또한 미국인들은 히스패닉 계열 이민자들의 역할이 증대됨에 따라 히스패닉을 위한 공공 서비스나 금융 서비스가 스페인어로 제공되는 지역이 늘고 있다. 이 결과 스페인어는 이미 미국의 제2의 국어가 되고 있다. 영어와 스페인어가 혼합된 언어인 "스팽글리시"란 신조어 마저 등장했다.

불법 이민자들이 미국 사회의 불안요인이 되고 있지만, 합법적 이민자들은 오히려 미국에 에너지를 공급해 주기도 한다. 합법적 이민자 중 대학 교육을 마친 사람은 21퍼센트다. 그러나 미국에서 태어난 사람 중 대학 교육을 마친 사람은 8퍼센트밖에 되지 않는다. 미국에 이주해 오는 대부분의 사람들은 대학을 졸업할 당시 학업 성적이 최상위권에 드는 '수재'들이었다. 이런 합법적 이민자들과 이민 2~3세들 중 우수한 사람들이 결합해서 미국의 정치에 영향력을 행사하고 있다. 2005년에는 히스패닉 계열에서 LA 시장이 당선되었다. 2000년 현재 하원에는 21명의 히스패닉계 의원이 있고(흑인은 39명), 장관급도 앨버트 곤잘레스

법무장관을 비롯해서 상무 장관, 중소기업청장 등이 히스패닉 계열이다. 히스패닉계 인구는 시간이 지날수록 정치적 영향력을 확대, 결속하면서 조직화되고 있다. LA의 히스패닉계 폭력조직인 '마라 살바트루차(MS-13)'의 영향력은 캘리포니아는 물론 다른 33개 주와 워싱턴, 그리고 이들의 모국인 중남미 5개국까지 확대되어 FBI가 전담팀을 구성했다. FBI가 특정 폭력조직의 범죄에 대응하기 위해 전담팀을 구성한 것은 최초의 일이다. MS-13은 20여 년 전 내전을 피해 엘살바도르 등 중남미인들이 미국으로 이민하면서 탄생했는데 이미 조직원 숫자만 3만에서 5만 명 수준으로 알려지고 있다.

미국 미래의 꿈인 캘리포니아는 노동 가능 인구의 11퍼센트가 초등학교 미만의 학력을 가지고 있다. 굽찬에 따르면 인구 구조의 불균형이 지속적으로 커져서 2025년이 되면 캘리포니아에서 백인은 33퍼센트, 라틴계는 42퍼센트, 아시아계 18퍼센트, 흑인은 7퍼센트로 예상하고 있다. 텍사스 주는 백인 46퍼센트, 라틴계 38퍼센트, 뉴멕시코 주는 48퍼센트가 라틴계가 될 것으로 추정된다. 현재 캘리포니아와 텍사스는 모두 86개의 선거인단 표를 가진다. 이는 대통령 후보가 대통령으로 당선되는 270표 중 거의 1/3이다. 레스터 서로에 따르면 현재 미국에는 다 합쳐도 인구가 캘리포니아 주의 인구에도 못 미치는 데가 25개 주나 된다. 이 25개 주의 50명 상원의원들은 주로 미국 농부의 복지를 책임진다. 그러나 캘리포니아에서는 그만큼의 인구를 2명의 상원의원이 책임지고 있다. 1776년에는 가장 큰 주와 가장 작은 주의 차이가 4 대 1이었다. 오늘날 그 차이는 75 대 1 이상이다. 한국과 마찬가지로 미국 정치에서 선거 제도의 불합리한 점은 민주주의 대표성 문제를 야기한다. 문제는 연방정부가 미국 전체 입장에서 미국을 통치하지 못할 정도로 민주주의의 대표성 문제는 심각히다. 그만큼 미국 사회는 분열될 소지가 높아지고 있다. 문제는 캘리포니아가 다양한 인종이 교차하는 불법 이민자 비중이 가장 높은 지역이라는 점이다.

매년 미국에 도착하는 100만 명 이상의 이민자들 가운데 90퍼센트가 다중 국적을 허용하는 나라 출신이다(세계 전체 국가의 절반 이상이 다중 국적을 허용). 현재 약 4,000만 명의 미국인들이 다른 나라의 국적을 얻을 자격을 갖추고 있다. 일부 합법적 이민자들은 미국의 주류 사회에 편입되기도 한다. 그러나 현재 700~800만 명으로 추산되는 교육 수준과 경제력이 낮은 불법 이민자들은 차별과 빈곤에 시달리면서 경제적 능력만 갖춘다면 언제든지 고국으로 돌아가기를 원하고 있다. 그리고 이들은 차별에 대한 반작용으로 민족주의 의식이 커지고 있다. 과거 미국은 '인종의 도가니'로 일컬어질 정도로 이민자들은 지배적인 주류 문화에 신속히 동화되었다. 그러나 미국은 서부 개척 과정에서 인디언들을 거의 말살할 정도로 잔혹한 과거를 가지고 있다. 흑인 노예 때문에 내전을 치를 만큼 인종적 편견이 심한 국가이다. 그리고 남북전쟁이 끝난 지 150년이 지난 지금도 흑인 차별이 광범위하게 행해지고 있다. 최근의 하층 이민자 문제는 또 다른 흑인의 역사를 뒤풀이하는 모습이다. 과거의 흑인들은 평균적으로 교육 수준이 낮고 경제적으로도 빈곤

[표 3-3] 미국의 인종별 인구와 증가율

	전체	백인	히스패닉	흑인	아시아	기타
인구(만 명)	29,370	24,000	4,130	3,920	1,400	440
인구 증가율(%)	1.0	0.8	3.6	1.3	3.4	–

기타: 하와이 및 섬주민
자료: 미국 인구 조사국(2004. 7)

했다. 그러나 현재의 이민자들은 미국 백인보다 우수한 두뇌를 가진 사람이나 더 많은 부를 보유한 국가 출신들도 많다. 물론 인종적으로 메스티조에 속하는 히스패닉계가 얼마나 성장하느냐가 관건이겠지만, 흑인 3,920만 명, 히스패닉 4,130만 명, 아시아계 1,400만 등 미국 인구의 1/3인 8,000만 명 이상의 유색 인종은 미국의 정체성을 유지하는 데 방해가 될 수 있다. 그리고 지금 이들은 다양한 분야에서 차별을 받고 있다. 뉴올리언스 수해 피해의 늦장 대응 원인이 흑인 밀집 주거 지역이라는 견해가 있듯이 억압받는 히스패닉이 주류 문화에 동화되지 못한 상태에서 라틴 문화를 간직한 채 존재하고 있다는 것 자체만으로 미국의 정체성은 흔들리고 있다.

모병제 국가인 미국에서 시민권을 빨리 취득하는 방법은 군대에 지원하는 것이다. 이라크 전쟁에서 시민권을 노린 유색 인종들이 대규모로 참전하면서 포로 학대, 과잉 대응, 인권 유린, 이슬람 문화 침해와 의도하지 않았던 비인도적 처사가 빈번하게 발생하면서 미국은 도덕적 곤경에 처했다. 교육 수준이 높은 백인들이 군대 지원을 기피하면서 미군은 가장 훌륭한 장비를 가졌지만 전쟁의 성패를 좌우하는 민심을 얻는 데는 실패하고 있다. 따라서 군인 중 미국에 대해 애국심이 없는 유색 인종이 증가할 때 미국의 군사력은 뛰어난 장비를 가동할 수 없는 불균형 군대가 될 수도 있다. 이미 미군은 미국의 정체성을 실현시켜 주는 앵글로색슨계의 백인 비중이 간신히 절반을 넘기는(55퍼센트에 불과) 상황이라서 이런 현상이 가속화될 경우 미군은 미국의 군대가 아니라 다국적군이 될 수 있다. 다국적화된 미군은 이라크 전쟁에서 문제가 된 것과 마찬가지로 비인도적 행위를 일삼을 수 있다. 많은 히스패닉 모병들이 중남미 분쟁에 참여할 경우 효과적인 전투력을 발휘할 수 있을지도 문제이다. 또한 힘든 군복무와 이라크 전쟁에서의 많은 사상자 때문에 군 입대자가 줄어들면서 심각한 병력 부족에 시달리고 있다. 신보수주의 바탕인 강력한 군사력을 유지하기 위한 전제 조건인 병력이 부족해지면서 미국은 모병제에서 징병제로의 전환도 검토해야 할 지경에 이르렀다. 2005년의 경우 모병 인원이 예상보다 10퍼센트나 감소했다. 그리고 군 입대자를 늘리기 위해 모병에 참여하는 유색 인종에게 시민권 획득의 우대 조치를 시행 중이다. 그러나 문제는 유색 인종들의 학력 수준이 낮고 미국 사회에 대한 충성심도 낮다는 점이다. 이런 한계 때문에 군대 내의 동성애자 문제도 외면하고 있으며, 신병 모집 활동을 금지한 대학에 대해 연방정부 지원금을 삭감했다가 위헌 판결을 받는 등 병력 조달에 큰 어려움을 겪고 있다. 인종 문제의 불균형은 향후 미군의 전투력을 급격히 낮추는 요인이 될 전망이다.

인종 차별과 배신의 방정식

한편 전체 인구의 3퍼센트에 불과한 것으로 추정되는 유대계 인구는 네오콘을 필두로 미국의 대외 정책에 엄청난 영향력을 행사하고 있다. 이스라엘은 미국의 연간 대외 원조의 40퍼센트를 받고 있다. 최근 몇 년 동안 35억 달러 이상의 원조를 받고 있다. 이는 이스라엘 국민 1인당 500달러가 되는 금액이다. 반면에 보통의 이집트인 한 사람의 1년 소득은 656달러에 불과하다. 유대인들은 인종적으로 강한 결속력을 보이고 있다. 이스라엘을 위해서라면 무슨 일이든지 한다. 이들은 기독교 우파와 전략적 제휴를 맺으면서 세력을 확대하고 있다. 예를 들어 2003년 부시 대통령이 중동 평화 로드맵을 지지한다고 발표하자 2주일 동안 백악관에는 이를 항의하는 엽서가 5만 통이나 배달됐다. 어떤 형태로든

팔레스타인 독립 국가 건설을 반대한다는 유대계와 기독교 우파의 의사 표시였다. 그러자 부시 행정부의 논조는 모호해졌다. 미국의 친 이스라엘 정책은 이슬람권의 반미 감정을 강화시키면서 장기적으로 미국의 국가 이익을 해칠 수 있다. 한편 유대계들은 미국과 세계 경제의 설계자인 미국 연방준비제도이사회(FRB)도 접수한 상태이다. FRB는 주식회사인데 주식의 과반은 유대계인 로스차일드가 가지고 있다. 히스패닉 이민자와는 반대로 유대계에 대한 지나친 우대 때문에 장기적으로 유대계에 대한 반발로 미국의 주류 사회가 큰 변화를 겪을 전망이다.

문제는 유대계의 영향력은 지속적으로 증대되고 있지만 앵글로색슨 계열의 기독교 백인 인구 비중은 줄어들고 있다는 점이다. 반면 유색 인종의 인구 비중은 빠르게 증가하고 있다. 이런 변화에도 불구하고 미국은 9·11 테러 이후 이슬람권 출신자를 비롯한 유색 인종에 대한 차별을 확대했다. 일부 지역이지만 백인 비중이 높은 지역에서는 선거를 의식해서 이민자들을 억압하면서 표를 얻기도 한다. 반대로 캘리포니아와 같이 이민자들이 많은 지역에서는 투표권이 있는 이민자를 의식해서 이민자들을 우대하는 정책을 펼치기도 한다. 그러나 이런 정책은 장기적으로 이민자들의 문화적 동질감을 약화시키는 원인이 될 수 있다. 우대도 차별이며 앵글로색슨의 이해를 침해한다. 따라서 일관성 없이 임기응변식 이민 정책 때문에 유색 인종은 불안정한 상태에 놓여 있다. 미국에 대한 확고한 소속감과 충성심이 없이 서로 다른 문화적 정체성을 가진 사람들이 늘어가고 있다. 그러나 이들에 대한 경제·사회적 차별은 미국 경제의 어려움 때문에 오히려 고착화되고 있다. 미국 사회는 정신적이고 문화적인 소프트웨어와 인종적 하드웨어가 함께 약화되는 위기에 직면해 있다. 이민자 문제를 세계적 차원으로 확대해 볼 경우 미국뿐 아니라 선진국 전체의 문제로 떠오르고 있다. 영국 런던은 이미 인구 중 15퍼센트가 이슬람인이다. 1998년 영국의 대학 진학 자격 시험인 A level 시험을 치른 학생 가운데 파키스탄과 방글라데시 여학생의 비중이 백인 남학생의 2배에 이르렀다. 따라서 장기적으로 인구 증가율이 높은 이슬람권 등 제3세계 국가는 인구가 감소하고 있는 선진국에 이민자를 무차별적으로 보낼 것으로 예상된다. 그러나 제3세계의 인구 증가로 국제 질서에서 영향력은 커질 수 있지만, 미국과 선진국들은 이들의 국제 정치적 영향력을 억제하는 동시에 국가 내부에서는 인종 차별이 증대하는 상황을 피할 수 없을 전망이다.

불안정한 인종 구성이 유지되는 가운데 만일 미국이 불안해지고 달러화가 위협받을 경우 이민자들은 그들의 자산을 급속히 고국으로 빼돌릴 가능성이 충분히 있다. 특히 상당수 아시아계 이민자들은 이미 달러 환율 변동이나 주가, 부동산 가격의 등락에 따라 자신의 재산을 고국과 미국에서 동시에 교차 운용하고 있다. 이들의 이중적 자산 운용은 미국 경제가 회생 가망이 없을 때 붕괴 속도를 증가시키는 촉매 역할을 할 것으로 전망된다. 이때 이민자들은 미국의 입장에서 보면 배신자가 된다. 그리고 이들이 미국 내에서 재산을 처분하게 될 지경에 이른다면 미국 국채를 대량으로 보유한 본국의 중앙은행은 이민자들과 함께 국채를 함께 매도할 가능성도 배제할 수 없다. 이런 상태가 된다면 독점 시스템은 와해되고 세계는 다시 대공황을 맞을 것이다. 따라서 미국 내에서 '문명의 충돌'을 방지하기 위해 미국인들은 인종적 편견을 버리고 경제를 서둘러 안정시켜야 한다. 그래서 지금 미국에서 가장 필요한 인물은 21세기의 링컨이다.

3 _ 종교 전쟁

미국 사회의 분열은 종교적 근본주의를 통해서도 나타난다. 미국은 세계에서 가장 다양한 종교를 가진 나라이다. 이슬람교는 미국에서 유대교를 제치고 이미 두 번째로 큰 종교가 되었으며 장로교인과 감리교 신자들을 합한 수보다 많다. 이민자가 많은 로스앤젤레스는 세계에서 가장 복잡한 종교 도시로 변하고 있다.

미국에서 종교의 다양성이 증가하고 있음에도 불구하고 미국은 기본적으로 기독교 국가이다. 그리고 최근에는 기독교의 여러 종파들이 빠르게 복음주의 계열의 기독교 우파로 대체되고 있다. 기독교 우파는 월남전 이후 자유주의의 확산과 이에 따른 미국 사회의 해체 분위기에 대한 종교적 반동에서 기원한다. 1960년대 후반의 히피 문화와 같은 지나친 자유주의와 개인주의 때문에 미국 사회의 도덕이 무너지면서 보수층과 기독교인들은 강한 우려를 보인다. 따라서 세속화된 미국을 구원하는 유일한 방법으로 이들은 신의 뜻을 철저히 따를 것을 주장한다. 그리고 신의 의지가 미국에 정착될 때 비로소 구원받을 수 있다는 것이 기독교 우파, 특히 복음주의의 기본 교리가 된다. 복음주의자들은 성서에 적힌 모든 내용을 완전히 수용하는 기독교 근본주의를 기반으로 한다. 이들과 과거 번성했던 다른 종파와의 차이점은 종교적 근본주의로 강력하게 무장한 상태에서 조직적 선교를 실시한다는 점이다. 이들은 활발한 현실 정치 참여를 통해 사회를 구원하려 시도한다. 따라서 현 사회의 불안정성을 악으로 규정한 신보수주의자들과 강한 철학적 유대를 맺고 있다.

복음주의의 나라

1998년 해리슨 여론조사 결과를 보면 미국인의 66퍼센트가 기적을, 47퍼센트가 동정 출산을 믿는다는 보고가 있었다. 악마가 있다고 믿는 미국인도 45퍼센트나 된다. 2002년 《뉴스위크》의 조사에서도 미국인의 79퍼센트가 성서의 기적이 실제로 일어났다고 답했으며, 40퍼센트가 세계는 예수와 적그리스도의 아마겟돈 전투로 끝날 것이라는 종말론을 믿고 있다는 조사 결과가 나왔다. 특히 복음주의자들은 무려 71퍼센트나 이를 믿고 있다. 미국인들의 종교적 성향은 전세계 어느 나라보다도 높다. 미국 유권자의 대략 20퍼센트 이상이 기독교 우파이거나 이에 동조하는 계열로 분류된다. 정치적 성향이 강한 기독교 우파는 1998년 중간 선거 당시 이들과 정치적 성향이 유사한 공화당에 무려 73퍼센트나 투표를 한 것으로 조사되었다. 지역별로는 보수적 경향이 강한 남부, 인종적으로는 백인이 압도적이다. 연령별로는 35~50세가 전체의 46퍼센트로 추정된다. 학력별로는 대학교 졸업 이상이 70퍼센트를 차지하며, 연간 소득은 5만 달러 이상이 64퍼센트, 15만 달러 이상도 15퍼센트에 이른다.

따라서 전형적인 기독교 우파는 '고소득 전문직에 종사하는 남부 지역의 보수적인 40대 남성'으로 대표된다. 갤럽이 1976년 이후 조사한 결과에 따르면 자신이 복음주의 계열의 기독교인이라고 대답한 인원은 1995년부터 비중이 급속히 증대해서 41퍼센트를 넘겼다. 기독교 우파의 역량에 따라 2000년 대통령 선거에서 부시 대통령이 얻은 표의 약 40퍼센트가 백인 복음주의자로 추정된다. 당시 선거에서 매주 2회 이상 교회에 나가는 사람 중 63퍼센트가 부시를 찍은 반면, 민주당 앨 고어에 투표한 인원은 불과 37퍼센트였던 것으로 조사되었다. 반면에 교회를 전혀 가지 않는 사람은 고어를 61퍼센트, 부시를 33퍼센트 찍은 것으로 조사되었다(김기석, 『미국을 파국으로 이끄는 세력에 대한 보고서』).

복음주의 기독교인들은 현재를 천년 왕국 도래 이전의 대재앙 시대로 본다. 마지막 시대 바로 앞에서는 대재앙이 나타나는데 최근 전세계에서 벌어진 갖가지 사건들(전쟁, 자연재해, 기근 등)을 적그리스도의 지도 하에 사탄의 군대가 세상을 지배하는 7년간의 대재난을 향해 빠르게 다가가는 증거로 판단하고 있다. 복음주의는 이런 교리 때문에 종말론의 일종으로 보는 견해도 있다. 이들의 해석에 따르면, 대격변과 고통이 세상을 휩쓰는 시기가 끝난 후 예수가 재림해서 아마겟돈의 싸움에서 선(善)의 군대를 이끌 것이라고 한다. 예수가 악의 군대의 발을 묶고 새로운 예루살렘에서 천년 왕국을 위한 통치권을 확립한다는 것이다. 따라서 그들은 이 세상이 커다란 재앙과 역사의 종말, 그리고 천년 왕국에 아주 가까이 접근해 있다고 경고한다. 따라서 이들의 견해를 확대 해석해 보면 이스라엘을 무조건 지지해야 하고, 예수 재림에 앞서 세상을 도덕적으로 안정된 낙원으로 만들어 놓아야 하는 소명 의식으로 뭉쳐진 종파로 볼 수 있다. 대표적으로 제리 폴웰(Jerry Falwell) 목사가 이끄는 '도덕적 다수(Moral Majority)'와 팻 로버트슨(Pat Robertson) 목사가 설립한 '기독교연합(Christian Coalition)' 등이 선봉에 서서 이런 논리를 주장하고 있다. 이들은 기독교 케이블 TV를 통해 현재 미국의 정치와 종교계에서 막강한 영향력을 행사하고 있다.

일반적으로 경제 발전 단계가 높아질수록 종교의 영향력은 감소한다. 그러나 미국은 [그림 3-4]에서 보듯이 전세계에서 유일하게 경제 발전 지수가 높으면서도 종교의 중요성이 높은 국가이다. 미국에서 종교의 중요성은 1970년대보다 오히려 증가하고 있다. 이런 현상에 대해

[그림 3-4] 경제 수준과 종교의 중요성

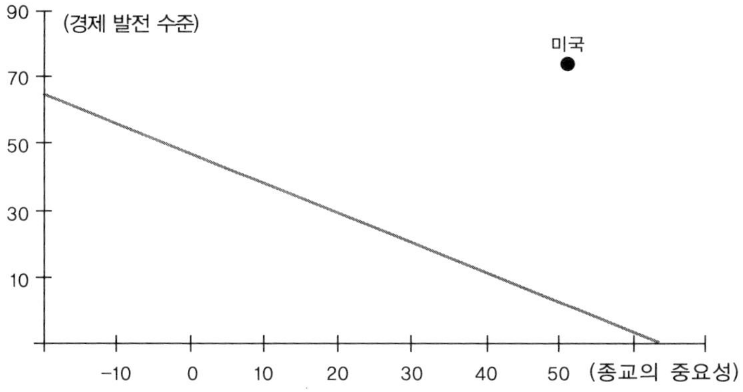

자료: Samuel P. Huntington, 「Who are we?」

다양한 해석이 있을 수 있지만, 이 책의 주제와 관련해서 보면 미국 사회의 분열과 해체 속도가 빨라지면서 미국인들은 정체성 상실을 종교로 메우고 있는 것으로 해석 가능하다.

특히 집권 신보수주의자들의 입장에서는 자신들과 유사한 사회 개혁 의지를 가진 복음주의자들과 깊은 유대를 구축할 경우 미국 내부에서 독점시스템을 지원하는 거대 세력을 확보할 수 있다. 복음주의자들도 자신들의 종교적 이상을 정치로 구체화할 수 있기 때문에 이들은 상호 전략적 제휴를 맺고 있는 모습이다. 특히 유대계 네오콘들의 입장에서는 소수 민족의 한계를 복음주의자들과의 제휴로 이스라엘을 보호할 수 있는 명분을 얻는다.

종교가 정치화될 때

그러나 특정 종교가 정치화될 때 큰 폐단이 발생함은 역사에서 빈번히 관찰된다. 특히 종말론적 근본주의 계열의 종교와 정치가 결속되었을 때 항상 정권과 종교가 동시에 파국을 맞았다. 중국의 경우 많은 민중 봉기는 종말론적 세계관을 가진 종교 세력들이 정치화하는 과정에서 발생했다. 그러나 이들은 낮은 보편성 때문에 자체 분열하는 경우가 태반이었다. 문제는 세계 최강의 군사력과 경제력을 가진 미국에서 종교와 정치가 결합될 경우 그 피해는 상상을 초월한다. 이슬람이나 북한을 적그리스도로 간주하면서 적을 단지 정치적 반대 세력으로 보지 않고 영원히 추방되어야 할 종교적 이단으로 판단한다. 따라서 핵무기를 포함한 어떤 형태의 무력 사용도 정당화시킨다.

이제 '신보수주의자는 곧 복음주의라는 등식이 성립하고 있다. 이들이 결합하여 이뤄낸 정치적 결과들은 이미 오래전부터 전세계의 지탄을 받고 있다. 미국이 비난받고 있는 국제 문제를 복음주의 입장에서 해석하면 일견 이해가 되기도 한다. 적그리스도의 출현이 임박했는데 이산화탄소 배출을 줄이는 문제는 한가한 것이다. 신의 의지로 적그리스도와 대항해서 싸울 국가는 오직 미국뿐이기 때문에 국제형사재판소 협약에 참여할 필요는 없다. 적그리스도로부터 선량한 백성을 구해야 하는 임무 달성을 위해서 적그리스도이거나 혹은 그의 조작에 의해서 움직이는 국가는 선제공격을 가해도 무방하고 핵폭탄도 사용할 수 있다고 판단한다. 바로 이런 인식을 가진 미국 시민이 전체 인구의 1/3에서 절반 가량 된다고 생각한다면 현실은 악몽이다. 그러나 문제는 미국의 독점시스템이 약화되고 있다는 점이다. 강력한 독점시스템이 유지되고 있을 경우에 종교적 근본주의자(복음주의자)의 영향력은 제한적이다. 그들의 신앙이 현실 세계에서 신보수주의자들을 통해 구현되고 있기 때문에 이들은 잠복된 상태에서 만족할 수 있다. 그러나 독점시스템이 약화되면서 미국의 대외적 파워가 축소되고 국내적 혼란이 증가할 경우, 종교적 근본주의자들은 전면에 나서 현실 정치에 종교적 잣대로 간여할 가능성을 배제할 수 없다. 다행히 아직까지는 독점시 스템을 약화시키는 요인이 주로 대외 관계에서 발생하고 있기 때문에 종교적 근본주의는 어느 정도 제한되고 있는 모습이다.

미국의 정치가 지금보다 더 종교화될 때 반대로 미국 내부에서 저항의 형태로도 나타날 수 있다. 특히 복음주의자은 주로 기득권 계층이며 백인이기 때문에 인종과 종교적 성향에 따라 미국 내부가 분열될 위험이 있다. 이미 9·11 테러 이후 이슬람 교도들에 대한 박해가 심해지고 있다. 인구가 급증하는 히스패닉 계열은 대부분 가톨릭이고, 동양인과 이슬람권은 자신들의 고국이 적그리스도로 취급받는 것에 강한 저항감을 내비칠 가능성은 충분하다. 또한 기득권 계층인 복음주의자들은 기존 체제를 유지하고 싶어하는 보수적 현실주의자들이다. 따라서 빈부 격차가 커질수록 빈곤층들은 복음주의 계열을 비롯한 기독교 우파에 적대적일 수 있다.

이렇게 사회 소외 계층이 미국을 배신할 명분을 미국은 종교적으로도 쌓아가고 있다. 높은 다양성을 지닌 미국 사회의 기반이 되었던 종교가 획일화되면서 점점 사회적 모순은 커지고 있다. 만일 독점시 스템이 결정적으로 약화될 때 종교적 근본주의로 이념 무장된 미국의 주류 사회가 전쟁을 채택할 경우 세계는 대재앙에 빠지게 된다. 미국의 이라크 침공, 고유가, 전세계적인 테러 위험의 증가에서 보여주듯이 종교가 정치와 결합될 때 사회의 안정성은 급속히 약화된다. 미국 생태심리연구소장 겸 문화 사회학자이며 '대항문화'라는 신조어를 유행시킨 시어도어 로작(Theodore Roszak)은 "기독교, 유대교, 이슬람교를 막론하고 종교적 광신은 똑같다. 우리는 '근본주의'에 찬동하는 세력이 세계를 분파적 폭력의 늪에 빠뜨리는 시대에 살고 있다."고 개탄하고 있다. 각본은 레오 스트라우스(Leo Strauss), 주연은 네오콘, 악역은 빈 라덴과 후세인이다.

21세기 신성 로마 제국

공립학교에서 다윈의 진화론 교육을 거부하는 사태가 발생할 정도로 복음주의는 미국 사회를 강하게 근본주의 국가로 만들고 있다. 신이 인간을 창조했다는 '창조론'을 진화론과 함께 가르치든지, 아니면 창조론만을 가르치기를 요구하는 사례가 더욱 많아지고 있다. 또한 콜로라도 주의 공군사관학교에서는 교관들에 의한 기도 의무화와 복음주의로의 개종 요구가 공공연히 행해지고 있다. 과학교육센터의 유진 스콧 소장은 진화론에 바탕을 두고 학생들을 가르치는 일이 점점 힘들어지고 있다면서 "과거에도 기독교 보수주의자들이 반발했지만 최근만큼 심한 적은 없었다."고 털어놓았다.

스콧 소장에 따르면 올들어 미국 50개 주 가운데 31개 주에서 진화론 수업을 줄이거나 창조론도 같이 교육해야 한다는 요구가 있었다고 밝혔다. 복음주의자들의 등쌀에 펜실베니아, 조지아 등 일부 주에서는 이미 진화론 수업을 줄이거나 교육을 하더라도 건성으로 하는 학교들이 늘어나고 있다. 조지아 주 콥 카운티 교육위원회는 2004년 고등학교 생물 교과서에 '진화론은 생물의 기원에 관한 사실이 아닌 하나의 이론'이라는 구절을 삽입했다가 연방법원으로부터 위헌 결정을 받고서야 뺐다.

20세기 과학 문명을 선도적으로 이끌었던 미국이 신의 나라로 진화하고 있다. 종교가 과학을 지배하는 나라가 되기를 원하는 모습이다. 아프가니스탄 침공시 작전명이 '무한정의작전'이었던 것은 이들이 신을 대신해서 정의를 구현하는 선택된 인간이며, 무한히 신의 의지를 실현하고 싶다는 의지와 이를 넘어 미국인 스스로 신이 되고자 하는 표현이다. 그런데 이런 논리는 신의 땅을 수호해서 현세계를 천국으로 만든다는 알카에다 논리와 너무 유사하지 않은가?

4_고령화와 사회 안전망의 붕괴

미국도 인구 증가 속도가 둔화되면서 빠르게 고령화되고 있다. 현재 세계 인구는 미국, 서유럽, 일본의 인구 증가율이 급속히 낮아지는 반면 인도, 이슬람, 아프리카 지역은 빠르게 늘고 있다. 이런 편중된 인구 증가가 지속될 경우 인구 부족으로 향후 미국의 영향력 감소가 예상된다. 이미 국내적으로도 인구의 고령화 현상이 심화되면서 각종 부작용이 노출되고 있다.

인구 증가율의 둔화

폴 케네디(Paul Kennedy)는 『21세기의 준비』라는 책에서 2025년까지 전세계 인구 증가의 95퍼센트가 개발도상국에서 이루어질 것으로 전망하고 있다. 불균형한 세계 인구 증가 전망은 미국의 독점시스템을 위협하는 또 다른 장애가 된다. 주요국 인구 증가율 전망을 살펴보면 미국에 우호적인 서유럽이나 일본의 인구는 2020년까지 감소할 전망이다. 2005년 기준으로 미국과 서유럽의 인구는 약 7억 명으로 추산되는데, 2020년이 되어도 전체 인구는 미국 인구만 약 4,000만 명이 늘어나서 7억 4,000만 명이 된다. 그러나 전세계 인구 중 비중은 10.7퍼센트에서 9.7퍼센트로 줄어들 것으로 예상되고 있다. 반면 미국에 반감을 가지고 있거나 미국의 문화와 상관 관계가 낮은 아시아, 남미, 아프리카의 인구 비중은 2005년 80.3퍼센트에서 2020년에는 82.1퍼센트로 늘어날 전망이다. 그러나 이런 예측치는 미국의 인구 증가율이 2퍼센트에 근접하는 출산률과 연간 90만 명의 이미자 유입을 전제로 하고 있다는 점에서 실질적인 인구 격차는 더 벌어질 수 있다.

향후 20년 내에 미국에 우호적인 국가들은 대부분 인구가 감소하거나 고령화되면서 소비가 감소하는 항구적인 저성장 구조를 유지할 전망이다. 그러나 미국이 적으로 규정하는 이슬람 등 제3세계 국가들은 높은 인구 증가로 미국 대신 세계 경제 성장 동력이 될 전망이다. 이들 국가가 세계 경제의 성장 동력이 된다면 수익률을 쫓는 국제 투기 자본은 미국이나 성장이 정체된 선진국에서 향후 높은 성장률을 보일 동 지역에 대한 투자 비중을 높일 것이다. 따라서 인구가 구매력의 중요한 요소임을 감안하면 장기적으로 미국의 세계에 대한 영향력 축소는 불가피하다.

고령화의 그림자

빠른 고령화 현상으로 미국은 각종 사회적 안전망을 유지하기가 점점 어려워지고 있다. 또한 미국과 문화적 동질성이 강한 서유럽 국가들과 일본은 오히려 미국보다 고령화 속도가 빠르다. 2020년이 되면 미국의 고령자 비중이 한계선인 15퍼센트를 돌파할 전망이다. 따라서 현재의 선진국들은 고령자 부양이라는 공통의 경제적·사회적 위기에 처할 수 있다. 고령자들의 노후를 국가나 사회가 완전히 보장해 줄 수 없기 때문에 고령화 사회에 도달하면 높은 인구 비중을 차지하는 고령자들의 소비는 급속히 위축될 수 있다. 따라서 2020년 이후 세계 경제의 성장 동력을 고령화 사회인 선진국에서는 찾을 근거가 희박해지고 있다. 미래를 불안하게 보는 고령층이 소비를 줄이는 것은 일본의 사례에서 보듯이 당연하다.

미국이 고령화 사회에 진입하는 2020년 이후 미국은 '소비의 화신'이 되어 세계 경제를 부양하던 역할이 축소되거나 상실될 수 있다. 또한

[표 3-4] 주요국 고령 인구 비중 전망(%)

	2005	2010	2020	2030	2040	2050
중국	7.6	8.3	11.9	16.3	22.3	23.6
인도	5.3	5.7	7.0	9.3	12.0	14.8
일본	19.7	22.4	28.1	30.1	34.0	35.9
미국	12.3	12.8	15.8	19.2	20.2	20.6
러시아	13.8	12.6	15.2	19.3	20.2	23.0

주: 전체 인구 대비 65세 이상 인구 비중.
자료: U.N., World Population Prospects(2005)

 미국의 내수 소비가 줄어들 경우 한국 등 미국에 대한 수출 비중이 높은 동아시아 국가들은 심각한 경제 위기에 처할 수 있다. 반면에 인도나 이슬람권과 같은 지역은 미국 경제와 상관성이 낮기 때문에 미국 경제가 약화되어도 자국 경제에 대한 타격은 상대적으로 적다. 따라서 미국의 인구가 감소하고 고령화 사회가 되어 소비가 줄어들 경우 현재 미국에 대항하는 '적'보다 우방국들이 더 큰 피해를 볼 수 있다.

 미국 국내적으로는 독점시스템을 운영하는 백인 주류층의 인구 비중은 줄고, 반대로 미국에 대한 문화적 적응과 소비 수준이 낮은 히스패닉이나 흑인 인구가 급증하면서 사회 통합의 문제가 발생할 수 있다. 물론 전반적인 소비 감소도 불가피하다. 미국의 18세 이하 인구에서 이미 백인 비율이 61퍼센트에 불과하다는 것은 향후 미국 인구의 고령화가 진전되는 2020년 이후 미국 사회의 기초 조건인 기독교와 앵글로색슨 문화가 와해될 가능성을 보여주고 있다.

무너지는 사회 안전망

제2차 세계대전 직후인 1946년부터 1960년대 초반 사이에 태어난 미국의 베이비 부머들은 1980년대 이후 미국 경제의 주축 세력이 되었다. 1935년에는 당시 65세의 노인은 평균 69세까지 일하다가 77세가 되기 전 사망했다. 그러나 지금은 62세에 은퇴한 후 20년을 더 살고 있다. 따라서 사회적으로 노인 부양 비용은 과거보다 크게 증가했다. 미국 와튼 스쿨의 제러미 시걸 교수는 베이비붐 세대가 은퇴한 후 현재의 90퍼센트에 해당하는 삶의 질을 유지하기 위해서는 향후 45년간 123조 달러의 자금이 필요하다고 전망한다. 미국의 베이비 부머들은 2008년 이후 약 7,400만 명이 은퇴할 것으로 예상되고 있다. 이 결과 미국의 사회 보장 기금은 2018년에 지출이 수입을 초과할 전망이다(한국은 2036년). 그리고 2020년이 되면 국가별로 다소의 차이는 있지만 대부분의 국가에서 공적 연금은 적자로 전환될 전망이다. 이 전망에 따라 각국은 사회적 안전망을 손질하고 있는데 미국도 예외는 아니다. 경제활동 인구가 부양해야 하는 고령자(65세 이상) 비중의 경우 미국은 여타 선진국들에 비해서 아직 낮은 편이다. 그러나 시간이 지날수록 고령자 부양 비율은 상승해서 2020년 이후에는 30퍼센트를 돌파할 예정이다. 반면 고령자를 부양하기 위한 재정은 여타 선진국들에 비해 미국은 매우 취약한 상태라서 미국도 고령화의 쇼크에서 예외일 수는 없다.

로렌스 코틀리코프·스콧 번스(Laurence J. Kotlikoff&Scott Burns)의 공저인『다가올 세대의 거대한 폭풍』은 구체적으로 미국의 고령화와 사회 안전망의 붕괴를 주장하고 있다. 이 책에 따르면 2002년 미국 재무부는 펜실베니아 대학에 재정적 격차를 계산해 줄 것을 요청했다. 미래 세대들이 현 세대와 동일한 순세율을 부담한다는 가정 하에 정부의 미래 수입액과 지출액의 차이를 현재 가치로 계산할 것을 요청한 것이다. 펜실베이니아 대학이 계산한 수치는 인플레이션과 각종 사회 보장 제도 등을 종합해서 나온 결과는 45조 달러가 필요하다는 것이었다. 이는 현재 미국 공식 부채의 11배이고 GDP의 4배인 수치였다. 더 놀라운 것은 '고통의 식단표'라 해서 이것을 해소하는 방법을 제시했는데, 연방 소득세를 69퍼센트 인상하거나 급여세 95퍼센트 인상, 불가능하지만 연방 정부의 지출을 106퍼센트 삭감하거나 사회 보장과 메디케어를 영구적으로 45퍼센트 삭감하는 방법밖에 없다고 밝혔다. 그리고 더 큰 문제는 시간이 지날수록 이 수치가 올라간다는 사실이다.

일반적으로 미국과 같이 다인종 국가이면서 규모가 큰 나라에서는 국가가 복지 문제를 전적으로 책임질 수 없다. 이런 한계 때문에 미국은 일찍부터 공적 연금뿐 아니라 사적 연금 제도가 잘 발달되어 왔다. 미국에서 신자유주의가 출현한 것은 국가가 부담해야 할 연금의 상당 부분을 기업을 통한 사적 연금으로 대체하는 과정에서 출현한 것으로도 해석할 수 있다. 국가의 복지 의무를 기업이 대신 부담하기 때문에 그만큼 기업은 정부에 대해 강한 목소리를 낼 수 있는 신자유주의를 추진할 수 있었다.

그러나 미국의 산업 경쟁력이 약화되면서 사회 안전망의 중요한 부분을 차지하고 있던 기업의 종업원 노후 대책이 악화되고 있다. 부도 위기에 몰린 GM의 경우 퇴직자에 대한 지나친 복지 혜택이 GM부실화의 가장 중요한 원인으로 꼽히고 있다. GM 등 미국의 자동차 Big3는 2003년부터 임금을 동결하는 대신 평생 의료 혜택을 제공하고 노동자 해고를 엄격히 제한하는 노사 협정을 체결했다. 이 결과 2004년부터 순이익보다 전·현직 직원들에 의료 보장비가 많아지는 기현상이 발생하고 있다. GM과 유사하게 미국의 많은 기업들이 유지하고 있는 사회 안전망은 미국 경제가 어려워질수록 버틸 재간이 없다. 미국 퇴직연금보증공사(PBGC)에 따르면 1조 8,000억 달러에 이르는 2004년 현재 미국 퇴직연금 적립금 부족액은 4,500억 달러에 이르는 것으로 집계되고 있다. 또한 퇴직연금의 자산 구성도 주식이 거의 절반을 차지하고 있기 때문에 독점시 스템 약화로 미국 경제가 어려워진다면 주가 하락으로 퇴직연금 가치는 급속히 하락할 위험성도 내포하고 있다.

공적 연금도 이미 바닥을 드러내고 있다. 〔그림 3-5〕에서 보듯이 중립적 시나리오로 판단할 경우 2015~2018년에 사회 보장 기금 적립금은 최고치에 도달한 후 급속히 줄어들 전망이다. 중립적 시나리오가 출

[그림 3-5] 시나리오별 사회 보장 기금의 고갈 시점

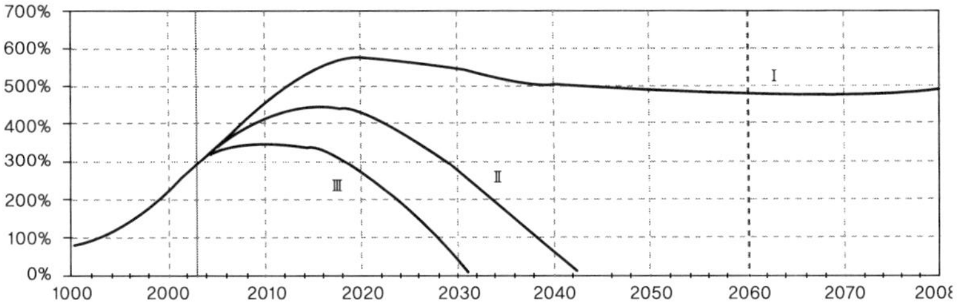

주: 비율은 (연금 재정의 자산 / 연간 사회 보장 비용)×100

주요 가정	중립(II)	낙관(I)	비관(III)	2000~2003 평균
출산율(명)	1.95	2.20	1.70	2.0
순이민자 수(천명)	900	1,300	673	1,109
생산성(%)	1.6	1.9	1.3	2.75
급여 증가율(%)	1.1	1.6	0.6	2.7

자료: 한국은행 해외경제정보 제2005-32호

산율 1.95퍼센트, 생산성 1.6퍼센트 증가를 가정하고 있는데 이런 수치는 지금도 이루기 어렵다. 따라서 필자는 비관 시나리오에 무게를 두고 싶다. 또한 저소득 의료 지원 체계인 Medicaid나 65세 이상 노인 의료 보험인 Medicare를 유지할 재정도 약하다. 현재도 공적 의료 보장을 받고 있는사람이 7,500만 명에 달하는데, 이 인원이 지금보다 더 늘어난다면 사회 안전망 유지는 불가능해 보인다.

베이비 부머의 퇴장과 배신

여기서 미국의 베이비 부머들은 선택의 기로에 서게 된다. 공적 연금이나 사적 연금이 자신의 노후를 보장하지 못한다면 지금부터 소비를 줄이는 것이 가장 손쉬운 노후 대책이다. 따라서 우선은 지나친 소비를 줄여야 한다. 미국의 소비가 줄어들면 미국에 공산품을 수출하는 국가들의 경기는 급랭할 가능성을 배제할 수 없다. 또한 연금 생활자들이 젊어서 투자했던 주식 등 투자 자산을 매도해서 생활비로 사용할 수도 있다. 이럴 경우 한국 등 이머징 마켓의 주식 시장은 미국 고령자의 주식 투자 비중 축소로 붕괴될 수 있다. 그러나 베이비붐 세대의 노인들은 과거 세대보다 훨씬 더 많이 소비한다. 1960년 당시 해마다 노인들은 잔여 재산의 9퍼센트를 소비했다. 그러나 오늘날의 80세 이상 노인은 거의 14퍼센트를 소비한다. 그리고 노인들은 전세대보다 더 오래 산다. 자녀들에게 물려줄 자산을 자신이 모두 소비하고 있다. 1998년 소비자 금융 실태조사 결과 92퍼센트에 이르는 대부분의 가계에서 유산을 한푼도 받지 못한 것으로 조사되었다. 그리고 조사 대상의 1.6퍼센트만이 10만 달러 이상의 유산을 상속받은 것으로 조사되었다. 미국 베이비붐 세대의 소비가 줄지 않을 경우 금융 시장 충격은 더 커질 수 있다. 자산 구성에 있어서도 나이가 많아질수록 미래를 불안하게 느끼는 것은 인류 공통의 한계이다. 따라서 미국의 고령자들이 주식보다 안전한 채권을 선호할 경우 1990년대 이후 일본이 겪었던 잃어버린 13년을 미국이 반복할 가능성은 농후하다.

미국 베이비붐 세대의 고령화는 세계 경제의 대재앙이 될 수 있다. 더 문제인 것은 이런 상태가 되면 일부 적극적인 노후 생활자들은 생활비가 싼 지역으로 가서 노후를 즐기려는 시도를 감행할 수도 있다. 멕시코나 중남미 지역으로 이민을 갈 경우 미국 내에서 생활하는 것보다 훨씬 싼 가격에 높은 생활 수준을 유지할 수 있다. 따라서 중산층의 중남미로의 역이민 유혹도 감안해야 한다. 또한 중남미에 중산층 이상의 미국인을 위한 실버 단지를 기업들이 계속 만들 경우 실현 가능성은 더욱 높아진다. 만일 이런 상황이 현실화된다면 미국 내부는 공동화되고 미국과 세계는 혼돈 상태에 빠질 수 있다

세계적 차원에서 고령화 문제는 해답이 없다. 다민족 국가이면서 강력한 국가주의로 결속된 미국은 현재의 높은 위상을 유지하기 위해 많은 비용을 들여 독점시 스템을 유지하고 있다. 그러나 독점시 스템 유지를 위해 미국은 국내적으로 포기하는 분야가 늘어가고 있다. 발전소 건설 부족에 따른 전력난, 허리케인 카트리나 피해에서 보듯 재난 관련 투자가 지연되면서 장기 성장 동력이 약화되고 있다. 또한 연기금 개혁도 지연시킨 결과 사회 안전망은 점차 약화되고 있다. 이를 개선하기 위해 출산 장려정책이 필요하지만 당장의 위기를 넘기기 위해 오히려 이민자들을 유입시키고 있다. 대규모 이민자들은 미국 경제에 기여하는 부분보다 오히려 사회 갈등을 심화시키는 역할을 하고 있다. 미국이 장기 비전 없이 독점시 스템을 추구하면서 동시에 고령화 대책을 마련

하기는 현실적으로 어렵다. 따라서 고령화와 이에 따른 부작용을 피할 수 없다. 왜냐하면 현재의 소비 수준이 너무 높고 사회의 분열 속도가 빠르기 때문이다. 결국 미국의 사회 안전망이 제대로 가동되지 못할 경우 미국인들의 애국주의는 배신으로 나타나 구조적인 사회 불안을 유발시킬 가능성이 높아 보인다.

5 _ 기업과 금융 자본의 배신 가능성

자본은 국적, 문화, 민족보다 오직 수익률과 리스크에만 관심을 둔다. 미국 기업들이 고배당 등 주주 중시 경영을 장기간 지속한 결과 전 세계 투자자금의 중요한 투자처가 되고 있다. 그리고 세계화와 신자유주의적 경제환경으로 사업 영역은 미국에만 국한되지 않고 세계적 차원에서 이루어지고 있다. 이 결과 미국 경제와 미국 이외 지역 경제 간의 구분이 모호해지면서 기업은 국가라는 울타리를 허물어 국가를 초월한 초국적 기업으로 변신하고 있다. 초국적 기업은 사업 영역이나 주주에 있어 국가를 고려하지 않는다. 오직 기업의 이익을 극대화해서 주가 상승이나 많은 배당금을 지급하는 것이 유일무이한 경영 원칙이다. 따라서 본사가 있는 국가의 이익과 초국적 기업의 이익은 일치하지 않는다.

이중적으로 변해 가는 초국적 기업

냉전시대 이후 미국 기업들은 정경유착을 통해서 미국의 이익에 부합되는 경영 활동을 하는 것이 유리했다. 왜냐하면 미국의 대외 원조는 대부분 미국 기업이 생산한 물품을 수입하는 데 사용되었고, 강력한 미국의 힘은 이 기업들의 이익을 보장해 주었기 때문이다. 따라서 미국의 국가 이익에 맞게 경영 활동을 하면 당연히 해당 기업도 높은 성장을 할 수 있었다. 실례로 제2차 세계대전 이후 마셜 플랜에 의한 유럽의 전후 복구 사업에서 미국 원조금의 80퍼센트가량이 미국 제품 구매에 사용되었다. 또한 각종 자원 분쟁에서 미국은 석유 업체들의 이익을 위해 전쟁을 감행할 정도로 기업의 이익을 지켜 주었기 때문에 당연히 미국 기업들은 국가 이익과 자신들의 이해를 일치시키는 것이 유리했다.

그러나 냉전 종식과 더불어 미국의 힘이 약화되면서 기업과 미국 정부와의 관계는 중요한 변화를 겪는다. 미국 기업들은 지리적 사업 영역에서 미국 이외 지역 비중이 급속히 증가했다. 제조업 경쟁력의 약화 때문에 미국 기업들은 생산 거점을 대부분 해외로 이전시키고 있다. 그리고 여기에서 생산된 물품을 다시 미국에 수입해 쓰는 것으로 경영 구조가 변화했다. 미국 기업들은 대외 환경 변화에 과거보다 노출도가 커졌기 때문에 미국 중심의 경영이 어려워지고 있다.

또한 초국적 기업일수록 미국 이외 지역에서 제품이나 서비스를 생산해서 다른 국가에 판매하는 비중이 높아져서 미국에 대한 의존도가 낮아지고 있다. 세계 경제에서 미국의 비중이 점차 축소되고 있기 때문에 경제 논리로 봐도 미국 기업이 미국을 배제하는 것이 당연해 보인다.

한편 장기간에 걸쳐 정부 규제에 반대하는 신자유주의 문화가 굳어지면서 기업에 대한 미국 정부의 영향력은 지속적으로 낮아지고 있다. 또한 국가가 제공하는 이익은 줄어드는 반면 주주 자본주의의 영향으로 경영자들은 주주의 이해와 자신들의 이해를 일치시키는 경향이 커지고 있다. 주주들은 단기간에 경영 성과를 극대화해서 배당금을 높이기 위해 국가나 이념 같은 거대 담론보다 오직 눈앞의 기업 이익에만 관심이 있다. 경영자들도 자신의 연봉을 높이기 위해 단기 성과에만 집착하고 있다. 이런 상태에서 국가의 이해는 경영의 고려 요소가 될 수 없다. 한편 주주 구성에서도 점점 외국인 투자가 비중이 높아지고 있다. 경영자들은 다양한 주주의 이해관계를 고려해야 하기 때문에 중립적 위치에서 경영해야 한다. 만일 미국에서 고령화 현상이 더욱 심해져 미국 투자가들이 주식을 대규모로 매도하고 그 공백을 외국인 투자가들이 장악하게 된다면 더 이상 미국 기업은 존재하지 않게 된다. 최근에 미국 기업들은 애국법 폐지를 강력하게 주장하고 있다. 9·11 테러 이후 미국에서의 테러 방지를 위한 비민주적인 애국법에 대해 대부분의 미국인들은 찬성하고 있지만, 기업들은 자신들의 기업 비밀 보호를 위해 폐지를 원하고 있다. 이는 애국법의 정당성 여부를 떠나 기업들의 이기적 성향을 노출하는 사건이다. 미국 정부와 찰떡 궁합을 맞춰 온 미국 기업들은 이제 미국과 미국 이외 국가 사이에서 양다리를 걸치고 있다.

금융 자본의 배신

미국 기업의 소유 지배 구조는 기관 투자가, 법인, 개인의 자금이 금융 기관에서 모아져 주식 투자를 통해 다양하게 분산된 구조를 가지고 있다. 따라서 금융 기관 소유권을 가지면 개인과 기업의 자금을 통제하는 동시에 기업 경영권 통제도 가능해진다. 현재 미국은 전세계 금융 자본을 장악해서 세계 경제를 움직이고 있다. 그러나 미국의 투자가들이 고령화로 주식으로 저축했던 자금을 소비할 경우(주식 매도) 미국 금융 기관의 영향력은 반감될 수밖에 없다. 만일 이런 상황이 발생한다면 미국 금융 기관은 미국 내에서 투자자를 구하기가 어려워진다. 그렇다면 당연히 미국 이외 지역의 투자자 영입을 위해 영업을 강화할 것이다. 독점시스템의 근간이 되는 미국 금융 기관에 대한 자금 공여자가 미국 자본에서 미국 이외 국가로 바뀔 경우 금융 기관들은 미국 일방의 관점에서 세계 전체로 관심 영역을 넓혀야 한다. 물론 이런 현상이 그렇게 빠르게 나타나지는 않을 것이다. 왜냐하면 미국이 붕괴하지 않는 한 초국적 금융 기관의 보호자는 역시 미국 정부가 가장 확실하기 때문이다. 따라서 당분간 금융 기관들은 자신들의 이해를 지켜줄 보호자로서의 미국과 영업의 대상인 미국 이외 국가 사이에 위치한 중간자로 존재할 가능성이 높다. 그러나 주주 비중과 업무 영역에서 미국 이외 지역이 미국보다 커지는 순간 초국적 금융 자본은 미국을 버리고 의미 그대로 초국적 금융 기관으로 정체성을 바꿀 수 있다.

미국 금융 기관의 정체성 상실은 이미 가시화되고 있다. 미국 경제의 성장 잠재력이 낮아지고 쌍둥이 적자 문제도 해결 조짐이 보이지 않자 국제 투기 자본은 미국을 떠나고 있다. 일부이기는 하지만 세금이 싼 조세 피난 지역으로 헤지펀드들은 소속 국가를 이동시키고 있다. 저금리와 미국의 상대적 성장률 축소, 그리고 세계화된 금융 환경을 고려한다면 자금 출처를 밝히지 않아도 되고, 세금도 싼 조세 피난 지역으로의 금융 자본 유출은 막을 수가 없다. 대표적인 조세 피난 지역인 케이맨 군도에는 인구가 3만 5,000명에 불과하지만, 4,500개의 기업이 등록돼 있고 은행 자산은 7,000억 달러에 육박할 정도로 많은 헤지펀드들이 유입되어 있다. 이런 현상이 암시하는 것은 미국 자본은 더 높은 수익을 위해서 언제든지 미국을 버릴 수 있다는 사실이다. 미국 투자가들이 더 높은 수익을 찾아 조세 피난처에 대한 투자를 늘리면 글로벌 차원에서 자산을 배분하고 수익률로 평가받는 헤지펀드 운용자는 경제의 구조적 모순이 있는 미국보다 장기 성장 잠재력이 큰 국가에 투자를 늘릴 수밖에 없다.

2004년 말 현재 아시아 지역의 헤지펀드도 500~750억 달러로 추정되고 있다. 그러나 미국의 경상수지 적자로 국제적 잉여 자본이 미국 이외 국가에서 이루어지는 상황임을 감안할 때, 향후 헤지펀드 투자가들은 미국보다 미국 이외 지역, 특히 동아시아 투자가가 될 가능성이 높아 보인다. 아시아 각국이 적극적으로 잉여 자본을 운용하려는 자세는 한국이 싱가포르와 유사하게 국제투자공사를 만들려는 움직임에서도 포착된다. 이러한 자금들은 헤지펀드에 투자한 미국의 개인 자금과 마찬가지로 높은 수익률을 추구한다. 따라서 미국 국채 일변도의 투자에서 헤지펀드와 같은 고수익을 추구하도록 운용 스타일이 변화하면서 국제 자본 시장에서 동아시아 국가의 영향력은 커지는 반면 미국은 축소될 가능성이 높다.

환율로만 봐도 달러보다 당연히 비 달러 자산을 선호할 것이다. 최근 2~3년간 달러 환율의 약세는 국제 원자재 가격의 상승과 미국 이외 지역의 주가 강세를 가져왔다. 그리고 금리를 올려도 해외에 투자된 자금은 미국으로 회귀하지 않고 오히려 미국에서 탈출하고 있다. 또한 BRICs의 원자재 수요 증대로 2004년 이후 국제 원자재 가격은 큰 폭으로 올랐다. 이 결과 미국은 달러 약세, 원자재 가격 급등과 수입 물가 상승으로 경제적 부담이 커졌다. 반면에 미국 이외 국가들은 환율이 절상되면서 미국보다 상대적으로 물가 안정을 보였다. 따라서 미국 경제의 구조적 모순을 반영하는 달러화 가치 하락도 금융 자본의 미국에 대한 배신을 촉진시키는 중요한 요인이 된다. 가치가 떨어지는 통화로 자산을 운용하는 투자가는 아무도 없다. 이미 금융 시장에서는 달러 환율이 장기적으로 강세를 보일 수 없다는 결론에 도달한 상황이다. 한편 헤지펀드의 운용에서 자금을 빌리는 국가는 거의 미국이다. 그러나 미국보다 금리가 낮고 경제도 건실한 국가들이 상당히 늘고 있다. 자금을 미국에서 빌리지 않을 경우 헤지펀드의 달러 의존도는 낮아질 수밖에 없다. 엔화로 차입해서 중국에 투자하는 헤지펀드가 늘어날수록 미국은 영향력은 축소된다.

재미있는 사실은 헤지펀드에 대한 최대 투자가가 하버드 대학을 비롯한 대학 기금이라는 데 있다. 이는 미국에서 저금리가 구조화되면서 미국의 자산 운용이 안정성보다는 수익성을 추구하고 있다는 증거가 된다. 또한 독점시스템을 간접적으로 지원하던 헤지펀드들은 수익률을 높이기 위해 부채와 다양한 상품에 대한 투자로 자산 구조가 훨씬 큰 위험에 노출되었음을 시사한다. 따라서 특정 지역에서 금융 위기가 발생하면 헤지펀드는 미국의 금융 시장을 교란시키는 역할도 할 수 있다. 헤지펀드와 같은 국제 투기 자본은 1997년 아시아 외환 위기 당시 말레이시아의 마하티르 수상의 공격을 받은 후 최근에는 전세계 거의 모든 나라에서 공공의 적이 되고 있다. 특히 독일을 비롯한 유럽에서는 미국을 겨냥해 단기 투기성 자금의 규제를 정치권까지 가세해서 대응하고 있다.

미국 금융 기관들이 미국을 탈출할 경우 국제 정치적 문제도 발생한다. 현재 세계 자본을 움직이는 월가의 실질적 지배자들은 유대인이다. 뉴욕의 인구는 700만 명인데 이중 유대인들은 250~300만 명에 이른다. 전체 유대인이 557만 명으로 추산되고 있기 때문에 세계 금융의 중심인 뉴욕은 유대인이 점령한 것으로 볼 수 있다. 월가의 유대인들은 당연히

친 이스라엘 시각을 가지고 있다. 그런데 급속히 증가하고 있는 오일 머니는 유대계 금융 기관을 회피하고 있다. 이런 상황에서 유대계 금융 기관들의 위치는 불안정해진다. 자본의 이익과 민족의 이익이 충돌할 수 있기 때문이다. 이런 문제점에도 불구하고 세계 경영의 중요한 축인 헤지펀드를 미국은 적극 옹호하고 있다. 엄청난 재정 적자에 시달리는 미국이 세금도 내지 않는 헤지펀드를 두둔하는 것은 아이러니다. 헤지펀드 운용자들이 뉴욕 월가의 지배를 받고 있기 때문에 아직은 헤지펀드가 미국의 이해를 대변하고 있다. 그러나 앞서 살펴본 대로 미국의 금융 자본이 미국에 대한 투자를 줄이고 중립적 위치로 전환할 경우 헤지펀드는 미국을 겨누는 비수가 될 수 있다. 지금은 세계 금융 시장에서 제국적 카리스마를 가진 미국이지만 독점시 스템 유지를 위해서는 너무나 많은 것을 관리해야 한다. 물론 어느 한 분야라도 문제가 발생하면 미국은 끝장 난다.

제4부

미국의 미래와 한국

- 미국의 미래
- 한국의 준비

지금 세계는 미국의 독점 시스템에 적응하면서 살고 있다. 따라서 독점 시스템이 약화된다는 것은 세계 전체가 불안정해짐을 의미한다. 그리고 독점 시스템을 대체하는 새로운 체제가 형성되기 이전의 과도기는 매우 혼란스러울 것이란 전망이 자연스럽게 도출된다. 미국의 약화와 독점 시스템이 완화된다면 어떤 현상이 벌어질 것인가? 그리고 한국이 어떻게 대응해야 하는가는 21세기 전반부 최대 과제가 되고 있다.

1
미국의 미래

　미국은 역사상 처음으로 세계 전체를 대상으로 방대하고 강한 영향력을 미치는 제국이다. 그리고 세계는 미국이 만든 독점 시스템의 그물망 위에 지금 존재하고 있다. 실질적으로 전세계 정치 권력은 워싱턴과 뉴욕의 지배를 받고 있다. '미국은 곧 세계'라는 공식은 부인할 수 없는 항등식이다. 미국과 세계의 강한 밀착성 때문에 미국의 문제는 세계 문제가 되고 있다. 만일 미국의 쌍둥이 적자를 세계 경제가 감내해 낼 수 있는 상태라면 미래의 세계는 좀 더 온화할 전망이다. 그러나 지금은 독점 시스템 속에 미국과 세계는 동시에 빠져 있다. 누구도 빠져 나올 수 없다. 특정 국가가 자국의 이해나 민족주의 때문에 독점 시스템에 반기를 들 경우 미국은 강력한 군사력과 금융 자본을 동원해서 이탈을 막으려 할 것이 분명하다. 그러나 이를 극복하고 독점 시스템에서 탈출하는 국가가 있다면 그 국가는 미얀마나 북한과 같이 철저히 고립될 수밖에 없다. 이런 상태가 되면 해당 국가의 경제는 내수에만 의존하는 저성장에 빠지고 독자 노선을 추구했던 정권은 붕괴될 것이다.

독점 시스템의 수명은 당분간 지속될 전망

반대로 미국이 경상수지 적자를 줄이고 저축률을 올리면서 미국의 모순 개선에만 집착할 경우 동아시아 등 수출 중심 국가들은 큰 타격이 불가피하다. 레스터 서로는 만일 미국의 생산성을 기준으로 민간 소비가 연 4,500억 달러 줄어들게 되면 미국 내에서 500만 개의 일자리가 없어진다고 본다. 그러나 미국으로 수출하는 나라는 미국보다 생산성이 낮기 때문에 미국을 제외한 세계 전체로 약 2,500만 개의 일자리를 잃을 위험에 처할 것으로 분석하고 있다. 따라서 미국이 국제 수지 균형을 추구할 경우 전세계 주가는 폭락하고, 많은 국가에서 실업자가 거리에 넘쳐날 수 있다. 미국이 공급하던 전세계 초과 유동성이 줄어들면서 세계는 자금이 부족해져 금리가 올라간다. 자원 배분의 한계와 무역의 위축으로 세계 경제의 효율성이 떨어지면서 스태그플레이션(stagflation)도 예상해 볼 수 있다. 후진국이 수출 중심의 성장을 이룰 수 없게 되면서 가난한 나라는 아무리 노력해도 선진국으로 진입할 수 없는 상황이 벌어진다.

독점 시스템의 붕괴는 경제적 재앙뿐 아니라 국제 정치를 혼란에 빠뜨릴 수 있다. 미국의 독점적 권력이 약해지면서 미국이 해외 분쟁에 개입하지 않을 경우 세계는 무질서와 혼란의 도가니에 빠질 수 있다. 국가간의 무력 충돌이 난무하면서 중간 규모의 국가들은 군비 증강과 함께 핵무기 개발에 착수할 수도 있다. 자원을 전략 무기화하는 국가가 증가하면서 불황에도 불구하고 유가 등 원자재 가격 폭등 가능성도 높다. 이상주의자들은 미국 패권의 약화로 다극 체제가 형성될 것으로 전망한다. 그러나 새로운 극점으로 등장할 수 있는 나라들이 지금은 모두 미국에 종속된 상태이다. 따라서 미국이 약화되면 중국, 러시아, 일본, EU 등도 감내하기 어려운 타격을 받게 된다. 이들 국가가 제한된 범위에서 패권을 추구하기 위해서는 내부를 추스를 시간이 필요하다. 따라서 독점 시스템에서 다극 체제로 전환하는 시간은 예상보다 길고, 평화적 방법보다는 폭력이 사용될 가능성이 높다. 바로 이런 한계도 독점 시스템을 유지시키는 원인이 된다.

21세기 패권을 추구하는 중국의 경우 미국이 붕괴되거나 경상수지 적자를 줄일 경우 큰 타격을 받을 수 있다. 미국이 약화된다는 것은 세계 경제가 구조적인 저성장 국면에 빠지는 것을 의미한다. 수출 중심의 중국 경제 구조를 감안할 때 미국으로의 수출 감소뿐 아니라 EU 등 다른 지역으로의 수출 감소도 당연히 예상된다. 중국 경제가 어려워지면 중국의 가장 큰 취약점인 민족 문제, 빈부 갈등이 표면화되면서 사회주의 독재 정권인 중국 정권은 존립 기반이 약화될 수 있다. 따라서 아이러니컬하게도 중국의 패권국 진입 여부는 미국에 달려 있다고 볼 수 있다. 이런 상황은 중국뿐 아니라 러시아, 일본, 영국, EU 등도 정도의 차이는 있지만 동일하다. 따라서 독점 시스템 붕괴 이후 예상되는 상당 기간의 혼란에 대한 각국 정권들의 두려움이 독점 시스템을 유지시키는 기반이 된다. 반면에 미국은 자신들의 붕괴로 미국보다 미국 이외 국가들의 피해가 더 클 수 있음을 상기시키면서 시간을 보내고 있다.

이런 이유로 주요 선진국들은 G7 회담과 같은 형식을 통해 수시로 만나서 미국의 문제를 논의한다. 1985년 플라자 합의는 미국이 쌍둥이 적자를 줄이는 동안 일본 등 다른 선진국들이 내수 부양으로 세계 경제를 부양하는 것이었다. 지금도 비슷하게 선진국들은 미국의 쌍둥이 적자 축소를 요구하면서 점진적인 미국의 구조 조정을 요구하고 있다. 이런 상호 의존적 경제 구조 때문에 전세계 어떤 국가도 미국의 빠른 붕괴를 원치 않는다. 심지어 북한 정권도 미국의 힘이 급속히 약화될 경우 중국의 속국이 될 수 있다는 우려와 경제 개발 계획에 차질을 빚을 수 있다는 위험 때문에 속내는 독점 시스템의 유지를 바라고 있을 것으로 추정된다. 21세기에 들어서면서 좌파 계열의 학자들은 미국의 몰락을 거의 기정 사실화하고 있다. 그들은 미국에 대해 엄청난 저주를 퍼붓고 있다. 현재 미국의 미래에 대해 발간된 서적의 거의 90퍼센트 이상은 미국의 빠른 붕괴를 예상하고 있다. 주로 사회학이나 철학적 입장에서 집필된 반미주의 계열의 서적들은 미국의 이해만을 추구하는 독점 시스템의 반도덕성 때문에 필연적으로 붕괴를 주장한다. 그러나 구조화된 부도덕(독점 시스템)을 대체할 대안이 없다. 대체된다고 하더라도 과도기의 혼란은 엄청난 재앙을 수반할 수 있다. 독점 시스템을 다른 체제로 바꿀 수 없을 만큼 세계 구조는 엉성하고 분열되어 있다. 그리고 세계적 차원에서 미국의 헤게모니 약화를 추진할 만한 세력은 대부분 미국의 문화에 중독되어 있다. 이는 마치 공적 연금 개혁과 비슷하다. 세계 각국의 정권들은 자신들의 임기만 무사히 마치는 것이 목표이기 때문에 조만간 연금재정이 적자 전환하는 것이 뻔하지만 개선을 제대로 추진하는 나라는 없다. 또한 의원 내각제인 국가들은 리더십이 약한 대부분 연립 정부이고, 대통령 중심제 국가들은 미국에 대한 수출 비중이 높은 중진국이다. 따라서 당분간은 이상주의적인 NGO나 일부 진보 진영 학자들에 의한 산발적인 문제제기만 나타날 전망이다. 이런 한계 때문에 부당한 독점 시스템이지만 향후에도 일정 기간 생명력을 유지할 가능성이 높다.

쌓인 내부 모순이 트리거(Trigger)

국제 정치적 차원에서 다른 국가들이 독점 시스템에 저항할 능력은 없다. 따라서 미국의 미래는 경제 영역에서 결정될 가능성이 높다. 그러나 상호 의존적인 국가간 관계나 경제 구조 때문에 미국의 과소비에 길들여진 세계 경제는 쉽게 독점 시스템의 모순을 제거할 수 없다. 예를 들어 2005년 하반기 미국은 고유가로 물가가 오르면서 금리 인상을 빠르게 단행했다. 미국은 경상수지 개선이나 경기가 호전되지도 않았지만, 단지 미국의 금리가 오른다는 사실만으로 국제 투자 자금은 미국으로 회귀했다. 미국으로 자금이 집중되면서 전세계 주식 시장은 크게 하락했다. 이런 사실이 시사하는 것은 여전히 쌍둥이 적자는 지속되고 있지만, 달러가 세계의 기축통화 역할을 충분히 하고 있다는 점이다. 미국의 금리 인상은 경제 성장률을 낮추고 일시적으로 달러 강세를 만들어서 수출은 줄어들 수 있다. 그러나 국제 투자 자금은 수출 감소보다 안정통화인 달러의 금리 인상에 보다 주목했다. 이와 같이 진보 계열 학자들의 주장처럼 미국은 바로 붕괴하지 않는다. 여전히 달러는 기축통화이고 독점 시스템은 유지되고 있다.

독점 시스템에 참여한 국가들이 독점 시스템의 존속을 바란다고 해서 독점 시스템이 유지되는 것은 아니다. 독점 시스템의 해체는 많은 국가들이 자신들의 희생을 전제로 공통의 대안을 가지고 동의해야만 가능하다. 또한 미국이 쌍둥이 적자 등 자체 모순을 인정하고 개혁에 나설 때에만 비로소 독점 시스템은 와해될 수 있다. 그러나 독점 시스템에서의 탈퇴는 고양이(미국) 목에 방울을 다는 상황과 유사해 보인다. 여전히 미국의 강력한 군사력과 금융 자본이 존재하고 있기 때문에 감히 독점 시스템 해체의 선봉에 나서는 국가는 고양이 목에 방울을 다는 것과 같이 현실적으로 매우 어렵다. 따라서 대항하려는 국가들이 한꺼번에 강력한 행동에 나서야 한다. 그렇지만 냉정한 국제 질서에서 많은 국가들이 자신들의 경제적 희생을 감수하면서 동시에 독점 시스템에 저항할 수 있을까? 그리고 가능하다 해도 미국의 힘이 지금보다 약화되거나 대항 세력이 강해질 수 있는 시간이 필요하다. 따라서 독점 시스템의 수명은 경제 논리를 떠나 상당한 시간이 지난 후에나 가능할 전망이다. 그러나 독점 시스템은 그 자체로 모순을 내포하고 있기 때문에 시간 문제일 뿐 언젠가는 증가된 모순 때문에 자체 폭발은 불가피해 보인다.

제3부에서 살펴보았듯이 미국 사회 내부는 점점 분열되고 있다. 특히 미국이 강력하게 추구한 세계화와 신자유주의 때문에 미국 기업과 국민들의 대외 의존도는 과거와 비교할 수 없을 정도로 매우 높다. 초국적화된 기업들은 미국이 어려워지는 동시에 대안을 찾을 것이다. 고객들의 자산을 운영하는 펀드 매니저는 달러 약세에 대응해서 달러를 팔고 엔화나 유로화로 바꿔 탈 것이다. 따라서 다른 어떤 변화보다 미국 내부에서의 자금 탈출이 위험하다. 쌍둥이 적자 문제가 해소되지 않은 상태에서 강한 달러 정책을 펴고, 미국이나 다른 국가들이 미국의 소비 부양을 위해 저금리를 지속시키려는 시도는 상호 충돌된다. 그리고 경제 논리에도 전적으로 맞지 않는다. 이런 불균형을 세계의 금융 자본들이 간과할 가능성은 거의 없다.

따라서 장기적으로 미국 외부에 존재하는 다수의 미국 기업 자산이 미국으로 회귀하기는 어려워 보인다. 오죽 답답했으면 미국은 2005년에 미국 기업들이 해외에 보유한 자산을 미국으로 들여올 경우 세금을 깎아 준다고 했겠는가. 기업의 해외 자금 환수금에 대한 세율이 2004년까지는 25퍼센트였다. 그러나 2005년에만 5.25퍼센트의 낮은 세율을 적용하고 있다. 2005년 하반기 이후에 달러 강세가 나타난 것은 미국의 금리 인상뿐 아니라 약 3,500억 달러로 추산되는 이 자금이 미국으로 유입되는 효과도 영향을 주었다. 그러나 문제는 미국으로 회귀하는 자금보다 더 많은 자금이 여전히 미국 밖의 다른 통화로 유지되고 있다는 점이다. 오히려 미국 투자가들의 해외 투자 자산은 증가하고 있다. 아마 미국의 해외 투자 자금 운영자는 달러 가치에 대해 상당한 의문을 가지고 있을 것이다. 미국은 미국 자본보다 다른 국가의 자본을 더 잘 통제하는 것이 현실이다.

미국 자본이 경제 논리에 입각해서 미국을 배신할 때 미국 사회는 급속히 약화될 수 있다. 이민자들은 자신들의 자산을 팔아서 본국으로 이전시키려 할 것이다. 고령층은 안전한 노후를 위해서 중남미나 아시아로 이민을 떠날 수 있다. 미국에 투자한 각국의 산업 자본들은 미국 내 자산을 처분해서 미국을 떠날 수도 있다. 따라서 미국의 독점 시스템 해체는 미국 이외 대항 세력의 도전보다는 미국 내부의 모순이 촉발할 가능성이 더 높아 보인다.

찰스 쿱찬은 독점 시스템을 추구하는 네오콘의 공통적 기반으로 공직 생활의 대부분을 구소련과의 패권 경쟁에 투여한 인물들이 정권의 핵심이며, 1990년대의 장기 호황으로 경제에 자신감을 가지고 있다는 점, 그리고 지난 10년간의 전쟁에서 사상자가 거의 없었다는 것을 제시하고 있다. 이런 네오콘의 신화적 가정은 깨지고 있다. 체제 경쟁을 벌일 국가는 없어졌지만, 미국 경제는 취약해졌다. 그리고 이라크 전쟁에서 많은 사상자가 발생하고 있다. 또한 쿱찬은 네오콘을 대체하는 정치적 변화에 주목한다. 현재 상원의원의 과반수, 하원의원의 60퍼센트 이상이 1992년 이후 공직에 취임한 인물이다. 냉전 종식의 상징인 베를린 장벽 붕괴 이후의 신세대이며 국가관도 매우 낮다. 특히 미국 전체적으로 역사와 국제 문제에 대한 열의가 지나치게 낮아서 1999년 기준 미국 상위 55개 대학에서 미국 역사 수강이 필수인 학교는 한 군데도 없다면서 네오콘의 기반 약화를 지적하고 있다. 이는 결국 독점 시스템 유지를 위한 국내적 지지도 시간이 지날수록 약화될 수 있음을 시사한다.

대안이 없다

미국이 초래한 세계 경제의 불균형 문제에 대해 해법을 제시하는 학자는 거의 없다. 현실적으로 해법이 없다는 것이 공통의 시각이다. 특히 독점 시스템은 세계적 차원에서의 공급 과잉 문제인 디플레이션이 주된 원인이기 때문에 독점 시스템의 성공적인 해체 문제는 디플레이션 탈출의 해법과 동일하다.

리처드 던컨은 미국 문제 해결 방안을 제시했다. 그는 현재 세계가 총공급과 지속 가능한 총수요 간의 격차가 너무 크기 때문에 달러의 위기가 발생한다고 보고 있다. 즉 세계는 공급 과잉으로 디플레이션에 빠져 있기 때문에 공급력의 축소를 주장한다. 그리고 올바른 형태의 공동 정부 간섭만이 세계 총공급의 증가를 막을 수 있다고 주장한다. 이런 논리는 대부분의 이상주의자들이 제시하는 세계 정부 수립의 논거가 되고 있다. 그리고 세계 전체가 균형 발전하면 장기적으로 미국이 세계의 소비 중심에서 밀려나면서 다른 국가들의 소비 확대로 인류 전체가 공생(win-win)할 수 있다고 주장한다. 그리고 그는 세계적 차원에서 수요를 증대시키기 위한 방안으로 네 가지를 제시하고 있다. 먼저 개도국의 임금을 꾸준히 증가시키고, 두 번째로는 이를 위해 세계 정부 수립이나 국제적인 협정이 체결되어야 한다고 주장한다. 세 번째로는 기술적인 조치로 초기에 최저 임금률과 최저 임금의 연간 인상률에 대한 합의도 함께 이루어져야 하며, 검증 기법도 고안되어야 한다는 논리로 디플레이션과 미국이 초래한 글로벌 불균형의 탈출 해법을 제시하고 있다. 리처드 던컨의 견해는 참으로 순진하다. 우선 독점 시스템은 미국만의 이해를 추구하고 있기 때문에 미국의 이익을 줄이려는 그의 제안은 미국이 받아들일 수 없다. 미국뿐만 아니라 OECD에 가입한 선진국들 모두 받아들일 수 없다. 총수요를 늘리는 정책은 모두 동의할 것이다. 그러나 공급력을 축소하고 인건비를 올릴 경우 거의 모든 기업들은 인력을 기계로 대체해서 비용을 줄이려 할 것이다. 노동 인력이 줄어들면 소비는 감소하면서 세계 경제는 지금보다 더 어려워질 수 있다.

필자가 2004년에 발간한 『디플레이션 속에서』에서 디플레이션으로부터 탈출이 어려운 이유로 인간의 기본적 특성인 '이기심'과 남보다 앞서려는 '우월 욕망'을 주요 원인으로 제시했다. 현재 세계는 제로섬 세계다. 세계적 차원에서 약육강식의 경쟁이 벌어지는 전쟁터다. 경쟁에서 탈락하면 그 기업과 국가는 소멸되는 시대다. 궁극적으로 우월 욕망과 이기심에 기초한 세계는 정상적인 방법으로는 디플레이션 구조에서 탈출이 불가능하다. 파국을 실제로 겪어야만 세계적 차원에서 공익을 기반으로 한 여러 사상이 실현될 수 있다. 유럽의 강한 시민 사회는 제1차 산업혁명 이후 많은 전쟁과 계급 투쟁 과정을 통해 공익의 중요함을 역사에서 배웠기 때문이지, 처음부터 이들이 이타적 인간이었기 때문은 아니다. 유럽의 처절한 투쟁의 역사를 독점 시스템의 운영자인 미국은 경험하지 않았다. 오히려 그들은 신보수주의와 신자유주의로 미국의 이익만을 극대화하기 위해 수단과 방법을 가리지 않고 있는 단계다. 아직 공동 정부를 논할 정도로 독점 시스템은 약하지 않다. 따라서 이상주의자들이 제시하는 세계적 차원의 수요 증대는 단지 희망 사항으로 평가할 수밖에 없다.

던컨은 또 달러에 대한 의존도를 줄이기 위해서 국제 공용 화폐인 SDR의 광범위한 사용을 주장한다. 그러나 이는 달러의 위기를 더 가속화시킬 수 있다. 대체통화가 생기면 달러는 기축통화 효과가 약화된다. 달러가 기축통화에서 밀려난다면 미국의 구조적 모순이 세계 경제를 엄습하는 상황만 남는다. 최근 미국 수출 비중이 높은 동아시아 국가들이 통화 공동체를 만들려는 시도를 하고 있다. 여기에 대해 미국이 어떤 반응을 보일지 매우 궁금하다. 일부에서는 '토빈세'와 같이 자본의 국가간 이동시 일정한 세금을 부여해서 투기 자본의 활동을 규제하자는 주장도 나오고 있다. 그러나 글로벌화된 세계 경제 속에서 자본 이동을 제한하면 세계적 차원에서 효율성이 저하된다. 물론 투기 자본의 이동에 대해서만 과세하자는 논리인데, 자금에는 꼬리표가 없다. 한편 이런 주장들이 가장 크게 간과하고 있는 것은 달러의 위기는 미래에 발생할 것이 아니라 이미 발생한 현실이라는 점이다. 미국의 경상수지 적자는 해결이 불가능할 정도로 불어나서 섣부른 정책이 실시될 경우 오히려 위기를 가속화시킬 수 있다. 또한 디플레이션도 이미 전세계 경제의 작동 원리로 자리잡고 있다. 따라서 이상주의자들의 주장은 미국이 쌍둥이 적자가 존재하지 않지만 패권 유지를 위해 무력을 남용하는 상황이거나, 세계 경제 구조가 수요와 공급이 일치하는 상황이라면 합리적일 수 있다. 그들은 이미 존재하고 있는 5조 달러 이상의 미국 경상수지 적자를 고의적으로 무시하고 있다. 현실적인 대안이 없다는 점이 미국의 시대 이후에 대한 가장 큰 불안이다.

경착륙인가 연착륙인가

경착륙은 모두가 동의할 수 없는 최악의 시나리오이다. 현재의 상황에서 미국 경제가 경착륙한다면 1930년대의 대공황에 필적할 만한 혼란이 나타날 가능성이 높다. 따라서 미국 경제가 어려워질수록 미국뿐 아니라 다른 국가들은 미국의 경착륙을 막기 위한 다양한 조치를 취할 수밖에 없다. 그리고 세계가 경착륙 방지를 위해 취해야 할 조치는 달러가 상당 기간 기축통화 지위를 지켜야 한다는 점이다. 누적된 경상수지 적자가 수습이 어려울 정도이기 때문에 미국도 시간을 벌면서 천천히 해결해야 한다. 미국이 시간을 번다는 것은 국제 투자 자금이 미국이 문제를 해결하는 동안 달러를 기축통화로 인정하는 것을 의미한다. 그러나 미국은 달러의 기축통화 효과를 유지하기 위해서 국내적인 구조조정보다는 오히려 강력한 신보수주의적 정책을 펼 가능성이 높다. 현재 미국은 강력한 군사력을 유지하고 수시로 사용하는 것을 거의 유일한 방책으로 판단하는 모습이다. 군사력의 과시와 사용이 빈번해지면서 미국의 약화 과정은 정글화된 국제 질서를 피할 수 없게 하고 있다.

미국의 위세로 달러의 기축통화 위치가 유지된다면 경상수지 조정을 위해 달러 약세와 다른 국가 화폐의 강세가 불가피하다. 마치 일본이 1980년대 후반부터 10년간 통화 가치가 3배로 절상된 것과 같이 대부분의 화폐 가치는 달러 대비 강세를 보일 전망이다. 현재 일반적인 시각은 달러 가치가 약 40퍼센트 하락하면 미국은 경상수지가 균형을 이룰 것으로 보는 견해가 일반적이다. 또한 미국은 경제 성장률을 다른 국가보다 낮춰야만 경상수지가 개선된다. 레스터 서로는 미국이 세계 전체 대비 경제 성장률이 영원히 1퍼센트 낮게 가져간다면 해소가 가능하다고 계산했다. 10년도 아니고 영원히다. 달러 가치의 하락 초기에는 미국 이외 국가의 내수 경기는 수입 물가 안정과 정부의 내수 부양책으로 활황을 보일 수 있다. 그러나 수출이 서서히 감소하면서 내수 기반이 취약한 국가는 구조적인 경기 침체에 허덕일 가능성이 높다. 달러 표시 상품 가격은 급등하고 기타 통화 표시 가격은 하락하는 기형적 물가 구조도 예상해 볼 수 있다. 이런 최악의 상황이 예상되지만 최악의 상황에 도달할 때까지 미국 정부나 대부분의 국가들은 모순적 환경의 개선보다는 현실에 안주할 가능성이 높다. 왜냐하면 대체할 다른 시스템이 현실적으로 없기 때문이다. 섣불리 체제 전환을 시도해서 얻는 이익보다 어려운 현실을 감내하는 것이 유리할 수도 있다. 또한 현실적으로도 미국의 군사력과 금융 자본의 위협은 미국이 상당히 어려워진 상태에서도 파워를 유지할 수 있다는 사실도 고려해야 한다.

　국제 공조 노력으로 연착륙이 원만히 추진되어 미국 경제가 회복된다면 세계는 다시 균형을 찾아 안정될 수 있다. 이런 시나리오는 연착륙에 대한 환상을 갖게 한다. 그러나 연착륙의 가능성은 매우 낮아 보인다. 미국 정부나 다른 국가들은 다급할 경우 연착륙 시나리오를 받아들일 수 있다. 그러나 다양하고 이기적인 미국의 국민들이 이를 받아들일 수 있을까? 저축이 거의 없고 소비 지향적인 이들이 과연 허리띠를 졸라맬 수 있을까? 그리고 이를 미국의 어느 정권이 강요할 수 있겠는가? 따라서 미국 붕괴 과정은 제한적인 연착륙을 극단적인 상황까지 추진하다가 일거에 붕괴되는 시나리오로 예상된다. 많은 국가들과 미국 정부는 아마 마지막 순간까지 독점 시스템을 유지시키려 노력할 것이다. 그러나 미국이 가지고 있는 모순 제거에 실패할 경우 많은 희생에도 불구하고 미국은 한순간에 와해될 수 있다. 그리고 이후에는 새로운 질서 창출을 위한 아마겟돈의 대혼란이 일어날 가능성이 높아 보인다.

연착륙의 조건

경착륙의 위험을 최소화하기 위해 미국은 연착륙되어야 한다. 경제의 주도권 문제나 세계 패권이 교체되는 것은 가설과 실험을 통해 이룰 수 없다. 중국에서 거대 제국이 멸망할 때마다 중국뿐 아니라 한반도를 포함한 주변부 대부분의 나라들은 격동에 빠졌었다. 로마 제국 멸망 이후 서구는 중세라는 긴 암흑기를 거쳤다. 로마 멸망 후 서구가 문명의 주도권을 다시 가져오는 기간은 500년 이상 걸렸다. 그러나 지금 미국은 과거의 로마나 중국보다 훨씬 강대한 제국이다. 세계는 모든 분야에서 복잡하게 미국과 얽혀 있다. 따라서 미국의 붕괴는 세계의 문제이며 인류 모두에게 영향을 준다.

이미 미국이 초과 소비한 금액은 5조 달러이다. 그리고 미국의 초과 소비를 대부분의 나라에서 눈앞의 경기 활황 때문에 무시해 왔다. 이제 미국은 그 빚을 갚을 수 없기에 독점 시스템을 통해 미국이라는 나라를 세계 구조 속에 녹여 버리려 하고 있다. 완벽하게 미국 경제와 세계 경제가 통합된 상태에서 달러가 미국의 군사력의 보호 아래 기축통화로 유지된다면 앞으로도 상당 기간 미국은 현재의 위상을 유지할 수 있다. 그러나 미국은 자체 모순(인종·종교 갈등, 빈부 격차 확대, 사회 안전망 붕괴 등) 때문에 시간 문제일 뿐 붕괴는 역사적 필연으로 판단된다. 다만 사전적으로 연착륙을 위한 다양한 노력을 기울여서 충격의 강도를 약화시켜야 한다.

미국이 해야 할 첫 번째 과제는 미국으로서는 가장 하기 싫은 것이겠지만 미국이 그동안 가지고 있던 도덕적 우위를 회복해야 한다. 강력한 군사력에 기반한 신보수주의를 일정 부분 유보시킨다 해도 독점 시스템이 쉽게 와해되지는 않는다. 왜냐하면 미국에 대항할 세력이 없는 상태에서 다른 국가들도 불가피하게 독점 시스템 유지에 찬성하고 있기 때문이다. 또한 교토의정서나 국제형사재판소협약과 같은 국제 협약에 가입하고 UN 등 국제 기구를 존중해 줘야 한다. 이런 상태가 된다면 미국은 다시 국제 사회에서 존경을 받을 수 있다. 진보주의자들의 공격을 미국의 회복된 도덕으로 막아내야 한다. 이럴 경우 미국과 달러는 심리적 안정감을 되찾게 되면서 미국의 정책에 대한 신뢰성을 높일 수 있다. 또한 미국 내부적으로도 테러 위험이 낮아지면서 미국 사회의 통합력을 높일 수 있다. 미국의 약화가 외부보다는 내부적 모순에서 촉발될 가능성이 높기 때문에 미국이 합리적이고 이성적으로 변화할 때 그만큼 내부 불안 요인은 약화될 수 있다. 테러에 대한 가장 확실한 대응은 테러범을 색출해서 처벌하는 것이 아니라 테러가 발생하지 않도록 정책을 변경하는 것이다.

최근 강경 네오콘인 딕 체니(Dick Cheney) 부통령은 백악관 정보 유출 사건으로 곤경에 처해 있고, 폴 울포위츠(Paul Wolforwitz) 국방부 부장관이 세계은행 총재로 이동했다. 전투적 네오콘으로 불리던 국무부 군축 담당 차관이었던 존 볼턴(John Bolton)도 UN대사로 자리를 옮겼다. 이런 변화가 부시 행정부의 근본적인 변화인지 아니면 리더십의 약화인지 아직은 알 수 없다. 다만 강경한 신보수주의로만 미국과 세계를 통치하기에는 다소 무리가 있다는 생각을 하고 있음은 분명해 보인다.

　두 번째로 미국이 해야 할 것은 미국 내 낭비적 요소를 줄여야 한다. 허리케인 카트리나가 습격했을 때 부시 대통령은 역사상 처음으로 공무원들에게 카풀을 권장했다. 에너지 절약도 호소했다. 지금까지 미국의 과소비에 대해 누구도 말하지 못했지만 궁극적으로 미국은 소비를 줄여야만 한다. 대중교통 수단도 확충하고 LNG 사용을 늘리면서 대체 에너지 개발에 많은 노력을 기울여야 한다. 또한 미국 정부는 신보수주의의 약화(군비 축소)를 통해 발생한 재정적 여유를 국내 인프라 투자에 사용해서 미국에 다른 나라 기업을 유치해야 한다.

　한편 미국 이외 국가들은 자국의 내수 시장 확대를 위해 노력해야 한다. 이를 반영해서 미국은 중국의 풍부한 외환 보유고를 통한 적극적인 내수 부양을 요구하고 있다. 2006년이 되면 1조 달러를 넘게 되는 중국의 대규모 외환 보유고의 사용으로 세계적 차원의 수요 증대를 꾀하려는 모습이다. 내수 시장 확대는 중국뿐 아니라 일본, 유로, 한국 등 동아시아가 집중적으로 추진해야 할 사항이다. 그런데 과연 이것이 가능한 일인가? 한국만 하더라도 더 이상 내수를 확대시킬 여력이 없고, 고령화 사회에 진입하는 유로나 일본도 처지는 한국과 비슷하다. 또한 어떤 방식이든지 미국의 연착륙 시도는 정밀하고 점진적으로 시행되어야 한다. 빠른 변화는 금융 시장을 급속히 냉각시키면서 의도하지 않은 파국으로 다가올 수 있기 때문이다.

　이런 연착륙의 조건들은 향후 다양한 방법을 통해 시도될 것이다. 이런 시도가 어느 정도 결실을 맺는다면 미국 붕괴 시기는 상당히 지연될 수 있다. 그러나 어떤 대책도 미국의 붕괴를 막을 수는 없다. 미국이 군사력 사용을 자제할 경우 대항 세력들은 자주권 확보에 만족하지 않고 미국의 파이를 빼앗으려 오판할 가능성이 높아서 국제 질서는 더욱 혼란에 빠질 수 있다. 또한 미국인이 소비를 줄이는 것이 대통령의 호소로 개선되지는 않는다. 200여 년에 걸쳐 형성된 습관과 사회 구조를 바꿔야만 소비가 줄어들 수 있다. 중국이나 다른 나라들이 내수를 확장하는 것도 투자 증대로 공급력이 늘어날 수 있기 때문에 오히려 세계 경제에는 재앙이 될 수 있다. 이미 중국에서 디플레이션 위협이 커지고 있는 상태이기 때문에 추가적으로 중국에서 대규모 투자가 이루어진다면 세계 경제는 더 큰 공급 과잉 위기에 직면할 수 있다. 공급 과잉의 디플레이션 상황과 미국의 붕괴는 서로 연결되어 있기 때문에 양자를 동시에 만족시킬 해법은 없다. 그래서 연착륙은 불가능하다.

미국 시대 종말

미국의 문제가 표면으로 나타날 기간은 2015~2020년 사이가 될 전망이다. 이 시기는 미국은 물론 선진국 대부분의 나라들이 인구 감소, 고령화, 연기금 고갈 등 사회 안전망의 붕괴가 예상되는 시점이다. 여기에 미국은 인종 갈등과 빈부 격차 확대로 사회의 안전성마저 현격히 낮아질 시점이기도 하다. 또한 현재의 경상수지 추세가 유지된다는 가정에서 볼 경우 미국의 GDP와 누적된 대외 채무가 거의 비슷해지는 동시에 재정 적자 규모도 경제가 감당하기 어려운 시점이 그때가 될 가능성이 높다. 물가 지수를 감안한 GDP 기준(PPP 기준)으로 중국이 미국을 추월하는 시기가 되며, 석유 자원의 부족은 지금보다 심각해질 시점이기도 하다. 이런 상태에서 자유로운 국제 투기 자본이 미국 이외 지역에 대한 투자를 크게 늘릴 경우 허약해진 미국은 더 이상 버틸 재간이 없을 것이다.

구체적으로 그 과정을 예상해 보면 다음과 같다. 독점 시스템 약화의 초기 국면에서 각국 중앙은행들은 달러를 매입해서 달러 가치를 안정시키려는 시도를 우선적으로 할 것이다. 이에 부응해서 미국은 2005년과 같이 금리를 올려 미국 내로 자금 유입을 촉진시키려 시도할 것은 당연하다. 현재 일본이나 한국은 수시로 외환 시장에 개입해서 달러를 사들이고 있다. 그러나 경제 규모에 비해 달러를 너무 많이 가지고 있을 경우 경제에는 오히려 부담이 된다. 또한 달러 가치 하락 방어를 당사자인 미국이 아닌 미국에 수출하는 국가들이 도맡을 경우 각국 내부에서 반발이 있을 수 있다. 이런 반발에 직면한 국가나 미국과 무역 규모가 적은 나라들이 먼저 외환 보유고를 달러에서 다른 통화나 원자재로 전환할 수 있다. 이런 상황이 된다면 미국 채권을 대량 보유한 국가들의 중앙은행들도 무한정 시장 개입에 나설 수 없다. 달러 붕괴의 위기가 커질수록 외환 보유고가 많거나 중동의 오일 달러들은 국채 등 미국 내 자산을 줄이려는 시도를 감행할 가능성이 높다. 물론 중앙은행은 미국의 통제가 어느 정도 가능하다. 그러나 모든 자산을 미국이 통제할 수는 없다.

미국의 채권 가격이 급락하면서 금리가 폭등하게 되면 미국의 부동산 가격이나 주가는 동시에 하락할 수 있다. 금리 상승, 부동산 가격 하락, 주가 급락이 동시에 이루어진다면 미국의 내수 경기는 꽁꽁 얼어버릴 것이다. 이런 상태가 되면 동아시아 등 미국 경제 의존도가 높은 국가들은 수출이 감소하면서 심각한 경기 침체에 빠질 것이다. 물론 초기에는 미국 자본이 투자국에서 철수해서 미국으로 회귀할 수도 있다. 그러나 미국 경제가 회복 불능 상태로 비춰진다면 반대로 국제 투자 자금은 미국에서 탈출을 시도할 가능성이 높다. 이런 불안정이 장기간 지

피해망상증

2005년 5월 11일 워싱턴 상공 비행 제한구역에 민간 비행기 한 대가 침입, 백악관에 근접함에 따라 워싱턴 일원에 오렌지색 경계 경보가 발생되었다. 백악관과 의사당, 대법원, 재무부 건물에 있던 수천 명이 대피하고 F16 전투기가 출격하는 등 미국은 공포에 떨었다. 의사당과 인근 건물에서 3만5000명이 거리로 뛰어 나왔고 백악관 직원 200여 명도 뛰어나왔다. 당시 워싱턴에는 중미권 6개국 대통령이 의사당을 방문 중이었는데 이들은 괴비행기 출현으로 의회 관계자들을 만나지 못했다. 이 소동에 대해 평양 방송은 미국의 테러 공포증에 대해 "국제 사회는 죄지은 자의 피해망상증으로 진단하고 있다."고 보도했다.

2005년 7월 런던 테러 이후 영국인들은 테러 공포에 시달리고 있다. 시민들은 말이 없어졌고, 지하철에는 사람들이 없어졌다. 런던 시민들은 자살 폭탄이 무서워 지하철 타기를 꺼리고 있고, 이슬람 교도들은 보복이 두려워 런던 도심으로 들어가는 것을 피하고 있다. 테러와 보복이라는 현실적이고 상상적인 위협이 만들어 낸 '패닉(공황)'이다. 테러범을 잡아야 하는 경찰은 이제 무슬림을 공격하는 영국인도 잡아야 한다

서울 지하철 1호선부터 8호선까지, 승강장에 설치됐던 쓰레기통 780여 개가 한꺼번에 철거되었다. 2005년 7월 런던 연쇄 폭발 테러로 지하철역에서의 테러 위험이 높아진 만큼 폭발물을 숨기거나 화재 위험이 있는 쓰레기통을 먼저 철거하기로 했다.

테러리즘의 만연에 따라 전세계는 테러 피해망상증에 싸여 있다. 사소한 일에도 긴장하면서 과잉 대응이 상시화되고 있다. 향후 세계 질서에서 우려해야 할 것은 테러 자체뿐 아니라 테러에 대한 지나친 위기감이 빚어낸 비정상적인 행동이다. 그리고 과잉 대응이 일반화될 때 세계는 높은 리스크 속에 빠지게 된다. 그렇다면 보복이 이어지는 테러의 악순환을 단절시키는 방법은 무엇인가? 여기에 대한 해답은 미국만이 쥐고 있다.

속될 경우 국제 정치 구도도 심각한 혼란에 빠지게 된다. 여기서 만약 미국이 독점 시스템의 포기가 아닌 전쟁을 불가피한 대안으로 선택한다면 세계는 공멸한다. 반대로 미국이 독점 시스템을 포기하고 국제 공조 체제로 전환한다 해도 재건에는 엄청난 시간과 자금이 필요하다. 그래서 미국은 과거보다 더 중요해지고 있다. 어떤 식으로든지 미국의 힘이 약화될 경우 세계는 무질서와 혼돈의 세계로 진입할 수밖에 없다.

2
한국의 준비

현재 한국은 미국을 바라보는 시각에 따라 국가 전체가 다양하게 분열된 상태다. 세대 간의 갈등, 이념 갈등, 성장과 분배의 갈등, 기득권 갈등 등 모든 갈등은 미국을 매개로 하고 있다. 미국과 친밀한 시각을 가진 사람은 사대주의자, 제국주의자, 수구 보수주의자, 반공주의자, 자본가, 성장론자, 고령자 등으로 낙인찍힌다. 반면 미국에 대한 비판 세력은 민족주의자, 진보주의자, 용공분자, 노동자, 분배론자, 젊은 층으로 간주된다. 정도의 차이에 따라서 미국을 전적으로 추종하는 숭미(崇美)주의자, 용미(用美)주의자, 반미(反美)주의자로도 분류한다. 그러나 이런 분류는 더 큰 그림에서 보면 아무런 의미가 없다. 이념과 갈등의 원천인 미국이 불안한 상태이기 때문에 미국을 찬양하고 무조건 따를 필요는 없다. 반대로 미국의 중요성을 감안할 때 무조건적인 반미는 자충수에 불과하다. 또한 미국을 이용한다는 용미(用美)도 그리

시간이 많지 않다. 길어야 10~15년 정도가 되지 않을까 추정된다. 이후 미국이 어려워진다면 미국을 이용하는 것보다 한국과 미국을 일정 부분 분리시키는 것이 필요하다. 한국은 미국 붕괴 과정에서 어떻게 국가와 경제를 유지하느냐가 가장 중요하다. 따라서 서두르지 말고 조용히, 그리고 조금씩 한국은 미국 시대 이후를 준비해야 한다.

독점 시스템에 대해 한국이 독자적으로 대항할 수 없기 때문에 미국 시대 이후에 대한 준비는 한국 내부에서밖에 할 수 없다. 우선 경제 구조가 외부 충격에 견딜 만큼 단단해져야 한다. 특히 기업이 세계적 경쟁력을 가져야만 미국의 약화와 달러 가치 하락이라는 충격에서 견딜 수 있다. 또한 미국 약화에 대한 준비와 디플레이션 탈출에 대한 준비도 병행해야 한다. 어떤 상황에서도 살아남을 수 있는 기업, 사회, 국가를 빠른 시간 내에 만들어야 한다. 특히 정부보다도 기업과 경제계에서 해야 할 것이 더 많다. 미국 붕괴시 가장 타격이 큰 분야는 경제 영역이다. 경제 영역을 어떻게 강화시켜야 하는가의 문제는 미국 붕괴의 대비책을 떠나 완전 경쟁의 제로섬 사회 즉 디플레이션 사회의 생존 조건이다.

기업의 준비

미국의 약화라는 재앙에 앞서 한국 기업이 준비해야 할 것은 먼저 소유 지배 구조의 투명화로 경영권을 안정시키는 것이다. 소유 지배 구조가 불안정할 경우 언제든지 우량한 한국 기업은 국제 투기 자본의 먹잇감이 될 수 있다. 현재 논란이 되고 있는 소유 지배 구조 문제는 대부분 2세 상속 과정에서 발생하고 있다. 상속 과정의 투명성은 많은 시민 단체나 정부의 몫이기 때문에 추가로 언급은 생략한다. 그러나 주장하고 싶은 것은 소유 지배 구조의 안정화를 이루는 기간을 줄여야 된다는 사실이다. 시간이 길어질수록 기업의 경쟁력 강화와 장기적 안목에서의 경영은 불가능하다. 또한 리더십이 약화될 경우 위기 대처 능력이 현격히 낮아지기 때문이다. 시간이 별로 없다. 미국의 문제는 당장 내일 발생할 수도 있고, 아니면 10년 이상의 세월이 경과한 후에 발생할 수도 있다. 불확실한 상황에서 안정적이고 강한 리더십은 생존의 제1요소이다.

두 번째로 기업이 해야 할 것은 무분별한 양적 투자보다는 생산성을 높이는 투자가 절대적으로 필요하다는 점이다. 양적 투자는 이미 중국 등 BRICs 국가의 몫이다. 생산성을 높여서 원가를 절감해야 한다. 왜냐하면 미국의 위기가 기업 입장에서는 달러 약세 즉 원화 강세를 의미하기 때문이다. 1980년대 중반 일본은 엔화 강세를 피해 동남아시아에 대규모 생산 기지를 건설해서 엔화 강세 충격에서 벗어날 수 있었다. 그러나 지금은 해외 어느 곳도 마땅한 투자처가 없다. 중국과 인도라는 강력한 국가들이 세계 투자를 주도하고 있기 때문에 이들과 경쟁하면서 투자할 경우 성공 가능성은 낮아진다. 지금도 전세계적인 공급 과잉 상태라서 효율성 증대를 위한 투자 이외에는 투자 대상이 없다. 결국 한국 기업 입장에서는 생산성을 높여 원화 강세에 대한 내성을 길러야 한다. 또한 기업의 여유 자금 운용이나 생산 기지 건설시에도 미국과의 관계를 감안해서 선정해야 한다. 미국과의 밀착도가 높은 지역은 가급적 회피하는 것이 필요하다. 즉 멕시코나 중앙아메리카 지역은 미국의 영향력이 약화될 때 혼란의 수준이 다른 지역보다 높아질 수 있음도 고려해야 한다. 역으로 미국 본토에 대한 투자도 유의해야 한다. 일단 미국의 경쟁 기업에 비해 생산성이 높은 기업은 미국이 약화될 경우 초기에는 이익이 증가한다. 그러나 미국 내부의 혼란이 가중된다면 그 기업이 안전하게 경영될지 의문이다. 현대차의 앨러배마 공장의 경우 성공적으로 미국 시장에 진입하고 있다. 현대차가 미국 시장에 성공적으로 진입한 이면에는 현대차의 높은 생산성과 품질이 가장 중요하지만, 상대적으로 GM이나 포드가 너무 어렵다는 정황도 중요한 요인이다. 이런 상태에서 미국 경제 전체가 어려워진다면 현대차 앨라배마 공장이 제대로 작동할 수 있을지 의문시된다. 만일 경영 악화로 미국인 고용을 줄일 경우 현대차가 폐쇄적으로 돌변할 가능성이 높은 미국 민족주의를 견뎌낼 수 있을까? 따라서 미국 붕괴 이후를 대비해서 기업 경영에서도 지정학과 국제정치학이 필요해지고 있다. 미국의 힘이 약화될 때 혼란이 높아질 중앙아시아나 중국, 중동 등에 대한 투자는 세심한 준비가 필요하다. 반면에 반사이익을 얻을 수 있는 동유럽 투자는 적극적으로 검토되어야 한다.

세 번째로 한국 기업들은 신기술 개발에 총력을 매진해야 한다. 이미 대부분의 산업은 공급 과잉의 디플레이션 상태이기 때문에 수요가 늘어날 여지가 없다. IT, NT, BT와 같은 새로운 산업에서 한국 기업이 선두에 설 경우 미국의 약화를 쉽게 극복할 수 있다. 새로운 수요가 창출되는 시장에 먼저 진출한다면 환율 변동이나 국제 질서의 혼란 속에서도 그 기업은 생존할 수 있다.

정부가 해야 할 일

강한 군사력을 보유하고 있는 미국의 약화가 필연이라는 전제에서 보면 한국의 입장은 매우 난처해지고 있다. 미국의 군사력을 이용해서 안보 문제를 해결해야 하지만, 미국에 대한 의존 기간이 얼마 남지 않는다는 한계 때문이다. 그리고 미국의 결정적인 붕괴 시점을 추론하기도 어렵다. 한국전쟁을 통해 무려 3만 5,000명의 미군이 희생당했고, 많은 경제 원조, 그리고 1980년 이후 누적 무역수지 흑자가 무려 932억 달러에 달할 정도로(1980년~2005년 9월 말) 한국은 미국에 신세를 졌다. 이런 과거 때문에 공화당의 신보수주의자뿐 아니라 민주당에서도 최근 한국의 독자 행보 움직임에 서운해하고 있는 것은 사실이다. 민주당의 유력한 대권 후보인 클린턴 힐러리조차 "한국은 과거를 망각하고 있다."고 주장했다. 즉 한국은 미국에 도움을 받은 과거, 당분간 안보 문제 역시 미국의 지원이 필요하다는 상황, 경제적으로 여전히 수출의 15퍼센트를 담당하는 미국은 중요하다. 그러나 미국의 약화가 예상되는 지금 맹목적으로 미국만을 추종할 수 없다. 이런 고민은 현재의 참여 정부의 고민일 뿐 아니라 향후 출범할 거의 모든 정권이 풀어야 할 가장 중요한 국제정치적 과제가 되고 있다.

미국의 힘이 약화될 경우 정부의 방향성 설정은 매우 어렵다. 본격적인 '등거리' 외교를 해야 하기 때문이다. 미국이 약화된다면 중국, 러시아, 일본은 야수 본능을 내비칠 것은 자명하다. 따라서 이런 국제 정치의 세력 균형을 교묘히 이용할 수 있는 외교적 능력이 중요해진다. 우선적으로 미국뿐 아니라 3대 강국에 대해 복합적인 외교 노력을 지금부터 시행해야 한다. 경제 관계뿐 아니라 해당 국가 국민들의 저변에 한국에 대한 호의적 인상을 꾸준히 심어줘야 한다. 그리고 한국의 엘리트와 해당 국가의 엘리트가 사적 네트워크를 갖추도록 지원해야 한다. 한류 열풍을 이어가면서 중국, 일본, 러시아와 친밀한 관계를 교묘히 유지해야 한다. 2005년 가을 김치 파동과 같이 중국의 국민 정서를 자극하는 문제에 대해서 호들갑을 떨어서는 안 된다. 조용히 그리고 천천히 상대방의 입장을 고려한 노련한 대응이 요구된다. 특히 한국의 정치인들이 단골로 사용하는 민족주의 감정을 디플레이션과 미국 시대의 종식이라는 상황을 감안해서 은폐하거나 약화시켜야 한다. 현실적으로 미국이 없는 상태에서 한국이 국가나 민족적 정체성을 찾기 어렵다는 한계를 국민 모두가 인식해야 한다. 한국이 폐쇄적인 민족주의를 강화할수록 역사적으로 얽힌 주변 강대국들에 휘둘릴 수 있는 지정학적 상황을 고려해야 한다. 동북아 균형자 역할은 우리가 원한다고 되지 않는다. 동북아시아 균형자는 주변 강대국들간의 파워가 비슷해지면서 한국이 강한 경제력과 사회 통합을 이룰 경우에나 가능하다. 지금은 주변 3강의 파워보다 미국의 파워가 훨씬 강력하다. 따라서 미국 시대 이후의 준비는 지금부터 시작해야 하지만, 국민적 합의에 기초한 노련한 외교력이 우선 필요한 시점이다.

한국의 입장에서 디플레이션과 미국의 약화는 오히려 남북 관계를 획기적으로 개선시킬 수도 있다. 북한의 체계적 개발을 통해 엄청난 투자처를 확보할 수 있기 때문이다. 그러나 지금보다 국제 정세가 보다 혼란스럽고 단순히 힘의 논리가 지배할 미국 시대 이후를 감안하면 북한을 통해 한국이 도약하는 것은 힘든 과정이 될 수 있다. 그러나 이 문제를 등한시하면 한국의 미래는 없다. 특히 미국의 입장에서 한국은 절대 포기할 수 없는 지정학적 요충지다. 따라서 수단과 방법을 가리지 않고 한국에 대한 영향력을 행사하는 동시에, 미국 경제의 어려움을 반영해서 방위비 분담과 같은 경제적 요구도 커질 수 있다. 반면에 한국이 일방적으로 미국과의 결속력을 강화하면 다른 3강 국가들은 통일 문제에 있어 한국과 다른 견해를 보일 수 있다. 미국의 압력을 어떻게 극복하느냐가 한국이 다른 국가와 차별화되는 미국이 약화되는 시점의 특수한 제약 요건이다. 따라서 한국은 자주 국방을 추구하되 미국과의 동맹 관계는 상당 기간 유지하는 것이 필요하다. 왜냐하면 미국이 약화된다고 하더라도 핵 전력이나 재래식 전력에서 미국에 대항할 국가 출현은 상당한 시간이 지나야만 가능하기 때문이다. 섣불리 미국과의 동맹을 약화시키거나 폐기할 경우 극한 상황에 처한 미국의 과잉 반응이나 주변 강대국의 오판을 유발할 수도 있다. 현재 공중조기경보기 도입이나 한국형 헬기 사업(KHP)에서 미국 제품을 배제하는 인상이 짙다. 그러나 미국이 여전히 중요하다는 관점에서 보면 명분보다는 실리를 위해 노련하고 끈기 있게 미국을 설득하고, 감정적 대응을 자제해야 한다.

문제는 미국의 힘이 약화될 경우 한국 내에서 지금보다 강력한 이념 대립이 나타날 수 있다는 점이다. 좌우 대립과 성장과 분배의 갈등은 미국이 약화될 때 이전투구식 대립으로 나타날 수 있다. 따라서 국내적으로 사회 갈등을 줄일 수 있는 이념 대립을 조기에 종식시켜야 한다. 필자는 『디플레이션 속으로』에서 이념적 문제 해결을 위한 방법으로 국내적으로는 분배와 투명성 증대로 자본주의와 독점의 폐단을 약화시키는 정책이 필요하고, 대외적으로는 신자유주의 환경의 완전 경쟁에서 생존하기 위해 기업과 정부가 힘을 모아 무한 경쟁 체제로 나아가야 한다고 주장했다. 분배 문제를 국내적 문제로 국한시키면서 정부가 기업의 대외 경쟁력 강화를 위해 혼신의 힘을 기울여야만 미국의 시대 이후의 혼란에서 살아남을 수 있다.

또한 많은 분야에서 미국의 약화를 가정한 장기 비전을 마련해야 한다. 단임제인 대통령 임기도 연임제로 고쳐서 장기 계획을 세울 수 있도록 해야 한다. 재정 정책이나 외환 관리도 장기적 차원에서 운용되어야 한다. 무작정 외환 보유고만 늘리고 수시로 환율 방어를 한다고 달러 가치가 안정되지는 않는다. 다른 국가의 달러에 대한 태도를 감안해서 한국은 보다 정교하게 달러 시대 이후를 준비해야 한다. 최근 일본 기업이 중국에 대한 투자를 포기하고 일본으로 생산 기지를 다시 옮기고 있다. 이는 중국의 싼 임금을 상쇄할 만큼 기술의 진보가 이루어지고 있고, 일본 내에서 규제보다는 각종 혜택이 많다는 것을 의미한다. 디플레이션 시대의 가장 중요한 경제 지표는 고용 즉, 실업률이다. 미국이 약화되면서 경상수지 적자가 축소되면 한국의 수출 기업들은 생산량을 줄여야만 산다. 정부는 기업의 생산성 향상과 한국 내 고용 증대를 위한 것이라면 어떤 제안도 녹여 내야만 한다. 한국 기업뿐 아니라 전세계 모든 기업이 한국에 둥지를 틀 수 있도록 정부는 지원을 아끼지 말아야 한다. 눈앞의 밥그릇보다 10년 이후, 미국 시대 이후를 준비하는 혜안이 정부에게 필요한 때다. 그러나 아직 정치권은 사안의 절박성을 인식하지 못하고 있다. 미국을 모르면서 미국을 논하고, 미국을 배우라면서 정치인들은 선거에만 급급하고 있다.

금융 시장의 선진화

한국의 기업들은 금융 시장을 통해서도 보호해야 한다. 현재 한국의 우량 기업들은 거의 외국 자본에 넘어간 상태다. 이중 미국 자본의 비중이 압도적인데, 미국이 어려워질 경우 이들은 투자보다는 배당 압력을 강화하면서 단기 경영 성과에 집착할 가능성이 높다. 이럴 경우 한국 기업들은 성장 동력을 상실하게 된다. 따라서 지나치게 높은 외국 자본으로부터 한국 자본이 한국 기업의 지분을 되사와야 한다. IMF 위기시 부실화되었지만 지금은 경영 정상화를 이룬 기업의 매각은 한국 자본에 넘겨야 한다. 또한 토종 금융 기관을 양성해서 자금 흐름 과정에 국내적 요구가 반영되어야 한다. 당장 자금이 없다면 연기금이나 사모 펀드(PEF)를 교두보로 삼아 시간을 벌어야 한다. 금융 민족주의를 주장하는 것이 아니다. 다만 한국의 경우 해외 자본의 국내 기업 지분율이 세계 최고 수준이기 때문에 미국이 위기에 처할 경우 한국 기업도 동시에 취약해질 수 있다는 우려 때문이다. 한국에서 돈을 벌고 면허를 얻어 영업을 하는 금융 기관들이 미국 자본의 논리대로 움직일 경우 디플레이션 상황에서 한국 경제나 기업은 존재하기 어렵다. 현재 상태에서 정부가 추진하는 금융 허브 정책이 달성된다 해도 이는 한국이 금융 허브가 되는 것이 아니라 미국 자본의 해외 거점 중 일부가 되는 것이다. 미국 자본의 해외 거점이라면 미국이 어려워질 경우 바로 철수하면서 금융 허브에는 건물만 남게 된다.

시민 단체가 해야 할 일

한국의 시민 단체와 노동 운동은 민주화 과정에서 탄생했기 때문에 대부분 반미적 색채가 짙다. 미국이 독재 정권을 지원했다는 역사적 사실 때문에 한국의 실정과 미국의 미래를 무시한 채 대안 없는 반미주의로 흐르는 경향이 강하다. 그리고 시민 단체 스스로도 미국을 매개로 해서 편가르기를 시도하기도 한다. 미국은 현재도 중요하지만 미래에는 부정적 의미에서 더 중요해질 것이다. 현실주의적 사고를 가지고 미국을 바라봐야 한다. 지정학적 교차점에 있으면서 국력이 약한 한국 정부가 미국의 지나친 요구를 거절할 수 없을 경우에는 정부를 대신해서 미국에 쓴소리를 할 수 있어야 한다. 한국은 지정학 등 국제 정치 문제에서 노련한 전략적 대응이 필요하다. 강대국 사이에 낀 한국의 한계를 시민 단체도 감안해서 행동해야 한다. 다른 국가 시민 단체와 한국의 시민 단체가 달라야 하는 이유는 한국의 지정학적 특수성에 기반한다. 따라서 한국의 시민 단체는 미국과 한국의 현실을 감안한 외교적 감각이 필요하다. 최근 논란이 되고 있는 황우석 박사의 줄기세포 연구의 본질은 미국의 종교적 근본주의(복음주의)와 특허권 지배라는 독점 시스템을 한국의 황 박사가 침해한 것으로 볼 수 있다. 미국의 입장에서는 당연히 독점 시스템 보호를 위해 강경한 대응이 예상되었지만, 한국의 시민 단체나 네티즌들은 이런 구조적 흐름을 도외시하고 감정적 대응에 나서 사태 해결을 어렵게 했다. 정치적 정당성에서 정치인보다 높은 평가를 받고 있는 시민 단체가 미국과 디플레이션에 대한 이해 없이 이분법적 시각으로 단기 대응에만 급급한다면 미국의 약화 과정과 미국 시대 이후의 한국의 위치는 지금보다 오히려 낮아질 수 있다. 민족주의를 넘어 유연함을 갖춘 시민 사회가 한국이 지향해야 할 목표이다.

☆   ☆   ☆

이상에서 제시한 한국의 과제는 이미 공론화된 사항이다. 그리고 향후 어떤 정권도 거부할 수 없는 개혁의 명제와 동일한 내용이다. 이 책에서 제시한 내용은 치열한 국가간의 경쟁 속에서 지금보다 더 큰 이익을 얻기 위한 방법으로 지금도 제시되고 있는 개혁 과제다. 예를 들어 "국민소득 2만 달러를 이룩하기 위해서는 ……를 해야 한다."는 식이다. 그러나 필자가 강조하고 싶은 것은 이러한 개혁 과제가 현재의 삶을 향상시킬 뿐 아니라 미국 시대 이후를 준비하는 과제가 되는 동시에 디플레이션 탈출의 유일한 해법이 된다는 미래형 이유라는 것이다.

| 참고문헌 |

　21세기 들어 미국에 대한 비판이 전세계 지식인들의 공통 화두가 되고 있다. 이 결과 미국을 주제로 한 책들은 사회과학의 잣대로 급진적이고 진보적 성향이 강한 것이 일반적이다. 이러한 책들은 저자들의 전공으로 다양하게 미국을 비판하고 있다. 그러나 저자들이 사회과학이라는 특정 분야로만 미국을 분석한 결과 편향적이고 단선적이다. 최근 출간된 책 중 가장 포괄적으로 미국을 비판한 것은 제러미 리프킨(Jeremy Rifkin)의 『유러피언 드림(The European Dream)』으로 판단된다. 그는 폭넓은 시각으로 미국을 비판하는 동시에 미국의 대안으로 유럽의 시대가 온다고 예측했다. 그러나 그는 미국의 문제만을 파헤치는 데 그치고 현실적 헤게모니를 의도적으로 무시한다. 또한 경제 분야에서도 유럽과 미국을 단순 비교하는 수준에 그치면서 유럽에 대해 지나친 편애를 보였다.
　제러미 리프킨과 마찬가지로 대부분의 사회과학 전공 책들은 단순히 미국을 비판만 하는 경우가 대부분이다. 특히 경제 문제에 대한 언급은 극히 제한적이다. 구체적인 통계나 근거 없이 학문적 당위성으로 미국을 비판하는 책들이 남발되는 것은 미국에 대한 판단을 흐리게 한다. 반대로 신보수주의자들의 책들은 미국에 대한 찬양 일색이기 때문에 미국에 대해 중립적이고 현실적인 서적이 매우 드물었다. 이런 갈등 때문에 필자는 극단적인 양자간의 견해차를 수용해서 현실적 측면에서 재해석하려 시도했다.
　이 책을 쓰면서 참고한 책은 매우 많지만 반영도가 큰 책만을 골라 제시한다. 특히 최신의 논리와 상황을 반영하기 위해 가급적 2000년 이후 발간된 책을 중심으로 참고했다. 여기서 제시하는 참고서적은 각각의 서적으로서는 분명한 한계가 있지만 미국을 해석하는 데는 큰 도움을 주었다. 또한 참고서적들의 전체적 의미와 부분적 아이디어가 본 서적에 상당 부분 녹아 있다는 점을 분명히 밝히며, 인용 표시가 부족한 점에 대해서는 저자와 역자에게 사과드린다.

〈정치 관련〉

김민웅, 『밀실의 제국』, 한겨레신문사, 2003

김지석, 『미국을 파국으로 이끄는 세력에 대한 보고서』, 교양인, 2004

나탄 샤란스키, 『민주주의를 말한다』, 북@북스, 2005

노암 촘스키, 『누가 무엇으로 세상을 지배하는가』, 시대의창, 2002

────, 『세상의 권력을 말하다 1,2』, 시대의창, 2004

로버트 카플란, 『무정부 시대는 오는가』, 코기토, 2001

로버트 케이건, 『미국 VS 유럽 갈등에 관한 보고서』, 세종연구원, 2003

로버트 쿠퍼, 『평화의 조건』, 세종연구원, 2004

류웰린, 『정치인류학』, 일조각, 1998

모리스 버만, 『미국 문화의 몰락』, 황금가지, 2002

박경서, 『국제정치경제론』, 법문사, 2001

박성래, 『레오 스트라우스』, 김영사, 2005

브루스 링컨, 『거룩한 테러』, 돌베개, 2005

새뮤얼 헌팅턴, 『새뮤얼 헌팅턴의 미국』, 김영사, 2004

슬라보예 지젝, 『이라크』, 도서출판b, 2004

시어도어 로작, 『세계여 경계하라』, 필맥, 2004

안토니오 네그리, 『제국』, 이학사, 2001

에릭 슐로서, 『불법의 제국』, 동방미디어, 2004
———, 『패스트 푸드의 제국』, 에코 리브르, 2001
유스터스 멀린즈, 『미국은 점령당했다』, 동서문화사, 2003
유현석, 『국제정세의 이해』, 한울아카데미, 2004
이그나시오 라모네 외, 『아메리카』, 휴머니스트, 2002
이리유카바 최, 『그림자 정부』(미래사회 편), 해냄, 2005
이매뉴얼 월러스틴, 『미국 패권의 몰락』, 창비, 2004
이매뉴얼 토드, 『제국의 몰락』, 까치, 2003
이장훈, 『네오콘』, 미래M&B, 2003
이타가키 에이켄, 『부시의 음모』, 당대, 2002
이호재, 『유럽통합과 국제정치』, 법문사, 1996
임지현, 『적대적 공범자들』, 소나무, 2005
조 킨첼로, 『버거의 상징』, 아침이슬, 2004
조지프 나이, 『제국의 패러독스』, 세종연구원, 2002
즈비그뉴 브레진스키, 『거대한 체스판』, 삼인, 2000
———, 『제국의 선택』, 황금가지, 2004
지아우딘 사다르 외, 『증오 바이러스, 미국의 나르시시즘』, 이제이북스, 2003
찰스 쿱찬, 『미국 시대의 종말』, 김영사, 2005
케네스 데이비스, 『미국에 대해 알아야 할 모든 것』, 책과함께, 2003
프랜시스 후쿠야마, 『HUMAN FUTURE』, 한국경제신문, 2003
———, 『강한 국가의 조건』, 황금가지, 2001

〈중국 관련〉

고든 G. 창, 『중국의 몰락』, 뜨인돌, 2001

니콜라스 크리스토프, 『중국이 미국 된다』, 따뜻한 손, 2004

이장훈, 『홍군 VS 청군』, 삼인, 2004

제스퍼 베커, 『중국은 가짜다』, 홍익출판사, 2001

〈미래학 관련〉

다니엘 벨, 『2000년대의 신세계질서』, 디자인하우스, 1995

로렌스 코틀리코프, 『다가올 세대의 거대한 폭풍』, 한언, 2004

루디 러글스 외, 『지식사회의 미래』, 매일경제신문사, 2001

마이클 마자르, 『트렌드 2005』, 경영정신, 2000

마크 파버, 『내일의 금맥』, 필맥, 2003

빌 에모트, 『20:21 비전』, 더난출판, 2003

스탠 데이비스, 『미래의 지배』, 경영정신, 2003

오마에 겐이치, 『국가의 종말』, 한언, 1999

─── , 『보이지 않는 대륙』, 청림출판, 2001

제러미 리프킨, 『바이오테크 시대』, 민음사, 2002

─── , 『유러피언 드림』, 민음사, 2004

찰스 킴볼, 『종교가 사악해질 때』, 에코리브르, 2005

토머스 L. 프리드먼, 『렉서스와 올리브나무』, 창해, 2000

폴 케네디, 『21세기 준비』, 한국경제신문사, 1993

프랑크 쉬르미허, 『고령화 2018』, 나무생각, 2005

피터 G. 피터슨, 『노인들의 사회 그 불안한 미래』, 에코리브르, 2002

피터 슈워츠, 『이미 시작된 20년 후』, 필맥, 2004

해미시 맥레이, 『2020년』, 한국경제신문사, 1995

─── , 『2020년』, 한국경제신문사, 1995

LG경제연구원, 『2010 대한민국 트렌드』, 한국경제신문, 2005

⟨경제 관련⟩

기 소르망, 『Made in USA』, 문학세계사, 2004

김승욱 외, 『시장인가? 정부인가?』, 부키, 2004

더그 헨우드, 『신경제 이후』, 필맥, 2004

레스터 서로, 『세계화 시대 이후의 부의 지배』, 청림출판, 2005

로버트 라이시, 『부유한 노예』, 김영사, 2001

로버트 브레너, 『Boom and Bubble』, 아침이슬, 2002

로버트 쉴러, 『새로운 금융질서』, 민미디어, 2003

로저 올컬리, 『다시 신경제를 말한다』, 시공BP, 2004

리처드 던컨, 『달러의 위기, 세계경제의 몰락』, 국일증권경제연구소, 2004

앤서니 기든스, 『제3의 길』, 생각의 나무, 2002

─── , 『질주하는 세계』, 생각의 나무, 2000

에드워드 챈슬러, 『금융투기의 역사』, 국일증권경제연구소, 2001

에릭 홉스봄, 『제3의 길은 없다』, 당대, 1999

윌리엄 스털링, 『미국경제를 알아야 성공이 보인다』, 창해, 1999

이리유카바 최, 『그림자 정부』(경제편), 해냄, 2001

임혁백, 『세계화 시대의 민주주의』, 나남출판, 2000

장하준, 『사다리 걷어차기』, 부키, 2004

조지 소로스, 『미국 패권주의의 거품』, 세종연구원, 2004

─── , 『세계 자본주의의 위기』, 김영사, 1999

조지프 스티글리츠, 『세계화와 그 불만』, 세종연구원, 2002

존 퍼킨스, 『경제 저격수의 고백』, 황금가지, 2005

피터 드러커, 『자본주의 이후의 사회』, 한국경제신문, 2003

〈디플레이션, 에너지 관련〉

디트마르 로터문트, 『대공황의 세계적 충격』, 예지, 2003

라비바트라, 『1995~2010년 세계대공황』, 쑥맥, 1995

마이클 이코노미데스·로널드 오리그니, 『The Color of Oil』, 산해, 2001

송희식, 『대공황의 습격』, 모색, 1998

정기종, 『석유전쟁』, 매일경제신문사, 2003

제러미 리프킨, 『수소 혁명』, 민음사, 2003

─── , 『엔트로피』, 세종연구원, 2003

피터 테민, 『세계 대공황의 교훈』, 해남, 2001

홍성국, 『디플레이션 속으로』, 이콘, 2004

〈한국 관련〉

빅터 D. 차, 『적대적 제휴』, 문학과지성사, 2004

셀리그 해리슨, 『코리안 엔드게임』, 삼인, 2003

심양섭, 『한국의 반미 대안은 있는가』, 삼성경제연구소, 2005

이원재, 『주식회사 대한민국 희망보고서』, 원앤원북스, 2005

장하준·정승일, 『쾌도난마 한국경제』, 부키, 2005

콘돌리자 라이스 외, 『부시 행정부의 한반도 리포트』, 김영사, 2000

세계 경제의 그림자, 미국

초판 1쇄 2005년 12월 15일

지은이 | 홍성국
펴낸이 | 송영석

편집장 | 김수영
책임편집 | 전용준 **외부교정** | 김춘길
기획편집 | 이혜진 · 이진숙 · 송복란 · 장한맘 · 최아림
외서기획 | 이숙향 **국내기획** | 조영남
디자인 | 박윤정 · 박정화 · 황선정
마케팅 | 이종우 · 김정혜 · 이상호 · 한명회 · 조혜정 · 황지현
관리 | 정미희 · 송우석 · 황규성 · 김지희

펴낸곳 | (株)해냄출판사
등록번호 | 제10-229호
등록일자 | 1988년 5월 11일

서울시 마포구 서교동 368-4 해냄빌딩 5 · 6층
대표전화 | 326-1600 **팩스** | 326-1624
홈페이지 | www.hainaim.com

ISBN 89-7337-717-5

값 14,000원

파본은 본사나 구입하신 서점에서 교환하여 드립니다.